ro
ro
ro

Schaden Schulden wirklich der Zukunft unserer Kinder? Ist es also sinnvoll, wenn öffentliche Haushalte deshalb eine «schwarze Null» schreiben sollen? Ruinieren Null- und Minuszinsen den deutschen Sparer? Wie sicher ist künstliches Geld? Welche Gefahren für uns alle gehen von dem weltweit umherschwirrenden Helikoptergeld aus? Kann der Emissionshandel wirklich effektiv den CO_2-Ausstoß senken? Wann nutzt der Welthandel eben nicht allen Menschen? Und können wir nach Covid-19 ökonomisch so weitermachen wie bisher?

Um solche Fragen, die dahinterstehenden Prinzipien, die Handlungen und die Politik der wichtigen Akteure geht es in diesem Buch. Drei renommierte Wirtschaftsexperten scheiden die Spreu vom Weizen und entlarven 21 Wirtschaftsmythen, die ständig durch die Medien geistern, uns allen aber längst schaden.

Angaben zu den Autoren finden sich am Ende des Bandes.

Rudolf Hickel
Johann-Günther König
Hermannus Pfeiffer

Gewinn
ist nicht genug!

**21 Mythen über die Wirtschaft,
die uns teuer zu stehen kommen**

ROWOHLT TASCHENBUCH VERLAG

Originalausgabe
Veröffentlicht im Rowohlt Taschenbuch Verlag, Hamburg, März 2021
Copyright © 2021 by Rowohlt Verlag GmbH, Hamburg
Lektorat Frank Strickstrock
Covergestaltung zero-media.net, München
Coverabbildung FinePic®, München
Innengestaltung Daniel Sauthoff
Satz Lyon Text bei Dörlemann Satz, Lemförde
Druck und Bindung CPI books GmbH, Leck, Germany
ISBN 978-3-499-00533-6

Inhalt

Zur Einstimmung: Schluss mit Mythen, wir haben Besseres verdient

Staatliche Schulden schaden der Zukunft unserer Kinder! Minuszinsen ruinieren den deutschen Sparer. Welthandel nutzt allen Menschen. Digitalisierung macht uns alle reicher. Globalisierung schafft Wohlstand. Ökonomische Krisen sind immer beherrschbar. Mehr Markt hilft uns, aus der Corona-Krise herauszukommen. – Schlagzeilen wie diese lesen und hören wir jeden Tag. Aber stimmen sie auch? Sie gehören zu den 21 Mythen, denen wir in diesem Buch auf den Grund gehen. Da das Wort Mythos seit seinem Aufscheinen in Homers Epen *Ilias* und *Odyssee* zahlreiche Bedeutungen erhalten hat, möchten wir anmerken, dass es für uns die heute übliche Bedeutung einer unwahren Geschichte hat. Die Basis sind Fake News.

Der Glaube an die wirtschaftlichen Selbstheilungskräfte des Marktes hat sich auch in der Corona-Krise als das entpuppt, was er seit jeher ist: eben nur ein Glaube. Nicht erst seit der großen Finanzmarktkrise 2007/08 war klar: Der «freie Markt» erzeugt Krisen und verschärft diese mit marktfixierten Deregulierungen. Die Umweltkrise bietet einen schon seit Jahrzehnten erkennbaren, brandgefährlichen Beweis für die Entfesselung von Destruktivkräften durch sich selbst überlassene, profitwirtschaftlich getriebene Märkte. Dennoch beschwört eine Mehrheit in den Wirtschaftswissenschaften und Verbänden sowie großen Teilen der Politik weiterhin die Entfesselung der Marktkräfte. Aber wem nützt das wirklich? Unserer Gesellschaft? Zukünftigen Generationen? Wir denken: Nein.

Die in diesem Buch durch einen Blick hinter die Kulissen beleuchteten wirtschafts-, sozial- und umweltpolitischen Themen haben eines gemeinsam: Sie dominieren das politische Handeln und unseren Alltag! Obgleich sie sich zum Mythos, ja zum ideologischen Dogmatismus entwickelt haben, wurzeln sie in einer omnipräsenten Wirtschaftslehre, die sich nicht erst seit der Finanzmarktkrise erkennbar überlebt hat.

Auch Wissenschaftler folgen Moden. Die Lehre vom intervenierenden Staat gegen das Marktversagen, die John Maynard Keynes (1883–1946) und seine Schüler aus der Weltwirtschaftskrise der dreißiger Jahre zogen, wurde im «Wirtschaftswunder» der Nachkriegszeit nach und nach von einer neoliberalen Neuausrichtung der Ökonomik abgelöst. Einer ihrer führenden Köpfe war der Monetarist Milton Friedman (1912–2006), der «alles» dem profitwirtschaftlich segensreichen Geld direkt unterordnen wollte. Seine Lehre, die die Politik weltweit beeinflusst hat, stand nach seinem gescheiterten Experiment in Chile eines Tages als nackter Mythos dar: Die in die Verfassung des Diktators Pinochet festgeschriebene Herrschaft des Marktes und die folgende Privatisierung von Schulen und Renten vertiefte die soziale Kluft, die in der «Schweiz Südamerikas» 2019 zu einem Ausbruch der Gewalt führte. In Deutschland dominieren dennoch weiterhin die neoliberalen Marktradikalen, die sich von der kritischen Politischen Ökonomie, die die kapitalistischen Triebkräfte erfasst, meilenweit entfernt haben. Diese neoliberalen «Mainstream Economics» bestimmen die Akademien, die Politik und die Gesellschaft. Ein möglichst ungehemmter Markt, der keine Krisen erzeugt, sollte alles und alles Mögliche richten.

Tatsächlich funktionierte selbst in den Vereinigten Staaten und Großbritannien, deren Eliten im besonderen Maße dem Markt vertrauten, die als Wohlfahrtsmaschine für alle gepriesene moderne Marktwirtschaft für einen großen Teil der Gesellschaft nie – und sie tut es nach wie vor nicht. Die Versuche der vorherrschenden Wirtschaftswissenschaft, die Wohlfahrtsmaschine so in mathematische Modelle zu pressen, dass sie bei fehlerhaftem Lauf durch das Drehen an gewissen einzelnen Schrauben wieder und besser in Fahrt käme, scheiterten jedenfalls.

Diese problematischen Entwicklungen wurden von einigen Vertretern der Mainstream-Wissenschaft durchaus registriert. Namen wie Joan Robinson, Paul Krugman oder Angus Deaton, im deutschsprachigen Raum Wirtschaftswissenschaftler wie Kurt Rothschild, Jörg Huffschmid, Peter Bofinger und Hans-Christoph Binswanger stehen für eine Ökonomik, die auch das Versagen der realen, hochmonopolisierten Marktwirtschaft in den Blick nimmt.

Hoffnungsvoll stimmt zudem die zunehmende Kritik an den neoklassischen Mainstream Economics durch Studierende der Wirtschaftswissenschaft. Dazu zählt in Deutschland das 2003 gegründete «Netzwerk Plurale Ökonomie», das aus der internationalen Bewegung «Post-autistische Ökonomie» hervorgegangen ist.

Der Kanon in «Mikro- und Makroökonomie» wird hierzulande nach wie vor deutlich rigider ausgelegt als im angelsächsischen Raum. Er prägt die Ausbildung an den Universitäten und – soweit Wirtschaft dort überhaupt ein Thema ist – an den Schulen. Ein naiver Markt-Dogmatismus herrscht seit dem Aufkommen des Neoliberalismus auch in allen – selbst den rot-grünen – Bundesregierungen. Er prägte und prägt viele Kommunalpolitiker, die Verbände und privaten, aber auch die öffentlich-rechtlichen Medien und ist inzwischen in fast sämtliche Verästelungen unserer Gesellschaft eingedrungen. Die Sache ist also wichtig, wir werden von ihr immer noch regiert.

Zumindest der sich selbst optimierende, seelenlose «Homo oeconomicus» kann indessen wohl endlich aus unserem Bewusstsein verbannt und als Mythos von gestern betrachtet werden. Denn Arbeitskraftanbieter und Verbraucher und auch Unternehmen und ihre Manager folgen mitnichten allein einer gewinnrationalen Logik. Eine relevante Gruppe der Verhaltensökonomik zeigt, dass nicht das behauptete Streben nach einem Maximum an Konsumgütern das menschliche Handeln prägt, sondern im besten Fall das Streben nach Glück. Individuen richten ihr wirtschaftliches Handeln in aller Regel immer auch nach sozialen und gesellschaftlichen Kriterien aus. Sie empfinden, wie die Glücksforschung bestätigt, zumal Empathie für Schwache und vermögen für einen guten Zweck auf Dinge zu verzichten.

Mythen, die uns teuer zu stehen kommen, korrespondieren mit einer in die Krise geratenen Wirtschaftswissenschaft, die sich mit zahlreichen unerwarteten Problemen konfrontiert sieht. Die zunehmende soziale Ungleichheit in hochentwickelten Ländern widerspricht ja der Verheißung der Marktwirtschaft: «vom Tellerwäscher zum Millionär». Gleiches gilt für die Herausforderungen durch Klimawandel, Kriminalität oder Migration. Die ökonomisch, sozial und ökologisch selbstzerstörerischen Kräfte einer entfesselten Profitwirtschaft sind durch marktfundamentalistisches Schalten und Walten offenbar nicht zu bändigen. Die Covid-19-Krise hat bei der Sicht auf die aufgestauten Fehlentwicklungen durch die hochmonopolisierten Märkte wie ein Brennglas gewirkt. Nach der überwundenen Pandemie wäre eine Rückkehr zu der wirtschaftlichen Aggressivität der Vor-Corona-Zeit fatal.

Mit diesem Buch wollen wir nicht die alten wirtschaftstheoretischen Schlachten neu beleben. Das lohnt sich nicht. Und es geht uns auch nicht darum, recht gehabt zu haben und haben zu wollen. Es geht ums Bessermachen. Wir wollen auf der Basis unserer langjährigen Erfahrung im Streit um die wirtschaftswissenschaftliche Wahrheit darstellen, was es mit den gewählten 21 Mythen auf sich hat und welche Prinzipien hinter ihnen walten. Denn sie produzieren eine ökonomische Praxis, die uns allen gesellschaftlich schadet.

Müssen wirtschafts- und sozialpolitische Zusammenhänge ein Buch mit sieben Siegeln sein? Gewiss nicht. Jedenfalls hoffen wir, die gegebenen Komplexitäten für unsere Aufklärungsarbeit nachvollziehbar eingefangen zu haben. Da gegenwärtig der allergrößte Mythos darin besteht, die Postulate des «Marktes» als alternativlos hinzustellen, legen wir zugleich einen Vorrat wahrheitsgemäßer alternativer Vorschläge an.

Bremen/Hamburg im Winter 2020/21
Rudolf Hickel,
Johann-Günther König,
Hermannus Pfeiffer

Der Preis der Umwelt

Umweltpolitik vernichtet Arbeitsplätze

Der Mythos «Umweltpolitik vernichtet Arbeitsplätze» begleitet die Auseinandersetzung über den ökologischen Umbau von Anfang an. Als in Deutschland Anfang der 1970er Jahre erste Maßnahmen gegen die wachsende Umweltkrise durchgesetzt wurden, lautete der aggressiv vorgetragene Vorwurf sofort, damit Millionen Jobs zu vernichten und die internationale Konkurrenzfähigkeit der deutschen Wirtschaft zu belasten. Kurzfristiges Renditedenken wurde gegen eine Politik der Nachhaltigkeit auch zu Lasten künftiger Generationen gerichtet.

Es war vor allem die Energiewirtschaft mit ihren Interessenverbänden und Unterstützern in der Politik, der kein Mittel zu schade schien, um etwa gegen das Großprojekt zum Aufbau erneuerbarer Energie mit dem Ziel zu kämpfen, den Erhalt ihrer Atomkraftwerke und Kohlekraftanlagen zu sichern. Auch Verbündete in der Wissenschaft fanden sich. Beispielsweise wollte der Leiter des Bremer Energie-Instituts herausgefunden haben, dass die erneuerbaren Energien zwar anfangs Arbeitsplätze schaffen, diese aber auf lange Sicht wieder vernichtet werden. Die von den Daten und der Methodik her zweifelhafte Studie wurde von den Gegnern der Energiewende benutzt, um die erneuerbaren Energien zu diskreditieren. Mit der unerbittlichen Ausbreitung der real existierenden Umweltkrise hat dieser Mythos allerdings an Kraft verloren.

In der gesellschaftspolitischen Diskussion wurde immer deutlicher nach den Opportunitätskosten gefragt, die das Nichtstun angesichts der voranschreitenden Klimakrise erzeugt. Unternehmen mussten erfahren, wie die Öko-Krise durch wachsende Kosten und Produktionsbeschränkungen ihr Geschäftsmodell belastet, ja, zu temporären Produktionsstilllegungen führte. Zum Beispiel wegen des ersten Smogalarms Ende Januar 1985 im Ruhrgebiet.

Die Kosten durch den Missbrauch von Natur und Umwelt als «Gratisproduktivkraft» (Karl Marx) überlagerten wegen der unübersehbaren Schäden die Angst vor einem Arbeitsplatzumbau durch Maßnahmen der Umweltpolitik. Allerdings landeten die Jobängste keineswegs auf dem Müllhaufen der Geschichte, sondern wurden dennoch weiter von der Wirtschaft geschürt; der Mythos vom Jobkiller Umweltpolitik lebte, wenn auch kleinlauter, fort. Immer noch wirkt er als generelle Bremse beim konsequenten und spürbaren Einsatz der ökologischen Umbauinstrumente. Das zeigt sich auch im Falle des jüngsten «Klimapakets 2030» der Bundesregierung, in dem die Gesetze und Maßnahmen zusammengefasst sind, die den Klimaschutz in Deutschland voranbringen sollen.

Der Mythos kehrte bei der Kompromissbildung als Warnung vor der ökonomischen Machbarkeit zurück. Es zeigt sich bei den Beschlüssen zur CO_2-Abgabe, die helfen soll, den Zuwachs der Erderwärmung auf maximal 1,5 Grad Celsius zu begrenzen. Der Bund-Länder-Kompromiss, der bei der CO_2-Bepreisung ab Januar 2021 mit 25 € pro Tonne einsteigt und dann einen Preiskorridor von mindestens 55 € und höchstens 65 € öffnet – er reicht bei weitem nicht aus, um an das Ziel zu gelangen. Das belegen nationale und internationale Studien. Um das ambitioniertere Klimaziel von 1,5 Grad Celsius zu erreichen, müsste der CO_2-Preis nach Angaben des Klimaökonomen Otmar Edenhofer, Direktor des Potsdamer Instituts für Klimafolgenforschung, «ungefähr 3- bis 4-mal so hoch» sein und bei etwa 130 € pro Tonne fixiert werden.

Der Mythos von der Jobvernichtung durch Umweltpolitik treibt heute also ein Dilemma voran: Der ökologische Eingriff durch einen CO_2-Preis wird zwar akzeptiert, der Preis selbst aber wegen des kurzsichtigen Blickes auf die scheinbare wirtschaftliche Nicht-Machbarkeit viel zu niedrig angesetzt.

Studien und Daten über Job-Creating durch Umweltpolitik

Zu der Behauptung, Umweltpolitik wirke als Jobkiller, gibt es seit Anfang der 1970er Jahre weltweit eine große Anzahl von Studien. Dabei lassen sich zwei Generationen von Studien unterscheiden. Der Autor dieses Beitrags hat zusammen mit Manfred Gurgsdies bereits 1986 eine international vergleichende Meta-Studie vorgelegt. Die wichtigsten Studien werden in Form von Steckbriefen zusammengefasst und gegenübergestellt.* Die Studien der ersten Generation zu den gesamtwirtschaftlichen Auswirkungen der Umweltpolitik kommen mehrheitlich vor allem in den USA zu der Schlussfolgerung: Es werden mehr Arbeitsplätze abgeschafft als

---

*   Rudolf Hickel/Manfred Gurgsdies, «Umwelt und Beschäftigung: nationale und internationale Studien im Überblick». Universität Bremen/Arbeitnehmerkammer Bremen, Bremen 1986.

neue geschaffen. Anfangs betonten auch die Studien zu Deutschland diese Sorge.

In der zweiten Generation der Studien verändert sich die Botschaft zu den Arbeitsplatzeffekten der Umweltpolitik jedoch. Ein Grund dafür liegt in der verbesserten Methodik und der differenzierten Datenlage. Auch ist unter dem Druck der nicht mehr zu leugnenden Umweltkrise die Untersuchungsintensität gestiegen. Die überwiegende Zahl der Studien belegt zwar einen starken Strukturwandel, aber am Ende ist die Zahl der neu geschaffenen Jobs größer als der Verlust an Beschäftigungsmöglichkeiten. Ähnliche Ergebnisse liegen für Frankreich, Finnland, Dänemark und die Niederlande vor.

Stellvertretend für die vielen Studien in Deutschland wird auf die Untersuchung von R. U. Sprenger und G. Knödgen (Ifo-Institut) hingewiesen. Nachgewiesen werden konnten jahresdurchschnittlich 220 000 zusätzliche Arbeitsplätze. Dabei sind nicht einmal die neuen Arbeitsplätze durch die Produktion für den Export von Umweltschutzgütern und -dienstleistungen berücksichtigt worden. Allerdings wurde bei den Umweltschutzmaßnahmen zwar die zusätzliche Nachfrage bei Lieferunternehmen berücksichtigt, nicht jedoch die möglichen Verdrängungseffekte für Investitionen an anderer Stelle.

Immerhin konnten die direkten und gesamtwirtschaftlich indirekten Effekte unter Nutzung von Input-Output-Tabellen erschlossen werden. Eine damals vom Umweltbundesamt auf der Basis des Vergleichs von Studien verbreitete Faustregel lautete für Deutschland: Werden 1 Mrd. DM öffentliche Ausgaben in die Umwelt investiert, dann ist in der Gesamtwirtschaft mit einem Zuwachs von netto 15 000 Arbeitsplätzen zu rechnen.

Die grundlegende Aktualität dieser Studien der zweiten Generation belegt die jüngste, im Herbst 2019 vorgelegte, Untersuchung zur arbeitsmarktpolitischen Machbarkeit des ökologischen Umbaus, welche die Prognos AG im Auftrag der Friedrich-Ebert-Stiftung unter dem Titel: «Jobwende – Effekte der Energiewende auf Arbeit & Beschäftigung» erarbeitet hat. Zwar prognostiziert das Forschungsteam, dass Jobs wegfallen werden. Jedoch werde sich langfristig die ökologische Reformpolitik leicht positiv auf den Arbeitsmarkt auswirken und der Wirtschaftsstandort wird gestärkt werden.

Dieses Ergebnis gilt allerdings unter der Voraussetzung, dass Industrie und Verbraucher zur Erfüllung des Erderwärmungsziels von maximal 1,5 Grad Celsius nach dem Pariser Abkommen von Ende 2015 bis 2050 etwa 95 Prozent weniger Treibhausgase im Vergleich zu 1990 in die Atmosphäre blasen. Zu den Maßnahmen, die dafür eingeplant werden, gehören unter anderem der Ausbau der Elektromobilität und der erneuerbaren Energien sowie die energetische Gebäudesanierung.

Diese aktuelle Studie lehrt, dass durch den Klimaschutz auch viele neue Jobs in Deutschland entstehen werden, nicht zuletzt in der regenerativen Energiewirtschaft und mit einer umweltfreundlichen Mobilität. Bis 2050 sollen in diesen Bereichen knapp fünf Prozent der Beschäftigten arbeiten. Zum Vergleich: In der Automobilbranche sind es derzeit etwa vier Prozent. Größter Profiteur aber ist nach dieser Studie die Baubranche. Also: Die Energiewende ist zwar ein herausforderndes Projekt, aber in der Bilanz der positiven und negativen Effekte ist sie ein Job-Creator.

Selbstverständlich verbirgt sich hinter dieser positiven Nachricht über die Arbeitsmarktfolgen auch ein dauerhafter Verlust bisheriger Arbeitsplätze. Dies ist oftmals mit sozialen Härten verbunden. Deshalb muss der ökologische Umbau, auch zur Sicherung seiner Akzeptanz, durch eine soziale Abfederung für die Betroffenen begleitet werden. Ohne eine aktive Strukturpolitik mit gezielter Qualifizierung wird die ökologische Transformation nicht gelingen. Je mehr mit diesem Strukturwandel der soziale Abstieg vieler bisher Beschäftigter bagatellisiert wird, desto leichter wird es für die Jobkiller-Mythologen, ja auch die Leugner der Umweltkrise, eine solche soziale Fehlentwicklung zu instrumentalisieren.

In der jüngeren Diskussion über die Optimierung von Ökologie und Ökonomie spielen die früheren, hochaggregierten gesamtwirtschaftlichen Analysen keine so große Rolle mehr. Hier hat ein Lernprozess stattgefunden. Denn die positiven Beschäftigungswirkungen der umweltpolitischen Maßnahmen zeigen, wie die meisten Studien nahelegen, dass der ökologisch induzierte Strukturwandel beherrschbar ist. Dafür steht die seit Jahren eindrucksvoll gewachsene Zahl der Beschäftigten im für die Gesamtwirtschaft erfassten Umweltbereich. Nach Angaben des Bundesumweltamtes vom Juni 2020 arbeiteten im Jahr 2017 mehr als 2,8 Millionen Menschen für den Umweltschutz in der Gesamtwirtschaft. Ihr Anteil liegt damit bei 6,4 % aller Beschäftigten. Insgesamt hat sich die Zahl der Umweltschutzbeschäftigten seit 2002 bis 2017 fast verdoppelt. Dieser wachsende und stabile Einsatz von Arbeitskräften für den Umweltschutz widerlegt eindrucksvoll den Mythos von der Umweltpolitik als Jobkiller.

Ökologischer Umbau für nachhaltige Arbeitsplätze

Nochmals zum Grundsätzlichen: Im Zentrum der Debatte über die Zerstörung der Lebensräume von Mensch, Tier und Pflanze steht heute die Klimakatastrophe. Sie ist die Folge einer vorwiegend anthropogen vorangetriebenen Erderwärmung, die vor allem aus unserer derzeitigen Produktions- und Lebensweise folgt. Seit dem Beginn der Industrialisierung, also seit nunmehr über 130 Jahren, hat sich die Oberflächentemperatur um 1,4 Grad Celsius erhöht. Wird nicht massiv gegengesteuert, dann nimmt im Vergleich mit der Zeit vor der Industrialisierung die Erderwärmung nach Modellrechnungen in den kommenden Jahren um bis zu knapp 4 Grad Celsius zu – mit katastrophalen Folgen für das Ökosystem.

Wegen des Erderwärmungspotenzials durch die Nutzung fossiler Brennstoffe ist es heute das Ziel weltweiter Umweltpolitik, den Ausstoß von CO_2 – die anderen Treibhausgase werden als CO_2-Äquivalente berücksichtigt – massiv zu reduzieren. Dafür steht das Übereinkommen von Paris aus dem Jahr 2015, das 195 Vertragsparteien der Klimarahmenkonvention der Vereinten Nationen (UNFCCC) in der Nachfolge des «Kyoto-Protokolls» unterzeichnet haben. Demnach soll die menschengemachte Erderwärmung auf deutlich unter 2 Grad Celsius gegenüber den vorindustriellen Werten gehalten werden.

Auch die Bundesregierung hat sich mit ihrem «Klimaschutzprogramm 2030» das Ziel gesetzt, die Treibhausgasemissionen in Deutschland im Vergleich zu 1990 schrittweise zu mindern: bis zum Jahr 2020 um 40 Prozent, bis 2030 um 55 Prozent und bis 2040 um 70 Prozent, um bis 2050 Treibhausgasneutralität zu erreichen. Produktionseinbrüche durch das Elend der Corona-Krise belegen den dadurch bewirkten, allerdings so nicht gewollten Rückgang der Umweltbelastung. Für das Jahr 2020 rechnet das Forscherteam der «Agora-Energiewende» in einem mittleren Szenario damit, dass begünstigt durch die Produktionsbeschränkungen als Folge der Corona-Krise mit einem Ausstoß von 718 Millionen Tonnen CO_2 nach 805 Millionen Tonnen zu rechnen ist.

Auf dem Weg zur sozial-ökologischen Marktwirtschaft

Das Argument von den Jobverlusten durch Umweltpolitik wirkt unter dem Regime der Klimakrise hilflos, ja lächerlich. Die dahinterstehende Ideologie von einem Wirtschaftssystem, das aus eigener Kraft auch ökologisch alles zum Besten richtet, blamiert sich angesichts der von ihm gleichzeitig erzeugten Ökoschäden. Nicht rechthaberische Abschirmung der Wettbewerbswirtschaft gegenüber den aus der Marktdynamik erzeugten Umweltschäden, sondern eine Einbettung des Wirtschaftens in einen ökologischen Rahmen ist das Gebot der Stunde. Anstatt mit dem Mythos von den Jobverlusten durch Umweltpolitik die Wirtschaft gegenüber den ökologischen Herausforderungen abzuschirmen, kommt es schon lange darauf an, Instrumente des ökologisch nachhaltigen Umbaus der Wirtschaft auch zugunsten künftiger Generationen einzusetzen.

Solche Instrumente können von gezielten Ge- und Verboten bis zu öffentlichen Investitions- und Förderprogrammen reichen. Und wegen der unterschiedlichen Anforderungen sollten sie differenziert nach den Schwerpunkten Industrie, Landwirtschaft, Energie, Verkehr (Mobilität) und Wohnen sowie nach Querschnittsprojekten wie der Erhöhung der Energieeffizienz ausgerichtet und eingesetzt werden. Dazu gehören auch gesellschaftliche Großprojekte zum ökologischen Umbau, auf die sich Wirtschaft, Politik und Wissenschaft konzentrieren.

Ein aktuelles Beispiel ist die durch die Bundesregierung ausgerufene «Nationale Wasserstoff-Strategie (NWS)». Wasserstoff, der durch klimafreundliche Energie erzeugt wird, dient der Dekarbonisierung, also am Ende dem Verzicht auf den Einsatz fossiler Energieträger. Pilotprojekte zur Produktion von Stahl, bei dem der

CO$_2$-Ausstoß durch den Einsatz von Wasserstoff praktisch vermieden wird, sind bereits über die Testphase hinaus. Ein Pilotprojekt zum klimafreundlichen Hüttenwerk liefert neben anderen Stahlwerken in Deutschland die «Salzgitter AG: Stahl und Technologie» mit SALCOS («Salzgitter Low CO$_2$ Stealmaking»).

Auch radikale Eingriffe in die Produktionswirtschaft werden im Kampf gegen die Umweltkrise mittlerweile akzeptiert. Dazu gehört der komplette Ausstieg aus der Energieproduktion durch Atom- und Kohlekraftwerke. Für diese radikalen Verbote gibt es einen fast vergessenen Vorläufer: das weltweite Produktionsverbot des Ozonkillers Fluorchlorkohlenwasserstoffe (FCKW) nach dem Montreal-Abkommen 1987 durch 196 Staaten und die EU. Und in der Londoner Konferenz 1990 wurde dann auch der Verbundwerkstoff CFK (carbonfaserverstärkter Kunststoff) verboten. Von einem Absturz der Wirtschaft und der Vernichtung von Arbeitsplätzen war am Ende auch hier keine Rede. Produkt- und Prozessinnovationen haben vielmehr den Einsatz von Kühltechniken ohne Belastung der Ozonschicht möglich gemacht.

Mit Verpreisung raus aus der ökologischen Rationalitätsfalle

Es ist die sich selbst überlassene einzelwirtschaftliche Rationalität, die im Wettbewerb kein Sensorium für die dadurch erzeugten ökologischen Lasten hat. Betriebswirtschaftlich kurzsichtige Rationalität durch die Externalisierung von Umweltkosten erzeugt eine gesamtökologische Irrationalität. Die Externalisierung der mit der Produktion entstehenden Kosten für Umweltschäden muss ein Ende haben. Zeitlich verzögert fallen diese externalisierten Kosten ohnehin in Form von Ver- und Geboten sowie Öko-Abgaben auf die Unternehmen zurück, wenn die angerichteten Umweltschäden die Produktionsmöglichkeiten belasten. Dann allerdings ist die ökologische Zerstörung bereits vorangetrieben worden.

Marktwirtschaften sind mit ihrer Systemlogik einzelwirtschaftlicher Gewinnmaximierung ökologisch blind. Gegen dieses systemische Marktversagen hilft nur, die «ökologische Wahrheit» (Ernst-Ulrich von Weizsäcker) im Preissystem zu verankern. Die Umweltkosten müssen dort bepreist werden, wo sie entstehen. Durch einen Aufschlag für ökologische Schäden auf die Preise lässt sich die Falle zwischen den einzelwirtschaftlichen Interessen und der gesamtwirtschaftlich-ökologischen Rationalität schließen.

Zur Verpreisung ökologischer Kosten gibt es zwei Instrumente: Abgaben und Zertifikate.

Abgaben wie die *Carbon Tax* erhöhen den zuvor einzelwirtschaftlich umweltblinden Preis. Dadurch wird eine ökologische rationale Verhaltensveränderung erwartet, die zur Reduktion des CO_2-Verbrauchs der erzeugten Produkte führt. Allerdings muss die Frage nach der Höhe der Abgabe, mit der die ökologische Zielsetzung erreicht werden kann, ernsthaft diskutiert werden. Zu niedrige Abgaben füllen zwar die öffentlichen Kassen, verfehlen jedoch das Ziel. Und da Abgaben finanzschwache Einkommensschichten relativ stärker treffen, werden Konzepte zum sozialen Ausgleich etwa durch einen «Klimabonus» relevant. Erfunden von Arthur Cecile Pigou («The Economic of Welfare», 1920), übrigens einem überzeugten Theoretiker der Marktwirtschaft, hat sich heute in vielen Ländern das System der Öko-Abgabe auf der Basis neuerer empirisch fundierter Klimamodelle durchgesetzt (vor allem von William D. Nordhaus bestärkt), allerding mit stark unterschiedlichen Preisaufschlägen. Öko-Abgaben müssen durch weitere Instrumente – etwa Ge- und Verbote – eingeordnet werden.

Das zweite Instrument sind Zertifikate. Ihr Prinzip ist es, den politisch gewollten CO_2-Ausstoß (CAP) gesetzlich zu fixieren und über Märkte zu steuern. Der Preis, zu dem Zertifikate gekauft und verkauft werden (Trade), bildet sich an der Börse (Trade). Unternehmen, die über die Grundausstattung hinaus für ihre Produktion Zertifikate benötigen, kaufen diese, und Unternehmen, die überschüssige Umweltverschmutzungsrechte besitzen, bieten diese der Börse an. Die zuständige Energiebörse in Deutschland, die «European Energy Exchange AG (EEX)», hat ihren Sitz in Leipzig.

Allein schon der Begriff Zertifikate als Umweltverschmutzungsrechte irritiert, ja provoziert vor allem in der Umweltbewegung. Dabei bezwecken Zertifikate ebenso wie die Öko-Abgabe dasselbe Ziel: Reduktion des CO_2-Ausstoßes, bei Umweltvermutzungsrechten nicht indirekt über die Preise am Markt, sondern direkt an der Produktionsstätte.

Die EU kann mit ihrem seit 2005 eingesetzten «European Emission Trading System» (ETS) durchaus Erfolge aufweisen. Für die vierte Phase dieses Systems von 2021 bis 2030 ist eine jährlich zu reduzierende Zertifikatsmenge von 48 Mio. Tonnen CO_2 festgeschrieben worden, ein Blick nach vorn, der auch zur Planungssicherheit der Unternehmen dienen soll.

Das Fazit lautet: Dem Marktversagen einer sich selbst überlassenen, einzelwirtschaftlich ausgerichteten Gewinnwirtschaft muss mit einer ökologischen Ordnungspolitik des Wirtschaftens begegnet werden. Dafür steht heute das System sozial-ökologische Marktwirtschaft. Der Mythos von der Umweltpolitik als Wohlstandszerstörer und Jobkiller hat keine reale Basis. Triebkraft ist eher eine ideologisch verbrämte, kurzsichtige Interessenpolitik. Heute geht es nicht mehr darum, zu fragen, wie die Wirtschaft wegen befürchteter Jobverluste gegen ökologische Interventionen abgeschirmt werden kann. Vielmehr muss das Wirtschaftssystem insgesamt auf den Erhalt und die Stärkung der Umwelt ausgerichtet werden – damit wir nicht am Ende die allgemeine Voraussetzung der Produktion und des menschlichen Lebens selbst zerstört haben.

Rudolf Hickel

Literaturtipps

Arbeitsgruppe Alternative Wirtschaftspolitik, *Memorandum 2019 (Kapitel 1 «Die Energiewende als europäisches Forschungsprojekt» und 2 «Gegen die Klimakatastrophe: CO_2-Bepreisung als Instrument der Energiewende»)*, Köln 2019.

Rolf-Ulrich Sprenger unter Mitarbeit von Günter Britschak, *Beschäftigungseffekte der Umweltpolitik*, Berlin/München 1979.

Markus Hoch et al., *Jobwende – Effekte für eine Energiewende auf Arbeit und Beschäftigung: Für ein besseres Morgen – Ein Projekt der Friedrich-Ebert-Stiftung 2018–2020*, Bonn 2020.

Nach Corona kein Zurück: Lehren aus der Krise

Corona hat mit der Krise des Wirtschaftssystems nichts zu tun

Der harte Lockdown im März/April 2020 zur Bekämpfung der Covid-19-Pandemie und die weiteren Wellen haben zwar einen ökonomischen Absturz ausgelöst. Von einer Krise der Marktwirtschaft könne jedoch nicht die Rede sein. Zum einen seien die ökonomischen Verluste Folge einer «Naturkatastrophe», also exogen, von außen verursacht. Und dies habe nichts mit der Krisenanfälligkeit des kapitalistischen Wirtschaftssystems zu tun. Zum anderen seien die Marktkräfte unbeschädigt geblieben und deshalb nach der Aufhebung des Lockdowns die Rückkehr auf den Pfad der wohlstandsstiftenden Vor-Krisen-Wirtschaft gewiss.

Aber stimmt diese Lesart?

Hinter dieser Haltung steht eine heftig diskutierte Frage: ob nämlich der Staat auch nach dem Ende der Corona-Krise dauerhaft die gestaltende Führungsrolle innerhalb der krisenanfälligen, einzelwirtschaftlich ausgerichteten Gewinnwirtschaft übernehmen soll oder nicht. Darauf gibt es eine rückwärts- und eine vorwärtsgewandte Antwort.

Rückwärtsgewandt

In der ersten Variante gilt die Corona-Krise als ein zeitlich begrenzter Zwischenfall, der nicht durch die real existierenden Marktkräfte verursacht worden ist. Dafür steht die Behauptung, in den Vor-Corona-Zeiten habe das politisch-ökonomische System als Maschine zur Erzeugung von «Wohlstand für alle» noch perfekt funktioniert. Die den unterschiedlichen Maßnahmen eines Lockdowns folgende ökonomische Krise wird in das klassische Muster vom konjunkturellen Auf und Ab eingeordnet. Deshalb seien auch nur während des wirtschaftlichen Absturzes infolge der Corona-Krise staatliche Interventionen gerechtfertigt – allerdings zeitlich befristet. Der Staat müsse sich dieser Lesart zufolge so früh wie möglich wieder aus der Finanzierung von Rettungsmaßnahmen und der gegen die Krise gerichteten gesamtwirtschaftlichen Steuerung zurückziehen. Je länger die Interventionsphase der Politik durch die Corona-Krise anhält, umso lauter werden nicht nur aus der Politik die Stimmen, die zum «Weiter so wie vorher» aufrufen. Und damit zu einem Zurück in die durchaus krisenanfälligen Entwicklungsmuster der Vor-Corona-Zeit.

Hier findet also Mythenbildung statt oder, besser gesagt, die Wiederauflage eines altbekannten Mythos in kaum veränderter Gestalt: jener von den segensreichen Wirkungen entfesselter Marktkräfte. Dieser Ansatz beruht auf zwei Fehleinschätzungen:

– Harte Maßnahmen eines Lockdowns mit dem Ziel, die Infektionskurve zu begrenzen, um damit die Folgen der Pandemie medizinisch beherrschbar zu machen, führen zu massiven Verlusten der gesamtwirtschaftlichen Produktion. Der Verlust an gesamtwirtschaftlicher Wertschöpfung ist jedoch nicht mit einem üblichen konjunkturellen Abschwung vergleichbar. Im

Muster der Konjunktur geht mangels Nachfrage lediglich die Auslastung der gegebenen Produktionskapazitäten zurück. Bei dem nachfolgenden Aufschwung wird die gesamtwirtschaftliche Produktion über den steigenden Auslastungsgrad der im Kern unverändert vorhandenen Produktionskapazitäten dann wieder hochgefahren. Beim ökonomischen Niedergang durch die Corona-Krise dagegen werden viele Unternehmen zerstört und damit Produktionskapazitäten dezimiert, und zugleich geht die Nachfrage zurück. Das Bild vom Auf- und Abschwung nach dem V-Muster der Konjunktur trifft für die durch die Pandemie getriebene Ökonomie nicht zu. Einem Abschwung folgt allein schon wegen der Vernichtung von Produktionskapazitäten sowie den sichtbar gewordenen strukturellen Verwerfungen nicht ein spiegelbildlicher Aufschwung.

— Mythosbildend wirkt auch die Behauptung, die ökonomische Krise infolge der Begrenzung der Infektionskurve sei exogen, habe also nichts mit dem weltweit expandierenden Kapitalismus zu tun. Auch die Bundeskanzlerin etikettiert die Entfesselung der Covid-19-Pandemie bezeichnenderweise als – einmalige – «Naturkatastrophe». Studien zeigen, Pandemien werden durch Mikroorganismen in tierischen Reservoiren hervorgerufen. Die Übertragung findet durch menschliche Aktivitäten statt. Die eigentlichen Ursachen sind in den weltweiten Umweltveränderungen zu suchen, die auch zum Verlust der biologischen Vielfalt und zur Klimakrise beitragen. Die voranschreitende Zerstörung von Urwäldern, die großflächige Industrialisierung der Landwirtschaft, aber auch der expandierende Wildtierhandel haben Einfluss. Mit dieser kapitalistischen Inlandname der früher abgeschotteten «wilden Natur» und vor allem durch den illegalen Wildtierhandel nimmt die Übertragung von pathogenen Viren auf die Menschen zu. Ein-

dringlich dargelegt werden die vorherrschenden Interdepen-
denzen zwischen der wirtschaftlichen Eroberung der Natur
gegenüber den Menschen im WWF-Report, der im März 2020
veröffentlicht wurde: The Loss of Nature and the Rise of Pan-
demics. Nur mit einer globalen Politik zur Stärkung von Natur
und Umwelt sowie einem Verbot des Wildtierhandels lassen
sich neue Pandemien vermeiden.

Vorwärtsgewandt, also lernfähig

Die Corona-Krise hat, vergleichbar einem Brennglas, seit Jahren
aufgestaute Strukturprobleme und Fehlentwicklungen sichtbar
gemacht. Beispiele: Durch die Dominanz der Gewinnwirtschaft
ist in den letzten Jahrzehnten eine systematische Unterversorgung
mit öffentlichen Gütern nicht nur im Bereich der Infrastrukturinvestitionen erzeugt worden. Dazu zählt auch die Durchlöcherung
des öffentlichen Gesundheitssystems infolge der Privatisierung
von Krankenhäusern und des Aufkaufs von Arztpraxen durch
gewinnorientierte Kapitalanleger. Weiter hat sich im Widerspruch
zu einem funktionsfähigen Wettbewerb eine Markt-Macht-Wirt-
schaft mit großem Einfluss auf die Politik verfestigt. Schließlich
werden trotz vieler Maßnahmen die unbewältigten Umweltpro-
bleme verschärft sichtbar. Die bisher vorrangige Nutzung der
Natur als «Gratisproduktivkraft» (Karl Marx) und der Umwelt
als Müllkippe werden für die Revitalisierung der Wirtschaft nach
dem Ende der Corona-Krise endgültig zur Entwicklungsbremse
und fallen damit auf die Wirtschaft zurück.

Diese Fehlentwicklungen, die sich durch die Corona-Krise
zuspitzen, widerlegen den Mythos von der «Wohlstandsökono-
mie für alle». Dieser Mythos leugnet auch die schweren Lasten,

die die heutige Generation durch verschlechterte Lebens- und Produktionsbedingen an kommende Generationen vererbt. Einem ideologisch forcierten «Zurück» nach dem Ende der Corona-Krise muss deshalb das Leitbild eines zukunftsfähigen Wirtschaftssystems entgegengestellt werden. Es geht darum, die jetzt durch die Corona-Krise verschärft erkennbaren Fehlentwicklungen der durch einzelwirtschaftliches Denken und hohe Renditen getrimmten Gesamtwirtschaft durch einen dauerhaft wirksamen sozial-ökologischen Umbau der Wirtschaft aufzulösen.

Die durch die Corona-Pandemie erzeugte Schrumpfökonomie und die damit erzwungenen Verhaltensveränderungen sollten auf ihre Nachhaltigkeitsfähigkeit überprüft und in diesem Sinne bestärkt werden. Beispiele sind der zusammengebrochene Flugverkehr sowie der weltweit angeschlagene Massentourismus. Die Corona-Krise könnte durchaus die Erkenntnis bestärken, dass weniger oft mehr ist. Auf der Basis neuer Einsichten mit Blick auf die Zukunftsfähigkeit des Wirtschaftens darf es zur Vor-Corona-Zeit keine rücksichtslose Rückkehr geben: Künftig wird weniger umweltbelastend geflogen, der Kreuzfahrttourismus wird reduziert, das Konsumverhalten gerade auch im Bereich der Freizeitaktivitäten wird neu sortiert. Auch die Digitalisierung zusammen mit Mediensoftware wird auf allen Ebenen diesen Strukturwandel beschleunigen.

Bereits beim Neustart aus dem Corona-Absturz der Wirtschaft sollten solche Einsichten in die Rettung der Wirtschaft aus ihrer unverschuldeten Notlage mit den Mitteln einer sozial-ökologischen Transformation eingehen. Beim wirtschaftsstrukturellen Umbau wäre nach den jüngsten Erfahrungen mit weltweit zusammengebrochenen Lieferketten auch die Stärkung der lokalen Wirtschaft gegenüber der von den Globalisierungsrisiken abhängigen Export- und Importwirtschaft wichtig.

Der Staat als Retter

Die Wucht der sozial-ökomischen Krise infolge der Corona-Pandemie hat ideologisch und handlungsorientiert erst einmal Wunder bewirkt. Der massive Handlungsdruck auf den Staat scheint den auf Marktvertrauen basierenden Neoliberalismus erst einmal verdrängt zu haben. Der schon in Vor-Corona-Zeiten die Realität vernebelnde Mythos «Mehr Markt gegen die Krise» taugt nicht zur aktuellen Antikrisenpolitik: Die Gesamtwirtschaft stürzte im ersten Jahr der Corona-Krise um über 5 % ab. Nach dem ersten Lockdown im März 2020 sind die Verluste der Exportwirtschaft durch weltweit unterbrochene Lieferketten groß gewesen. Und die lokale Wirtschaft, beispielsweise die Gastronomie, die Freizeit- und Unterhaltungswirtschaft zusammen mit der Kultur ist im zweiten Teil-Lockdown seit November 2020, der bis ins neue Jahr verlängert werden musste, noch einmal getroffen worden.

Mit welcher Entwicklung in den kommenden Jahren zu rechnen sein wird, ist mit den üblichen Mitteln der Prognose kaum beantwortbar. Denn entscheidend sind die Ursachen der Corona-Pandemie sowie deren Überwindung. Bleibt die Pandemie mit anhaltenden Schutzmaßnahmen wie Atemmasken, Hygiene und Abstandsregel durch das Gesundheitssystem beherrschbar, dann ist bei der Entwicklung der gesamtwirtschaftlichen Produktion mit folgendem Verlauf zu rechnen: Dem tiefen Absturz des Bruttosozialprodukts mit über 5 % folgt nach Prognosen aus der Wirtschaftswissenschaft vom November 2020 ein Wiederanstieg in Richtung 4,0 % im Jahr 2021. Mit einer konjunkturellen Automatik nach dem vielzitierten V-Muster – dem Abschwung folgt der Aufschwung – hat das nicht viel zu tun. Es ist doch klar, dass die mit der Abschwächung der Pandemie gelockerten Restriktionen schnell wieder zu einem Anstieg der Produktion führen. Gegenüber dieser makroökononomischen Betrachtung muss wirtschaftsstrukturell jedoch nach den unterschiedlichen Entwicklungen in den Branchen differenziert werden. Besonders hart getroffen sind die Produktionsbereiche Tourismus, Gastronomie und Veranstaltungswirtschaft. Damit trifft es vor allem die lokale Wirtschaft. Dagegen stehen die Gewinner im Bereich digitaler Kommunikation. Der große Profiteur der Pandemie ist der Onlinehandel gegenüber dem Einzelhandel.

Allerdings ist vor einer Überschätzung der dem Absturz folgenden Wiederbelebung zu warnen. Der sich seit Jahren durchsetzende Trend des Wirtschaftswachstums in der Nähe der Stagnation (reales Wirtschaftswachstum 2019 von 0,9 %) wird auch die Post-Corona-Ära prägen. Dieser Trend zur Wachstumsverlangsamung könnte durch gesamtwirtschaftlich bremsende Anpassungen infolge der Corona-Krise über dann dauerhafte Kapazitätsreduktionen auch infolge veränderten Nachfrageverhaltens etwa durch eine ökologische Ausrichtung verstärkt werden (zum Beispiel durch Rückgang der Binnenflüge).

Große Gefahren drohen der Unternehmenswirtschaft wie schon angesprochen allerdings durch die wachsende Zahl an Insolvenzen. Ursache sind fehlende Liquidität und damit auch die Unmöglichkeit, Kredite zu bedienen. Dies trifft vor allem auf kleine und lokale Unternehmen zu, die gegen derartige Belastungen nicht mit einem ausreichenden Kapitalpuffer gewappnet sind. Noch wird die Insolvenzwelle durch zeitlich befristete Ausnahmen beim Insolvenzrecht gestoppt. Bis Januar 2021 wurde erst einmal die haftungsrelevante dreiwöchige Insolvenzantragspflicht ausgesetzt. Dabei ist die Sorge, nicht mehr marktfähige sog. Zombie-Unternehmen könnten die Regelung missbrauchen, groß. Das sind Unternehmen, die künstlich durch politische Interventionen am Leben gehalten werden. Wie auch bei den anderen staatlichen Hilfen besteht immer die Gefahr durch Trittbrettfahrer. Diese lässt sich jedoch miniminieren. Wenn allerdings die Ausnahmeregel aufgehoben wird und die Insolvenzwelle ins Rollen kommen sollte, könnten Dominoeffekte ausgelöst werden. Im Mittelpunkt stehen die Banken, die wegen nicht mehr bedienbarer Kredite bei unzureichender Risikovorsorge in ihren Bilanzen Wertberichtigungen vornehmen und damit Verluste hinnehmen müssen.

Um die Krise zu bewältigen, sind staatliche Interventionen zugunsten der notleidenden Unternehmen unverzichtbar. Dazu gehören finanzielle Stützungsmaßnahmen, etwa durch Zinszuschüsse, Bürgschaften, geförderte Kredite sowie weitere Zuweisungen.

Grundsätzlich ist festzuhalten: Da die Marktkräfte nicht in der Lage sind, die Corona-Krise aus eigener Kraft erfolgreich zu bewältigen, kann nur der außerhalb des Wettbewerbs stehende Staat die Führungsrolle übernehmen.

Er hilft den unverschuldet in die Krise geratenen Unternehmen, unterstützt die sozial Belasteten. Gesamtwirtschaftlich kommt die Aufgabe hinzu, die Stabilität mit Konjunktur- und Strukturprogrammen zu sichern. Die deutsche Politik hat sich nach dem Ausbruch der Covid-19-Pandemie unter Verzicht auf zuvor gepflegte Tabus als handlungsfähig erwiesen. Im Mittelpunkt ihres Engagements stehen unter anderem folgende Aufgabenfelder: umfangreiche Ausgaben zur Stärkung des Gesundheits- und Bildungssystems; Überbrückungszahlungen an hilfsbedürftige Unternehmen; Garantien in Form von Krediten, Bürgschaften und Beteiligungen (etwa bei der Lufthansa AG), Sonderprogramme für Solo-Selbständige, Begrenzung der Lohnverluste durch Kurzarbeitergeld, Hilfen an Familien (etwa einmalig 300 € Kindergeld) sowie Finanzmittel zur Stärkung des sozial-kulturellen Zusammenhalts.

Hinzu kommen steuerpolitische Maßnahmen wie Stundungen von Steuerzahlungen und die befristete Reduktion des Umsatzsteuersatzes von 19 auf 16 %.

Auf eine Anfrage im Deutschen Bundestag hat das Bundesfinanzministerium im Sommer 2020 errechnet: Zur Bewältigung der Covid-19-Krise werden durch die öffentlichen Kassen für die Jahre 2020 und 2021 insgesamt Finanzmittel im Umfang von knapp 1,5 Billionen € mit allerdings noch steigender Tendenz zur Verfügung gestellt. In dieser Summe stecken zum einen die haushaltswirksamen Maßnahmen, die sich beim Bund auf 400,4 Mrd. € 2020 und 74 Mrd. € 2021 summieren. Hinzu kommen die Länder mit 116,3 Mrd. € für die beiden Jahre. Auch die Sozialversicherungen belasten die öffentliche Hand mit 29,3 Mrd. €. Aus diesen Mitteln werden auch Überbrückungshilfen für den zweiten Lockdown vom November zur Verfügung gestellt (etwa für den Umsatzausfall der Gastronomie bis zu 75 % im Vergleich zum November 2019). Hinzu kommen Nachjustierungen durch bisher nicht genügend berücksichtigte Branchen (Kunst, Theater, Entertainmentsektor). Wichtigste Änderung bei den Solo-Selbständigen ist die Zielgröße direkte Einkommenssicherung, statt die Hilfen an den meistens nicht vorhandenen Betriebskosten auszurichten.

Zu den haushaltswirksamen Maßnahmen sind für die beiden Jahre 2020 und 2021 Garantien in Form von Bürgschaften, Schnellkrediten und Beteiligungen im Umfang von 826,3 Mrd. € zugesagt. Soweit allerdings die Garantien ihr Ziel erreichen, die unterstützten Unternehmen aus der notleidenden Phase herauszuführen, wird es auch nicht zu finanziellen Belastungen des Staates kommen.

3. Der schuldenfinanzierte Staat rettet den Steuerstaat

Mit dem derzeit bis Dezember 2020 (dem Redaktionsschluss dieses Beitrags) bewilligten Potenzial an finanzieller Belastung der öffentlichen Haushalte für die beiden Jahre 2020 und 2021 mit über 1,5 Bio. € stellt sich die Frage: Mit welchen Instrumenten sollen die Steuerausfälle durch den Absturz der Wirtschaft zusammen mit den konjunkturpolitisch gezielten Stabilisierungsmaßnahmen sowie die direkten, haushaltswirksamen Ausgaben beispielsweise für das Gesundheitssystem und die Rettungsmaßnahmen zugunsten der Unternehmenswirtschaft finanziert werden? Nach den Zeiten der Deckelung der Staatsschulden durch die «Schuldenbremse» bzw. die «schwarze Null» hat sich in der Corona-Krise ein breiter, finanzwissenschaftlich gut begründbarer Konsens durchgesetzt: Um den Staat fiskalisch handlungsfähig zu halten, werden ausschließlich öffentliche Kredite zur Bewältigung der fiskalischen Herausforderungen eingesetzt. Diese Finanzierungspolitik ist gesamtwirtschaftlich vernünftig und passt zu den massiven Liquiditätsüberschüssen auf den Finanzmärkten.

Sie ist im Übrigen alternativlos. Denn würden in dieser Phase einer sich vom Absturz langsam erholenden Wirtschaft bei geschrumpfter konsumtiver und investiver Nachfrage zur Schließung der Haushaltslücke Staatsausgaben gekürzt und/oder Steuern erhöht, dann würde sich die gesamtwirtschaftliche Krise vertiefen.

Diesem Grundmuster der neoliberalen Austeritätspolitik folgt Deutschland zu Recht nicht. Auf eine krisenverschärfende Finanzpolitik durch Ausgabenkürzungen wird derzeit verzichtet. Allein der Bund hat mit zwei Nachtragshaushalten (Mai und Juni 2020) die Kreditaufnahme im Haushaltsjahr 2020 um 217,772 Mrd. €

ausgeweitet. Für das Jahr 2021 werden knapp 180 Mrd. € Bundesschulden hinzukommen. Das sind für die beiden Jahre insgesamt knapp 398 Mrd. €. Dazu kommen die Bundesländer, die nach dem Normalmodus der Schuldenbremse ab 2020 keine öffentlichen Kredite hätten aufnehmen dürfen, mit über 96 Mrd. € (Stand Juni 2020).

Die Deutsche Bundesbank schätzt in ihrem «Monatsbericht August 2020», dass der Schuldenstand des Staates mit insgesamt 2,5 Bio. € auf 75 % des Bruttoinlandsprodukts im Jahr 2020 angestiegen sein wird. Der Finanzierungssaldo (Nettokreditaufnahme im Verhältnis zum Bruttoinlandsprodukt) wird im Jahr 2020 auf 7 % geschätzt. Damit ist klar: Die beiden Schuldengrenzen nach den EU-Budgetregeln mit maximal 60 % beim Schuldenstand und 3 % beim Finanzierungssaldo werden auch in Deutschland zu Recht gerissen.

Vor allem aber hat die im Grundgesetz fixierte Schuldenbremse die Finanzierung der Corona-Fiskalkosten nicht ausbremsen können. Genauer betrachtet: Die Schuldenbremse lässt beim Bund eine konjunkturbedingte und strukturelle Verschuldung (0,35 % des Bruttoinlandsprodukts) zu. Diesen Spielraum hatte der Bund mit seiner «schwarzen Null» – also Mehreinnahmen gegenüber den Staatsausgaben – nicht einmal ausgeschöpft. Noch 2019 hat er auf die verfassungsrechtlich zulässige Nettokreditaufnahme von knapp 12 Mrd. € verzichtet.

Während den Ländern ab 2020 strukturell eine Nullverschuldung untersagt ist, dürfen die Länder zusammen mit dem Bund im Fall einer konjunkturellen Krise die Einnahmeausfälle durch antizyklisch wirkende Schulden nutzen. Allein im Jahr 2020 überzieht der Bund gemessen am Normalfall der Schuldenbremse nach Art. 115 GG wegen seiner Finanzierungsnöte durch die Corona-Krise mit seinen beiden Nachtragshaushalten die strukturell und konjunkturell maximal zulässige Nettokreditaufnahme um 137,8 Mrd. €.

Zur Begründung dieser Abweichung wird auf Art. 115 Grundgesetz (GG) Bezug genommen. Zwei Ausnahmen von der Normalfall-Schuldenbremse sind danach vorgesehen: «Im Falle von Naturkatastrophen oder außergewöhnlichen Notsituationen, die sich der Kontrolle des Staates entziehen», können die zulässigen Kreditgrenzen überschritten werden. Hat sich, wie von den Protagonisten behauptet, damit trotz aller Kritik die Schuldenbremse bewährt? Klar ist: Die Schuldenbremse ist niemals auf die Dimensionen solcher Krisenkosten hin gedacht worden. Als sie 2015 eingeführt wurde, hatte man als Fall einer Naturkatastrophe die Erfahrungen mit der Sturmflut von 2002 im Kopf. In Corona-Zeiten bezog sich die Ausnahme von der Schuldenregel eher auf eine «außergewöhnliche Notsituation», die zweite Möglichkeit, die Art. 115 GG nennt. Übrigens ist diese erst gegen Ende des Gesetzgebungsverfahrens durch einen Zuruf in der «Föderalismuskommission II» aufgenommen worden.

Auf jeden Fall liegt die Kreditaufnahme im Rahmen der durch die Corona-Krise notwendigen Abweichungen auch für die Länder außerhalb der finanzpolitischen Vorstellungskraft derjenigen, die auf eine strenge Nutzung der Schuldenbremse unerschütterlich bestehen. Allerdings ist mit der Schuldenbremse im Art. 115 GG eine Tilgungsregel eingeführt worden, die die aktuelle Finanzpolitik belastet. Es geht um die Verpflichtung zur Rückführung der als außerordentlich begründeten Kredite durch einen Tilgungsplan «binnen eines angemessenen Zeitraums». Wäre ein Fall wie die Corona-Pandemie bei der Gesetzgebung zur Schuldenbremse angedacht worden, so wäre die Regelung der Tilgungspflicht sicherlich flexibler fixiert worden. Nun aber sprengen die erforderlichen Tilgungssummen bei den durch die Corona-Krise auflaufenden Staatsschulden den machbaren Refinanzierungsrahmen innerhalb der öffentlichen Normalhaushalte.

So würde allein die durch die Corona-Krise bedingte zusätzliche Staatsverschuldung beim Bund mit knapp 400 Mrd. € für 2020 und 2021 bei der durch die Bundesregierung geplanten Tilgungsdauer von 20 Jahren den Bundeshaushalt jährlich mit 20 Mrd. € belasten. Auch die Länder müssten gemessen an ihren Haushalten hohe Tilgungslasten finanzieren. Würde im schlimmsten Fall das derzeit für 2020 und 2021 beschlossene Potenzial der Finanzierung von haushaltswirksamen Maßnahmen und Garantien mit knapp 1,5 Bio. € komplett durch Staatsschulden finanziert, so müssten über 20 Jahre hinweg jährlich 75 Mrd. € durch die betroffenen öffentlichen Haushalte aufgebracht werden.

Allerdings belegen neue finanzwissenschaftliche Studien, dass es über viele Jahre keinen Druck zu einer schnellen Tilgung gibt. Gelegentlich ist auch die Rede von «ewigen Schulden». Ohnehin sind die Schuldenbremse und die ihr zugrunde liegenden Annahmen zur Relevanz zügiger Tilgung von Anfang an mit guten und empirisch abgesicherten Gründen kritisiert worden (siehe den Artikel «Immer Ärger mit der schwarzen Null»). Es bedurfte allerdings erst dieser tiefen ökonomischen Folgekrise der Corona-Pandemie, um die Logik der hochgelobten Schuldenbremse zu erschüttern.

Die Corona-Krise offenbart einen weiteren Beleg für die Untauglichkeit der «Schuldenbremse»: Auch die Deutsche Bundesbank hält diese Staatsschulden zur Vermeidung «dauerhafter wirtschaftlicher Schäden» für gerechtfertigt. Sie verweist angenehm überraschend auf die positive Haltung der Finanzmärkte gegenüber der Schuldenexplosion. Da heißt es: «Es befinden sich die Staatsfinanzen trotz umfangreicher Budgetlasten nicht in einer kritischen Position und genießen hohes Vertrauen.» Die Finanzmärkte boykottieren die erhöhte Kreditaufnahme durch den Staat also nicht, wie oftmals von den neoliberalen Kritikern der Staatsverschuldung behauptet. Im Gegenteil gelten öffentliche Anleihen selbst bei Minusrenditen für die großen institutionellen Anleger wie die US-Pensionsfonds als «safe haven» im Umfeld extrem instabiler Finanzmärkte und fehlender Anlagealternativen. Der Staat bietet für die überschüssigen Ersparnisse Anlagemöglichkeiten.

Die aus der Finanznot geborene «Einheitsfront» für den Einsatz von Staatsverschuldung zur Finanzierung der öffentlichen Krisenkosten erweist sich jedoch als brüchig. Entgegen der makroökonomischen Vernunft nimmt der Druck aus der Politik zu, die Tilgung zügig einzuleiten und dieses Finanzierungsventil schnell wieder zu schließen. Der Mythos von der Erblast künftiger Generationen durch Staatsschulden gewinnt wieder die Oberhand. Dies zeigt auch die Forderung, bereits 2022 mit der Tilgung der Corona-Schulden zu starten. Wie aber soll die Finanzierung erfolgen? Wenn ein Tilgungsplan politisch unvermeidbar werden sollte, dann muss eine sozial gerechte Finanzierung der Kreditrückzahlung durchgesetzt werden. Es bietet sich die Einrichtung eines Corona-Solidarfonds an, der als Sondervermögen für den Bund und die Länder mit Zugang für die Kommunen geführt wird. Zur Finanzierung der Sonderlasten wird, vergleichbar dem Lastenausgleichsgesetz von 1952, eine einmalige Vermögensabgabe vorgeschlagen, die vom reichsten Prozent der Bevölkerung, auf das sich rund 35 % des Gesamtvermögens konzentriert, aufgebracht werden soll. Diese Finanzierung durch die Spitzenvermögenden wäre auch gerecht, weil die sozial Schwachen durch die Folgen der Corona-Krise stärker belastet werden. Aus einer Studie von Stefan Bach vom «Deutschen Institut für Wirtschaftsforschung» hat die Bundestagsfraktion DIE LINKE, die diese Untersuchung in Auftrag gegeben hat, folgenden Vorschlag für eine Vermögensabgabe abgeleitet: Bei einem Eingangssatz von 10 %, der linear-progressiv auf 30 % ansteigt, einem Freibetrag pro Person mit 2 Mio. € sowie für Betriebsvermögen mit 5 Mio. € und einer Tilgungsfrist von 20 Jahren würden pro Jahr 19 Mrd. € erzielt.

Lehren aus der Corona-Krise: Leitbild einer gestalteten Zukunftswirtschaft

1. Die *Globalisierung*, die über den Vorrang des einzelwirtschaftlichen Gewinnprinzips die grenzüberschreitende Produktion bestimmt, hat neue Abhängigkeiten geschaffen. Durch die Corona-Krise gestörte, grenzübergreifende Wertschöpfungs- und darauf abgebildete Lieferketten haben in einzelnen Staaten eine Unterversorgung mit lebensnotwendigen Waren erzeugt. Exemplarisch dafür steht die bedrohliche Abhängigkeit von der immer wieder unterbrochenen Lieferung medizinischer Wirkstoffe, die maßgeblich nur noch in China und Indien produziert werden.

Die Ursache liegt auch bei der deutschen Gesundheitspolitik (beispielsweise durch das Rabattsystem bei Preisen für Medikamente) und vor allem bei den hiesigen Pharmaziekonzernen, die über Jahre ganze Produktgruppen (wie Antibiotika) mangels Rentabilität ausgelagert und Forschungen eingestellt haben. Jetzt wird zu Recht die Stärkung lokaler Produktionsstätten zugunsten einer nationalen Grundversorgung mit lebensnotwendigen Medikamenten diskutiert. Insgesamt lautet eine neue Erkenntnis aus der Fehlentwicklung der gewinnwirtschaftlich betriebenen Globalisierung: die Ökonomie stärken. Hier kommen der Nationalstaat bzw. die EU mit ihrem Gestaltungspotenzial auch zum Aufbau von Vorratslagerung ins Spiel. Die Corona-Krise lehrt über die hier beschriebene Fehlentwicklung hinaus: Globalisierung ist dann nur erfolgreich, wenn sie innerhalb verbindlicher Regeln für alle gestaltet wird.

2. Ohne einen **handlungsfähigen Staat**, der die allgemeinen Produktionsvoraussetzungen sichert, kann die auf Wettbewerb beruhende Wirtschaftsgesellschaft nicht funktionieren. Dazu gehört die staatlich verantwortete Produktion öffentlicher Güter, deren Versorgung über den privatwirtschaftlich getriebenen Wettbewerb nicht angemessen sichergestellt werden kann. Die Corona-Krise zeigt den Bedarf an öffentlichen Gütern und Dienstleistungen zur Daseinsvorsorge beispielsweise im Bereich der Sicherung des Gesundheitssystems. Denn der privatisierte Bereich der Krankenhäuser ist wegen seiner einzelwirtschaft-lichen Gewinnorientierung nicht in der Lage, eine stabile Grund-versorgung auch finanzierbar und zugänglich für alle zu sichern. Sie lehrt, statt der weiteren Privatisierung des Krankenhaussys-tems den Ausbau eines regional differenzierten Angebots öffent-licher Krankenhäuser zur Daseinsvorsorge voranzutreiben.

3. Die Notwendigkeit des **steuerungsfähigen Staates** wird durch die Corona-Krise betont. Über die Rettungsprogramme und viele weitere Interventionen hinaus muss der Staat mit einer tiefgrei-fenden, antizyklischen Finanzpolitik gegen den ökonomischen Absturz steuern. Dazu gehört auch die antizyklische Stärkung der gesamtwirtschaftlichen Nachfrage und damit der Beschäftigung. Zur Finanzierung einer solchen Antikrisenpolitik dient, wie oben beschrieben, einzig und allein der produktive Einsatz der Staats-verschuldung. Die Corona-Krise hat mit ihren finanzpolitischen Mega-Herausforderungen die nicht zu heilende Dauerkrankheit Schuldenbremse offenbart.

4. Bereits lange vor der Corona-Krise ist die Notwendigkeit zum **sozial-ökologischen Umbau** unbestreitbar. Die durch die vielen Maßnahmen zur Eindämmung des Covid-19-Virus geschrumpfte Wirtschaft offenbart allerdings auch schon Konturen der Machbarkeit eines Umstiegs aus der rückwärtsgewandten Turbo-Wachstumsgesellschaft in ein sozial-ökologisch gestaltetes Wirtschaften.

Erste Lehren lassen sich aus der erzwungenen Entschleunigung der Produktion, Konsumtion und Mobilität ziehen. Aktuelle Beispiele zur Veränderung der Mobilität sind: Homeoffice und Videokonferenzen haben zur Reduktion der ökologisch belastenden Inlandsflüge geführt. Auch die Einschläge beim Massentourismus lösen grundlegende Veränderungen im Reiseverhalten aus.

Das durch die Corona-Krise erst einmal widerwillig hingenommene Schrumpfen wird auch zu einer Veränderung in Richtung auf ein ökologisch nachhaltiges Konsumverhalten führen. Nach der durch die Lockdown-Maßnahmen erzwungenen Entschleunigungsphase ist eine Rückkehr zur Vor-Corona-Ökonomie nicht zu erwarten – und auch nicht wünschenswert.

Rudolf Hickel

Literaturtipps

Rudolf Hickel, *Die Kosten der Coronakrise: Wer begleicht die Rechnung?*; in: Blätter für deutsche und internationale Politik 10/2020.

Marcel Fratzscher, *Die neue Aufklärung: Wirtschaft und Gesellschaft nach der Corona-Krise*, Berlin – München 2020.

Clemens Fuest, *Wie wir unsere Wirtschaft retten: Der Weg aus der Corona-Krise*, Berlin 2020.

Das gute Leben

Das Bruttoinlandsprodukt ist das Maß aller Dinge

Das Bruttoinlandsprodukt, kurz BIP, ist die wichtigste Kennzahl in einer Volkswirtschaft. Sie ist das Maß für die gesamte wirtschaftliche Leistung in einer Periode. Da das BIP Auskunft über die Produktion von Waren und Dienstleistungen gibt, dient es als Indikator für die Leistungsfähigkeit einer Volkswirtschaft. So gelten die Vereinigten Staaten mit einem BIP im Jahr 2019 von rund 22 Billionen Dollar weiterhin als größte Volkswirtschaft weltweit, gefolgt von China (15 Billionen).

Am BIP werden zugleich Stagnation und Wachstum einer Volkswirtschaft abgelesen. Und «Wachstum» ist für die meisten Manager, Ökonomiker und Regierungen eine zentrale Kategorie, um Erfolg oder Misserfolg zu messen. «It's the economy, stupid!» – mit diesem Wahlkampf-Slogan gewann Bill Clinton 1992 die Präsidentschaftswahlen in den Vereinigten Staaten. Heute ist Clintons Spruch weltweit ein geflügeltes Wort.

Ja, dann wird wieder in die Hände gespuckt. Wir steigern das Bruttosozialprodukt.» Mit diesem flotten Lied feierte die Band «Geier Sturzflug» einst Erfolge in der Musikszene. Mittlerweile fließen nicht allein der Hände Arbeit, sondern auch Prostitution, Drogendeals und Militäreinsätze in die Berechnung des «Bruttosozialproduktes» mit ein – und zwar EU-weit. Diese rechtlichen Neuerungen, die teilweise schon Praxis waren, führten auch in

Deutschland zu schrillen Schlagzeilen. Das 2014 eingeführte «Europäische System Volkswirtschaftlicher Gesamtrechnungen», kurz ESVG, wurde von Ministerrat und Europaparlament beschlossen. Seit die folgende Übergangszeit abgelaufen ist, bilanzieren alle Mitgliedsländer der Europäischen Union nach diesen Regeln.

Wie konnte das heutige Bruttoinlandsprodukt zur «mächtigsten Kennzahl der Menschheitsgeschichte» werden?, fragt Philipp Lepenies. Bis 1940 waren statistische Größen unsystematisch erhoben worden. Zwar hatten Ökonomiker in Europa und den Vereinigten Staaten immer wieder Zahlenberge angehäuft, aber erst im Krieg kam System in den Zahlen-Wust.

«Die in diesem Zusammenhang zentrale Frage lautete», so der Potsdamer Politikwissenschaftler Lepenies, «wie hoch ist das ‹Kriegspotential› der amerikanischen Wirtschaft?» Bis dahin ging man allgemein davon aus, dass eine Ausweitung der Rüstungsproduktion unweigerlich zu einer Verringerung des Volkseinkommens führen müsste. Ein starkes Argument für politische Gegner des amtierenden US-Präsidenten Franklin D. Roosevelt. Seine Kritiker lehnten einen Kriegseintritt der Vereinigten Staaten gegen Hitlerdeutschland auch mit dieser Begründung ab.

Ein irriges Argument, meinte Richard Gilbert. Der Sozialwissenschaftler ermittelte für den kriegswilligen Präsidenten Roosevelt ein «Bruttosozialprodukt», den Vorläufer des heutigen BIP: Es lag 25 Prozent über den bisherigen Schätzungen des sogenannten Volkseinkommens!

Ein cleverer Trick, jedoch einer mit einem harten Kern: Das BIP zielt nicht wie das «Volkseinkommen» auf private Einkommen («Verbrauch»), sondern allein auf die materielle Produktion! Und die Industrie wurde von der Kriegswirtschaft tatsächlich sogar beflügelt. 1942 kam es daher zu einer erheblichen Ausweitung der gesamten US-Produktion. Übrigens ohne dass der private Konsum einbrach.

Auch in der Nachkriegszeit, während des Kalten Krieges, erfüllte das BIP seinen politischen Zweck, nämlich für Wachstumsideologie und «American Way of Life» zu werben. In Deutschland hat John Kenneth Galbraith 1944 im Auftrag der US-Air-Force erstmals ein BIP ermittelt. Galbraith wurde später als linker Keynesianer und Buchautor weltberühmt.

Die Amerikaner wollten mit Hilfe des BIP die wirschaftlichen Bombenschäden in Deutschland beziffern. In Galbraiths Team arbeitete ein weiterer künftiger Prominenter: Jürgen Kuczynski. Der international geschätzte Wirtschaftshistoriker wurde später in der Deutschen Demokratischen Republik (DDR) zum Kritiker der im Real-Sozialismus verbreiteten «Tonnenideologie», die in der Produktion auf Masse statt Klasse setzte. Eine Kritik, die auch für das BIP gelten kann.

In den Westzonen hatten die Statistischen Ämter dem BIP nichts entgegenzusetzen. In einer ersten Darstellung heißt es bezeichnend: «Die Berechnungsmethoden sind den in den angelsächsischen Ländern üblichen angeglichen worden.» Damit begann das BIP seinen weltweiten Siegeszug. Mit dem amerikanischen Marshallplan eroberte es zunächst den Westen, und auch für die westlich orientierten Teile der «Dritten Welt» wurde das BIP bald zum «Maß aller Dinge».

Statistik schafft Wachstum

Dabei hatte es von Anfang an Widerspruch gegeben. Gilberts Kontrahent Simon Kuznets, ein amerikanischer Ökonom russischer Herkunft, hielt die neue Berechnungsmethode des US-

Statistikamtes für unbrauchbar. Statistik und Politik sollten sich nicht am Mittel (Produktion), sondern am Zweck (Verbrauch) orientieren – und an «der Idee des guten Lebens».

Simon Kuznets wurde nicht erhört. In der Folge entfaltete keine andere statistische Größe eine ähnliche Wirkung. Vordergründig ist das BIP noch heute lediglich das Maß der wirtschaftlichen Leistung einer Volkswirtschaft und drückt die in einem Jahr hergestellten Güter und Dienstleistungen in einer Ziffer aus. Aber zusammen mit der Kategorie «Wachstum», welche die Veränderung des BIP angibt, ist die Kennzahl weit mehr als bloße Statistik.

Für Politiker, Manager und Journalisten ist das BIP der Hauptindikator für Entwicklung und Fortschritt schlechthin. Ein positives BIP-Wachstum ist erklärtes Ziel nahezu jeder Regierung weltweit und gilt als Ausweg aus ökonomischen Krisen und Verteilungskämpfen.

Dabei ist das BIP keine quasi objektiv ermittelte Zahl wie etwa die Temperatur oder der Kaloriengehalt einer Tüte Chips. Das BIP ist das Ergebnis politischer Arithmetik, ein hoheitlicher Akt. Das BIP wird im staatlichen Auftrag ermittelt, und es bestimmt zugleich das Regierungshandeln. Nach innen wie nach außen.

Dazu passend finden sich Irrungen und Wirrungen der Statistiker vielerorts. So steigerte eine Statistikreform in Ghana die vermessene Wirtschaftsleistung um zwei Drittel! Und das strukturschwache Nigeria überholte plötzlich das entwickelte Industrieland Südafrika als größte Wirtschaftsnation des Kontinents, so der norwegische Wirtschaftshistoriker Morten Jerven in seiner Studie «Poor Numbers». Veröffentlichte Zahlen basieren in vielen Ländern auf vorläufigen Schätzungen oder auf automatisierten Fortschreibungen der Vorjahre. «Die Berechnungen», so Jerven, «grenzen zum Teil an Willkür.»

Entsprechend skeptisch müssen Zahlen, Daten und Einschätzungen gelesen werden, die beispielsweise Weltbank oder Vereinte Nationen veröffentlichen. Zumal auch in Amerika und Asien viele Statistikämter weiche Ware liefern.

Eine Feststellung, die ebenfalls auf Europa zutrifft. So hatte die griechische Regierung 2006 einen Anstieg des BIP um 25 Prozent gemeldet – erstmals war die Schattenwirtschaft ins BIP einbezogen worden. Die EU-Kommission wies dies zunächst zurück. Doch beide Seiten einigten sich dann auf ein einmaliges, wenngleich immer noch erstaunliches Plus von 9,6 Prozent. Selbst in der als grundsolide bekannten Schweiz steigert seit 2012 ein Teil der Schattenwirtschaft das offizielle Bruttoinlandsprodukt: Seither steuert allein die Prostitution schätzungsweise einen halben Prozentpunkt zum eidgenössischen BIP bei.

Drogenhandel und Drohnen

Ähnlich grundiert wurde 2014 die große Revision der Volkswirtschaftlichen Gesamtrechnung. Destatis nahm beispielsweise Drogenhandel und Tabakschmuggel ins deutsche Bruttoinlandsprodukt mit auf. Andere Teile der Schattenwirtschaft, wie etwa die Prostitution, hatten die Wiesbadener Statistiker schon früher berücksichtigt. Das Statistische Bundesamt ging dann davon aus, dass das bundesdeutsche BIP infolge der neuen Berechnungen einmalig um etwa 3 Prozent steigen werde. Schon bei früheren Revisionen der Statistik – vor allem während des Kalten Krieges – hatte sich die Bundesrepublik reicher gerechnet.

Da diese Änderungen des Berechnungsmodus wie bereits erwähnt auf eine Vereinheitlichung der Volkswirtschaftlichen Gesamtrechnung in der EU zurückgeht, «korrigierten» auch andere Mitgliedsländer ihre BIP-Zahlen – nach oben. Was die Regierungen in Berlin und Paris, Athen und Stockholm mit Wohlwollen aufgenommen haben dürften: Defizit- und Staatsschuldenquote sinken dadurch. Rechnerisch. Veranlasst wurde die Revision von EU-Rat und Europäischem Parlament, und begründet wurde sie mit der Annäherung an weltweite Standards und der besseren Vergleichbarkeit innerhalb der Union.

Bemerkenswert, folglich muss es bis dahin mit der Vergleichbarkeit gehapert haben – obwohl das BIP die entscheidende Bezugsgröße für alle Beitrittskandidaten war! Und obwohl das BIP die entscheidende Bezugsgröße für die milliardenschweren Rettungspakete war, die nach der Finanzkrise für Irland, Griechenland, Portugal und den Euro geschnürt wurden.

Rein fachlich lassen sich folgende und auch zukünftige Reformen durchaus rechtfertigen: Ebenso wie sich die ökonomische Realität wandelt, sollten sich auch die Zahlenwerke weiterdrehen. Denken wir beispielsweise an neue Branchen wie Biotech oder an die grenzüberschreitende Arbeitsteilung.

Unterdessen kommen Satellitenrechnungen zu dem Schluss, dass nicht die Aufnahme der Schattenwirtschaft – die durchaus in der Logik des BIP liegt –, sondern vor allem die Erweiterung der Kategorie «Investitionen» um Ausgaben für Forschung und Entwicklung (FuE) dem BIP Beine machten. Früher galten FuE als «Güter», die im laufenden Produktionsprozess verbraucht würden und somit keine statistischen Auswirkungen auf Wachstum haben könnten. Daneben steigern auch militärische Waffensysteme wie Drohnen und Kriegsschiffe heute das Bruttoinlandsprodukt. Früher zählten dagegen allein zivil nutzbare militärische Anlagen, wie etwa Bundeswehr-Krankenhäuser, zum deutschen BIP.

Wachstum war früher

Aus der Finanzkrise 2007/08 entwickelte sich der tiefste Einbruch der Konjunktur seit dem Schwarzen Freitag 1929 und der folgenden Weltwirtschaftskrise in den dreißiger Jahren. In den meisten Ländern folgte auf die Finanzkrise ein gutes Jahrzehnt voller Wachstum. Doch die Steigungsraten konnten in Deutschland, den USA oder Japan schon vor Corona nicht mehr diejenigen früherer Zeiten erreichen.

So legte das BIP in der Bundesrepublik in der Nachkriegszeit in manchem Jahr um über 10 Prozent zu. In den sechziger Jahren waren es in der Spitze noch 8, später nur noch 6 Prozent. In den siebziger und achtziger Jahren reichte es kaum noch zu 4 Prozent. Seither gelten 2 Prozent schon als Höhepunkt.

Ein solcher tendenzieller Fall der Wachstumsrate zeigt sich auch in anderen Industriestaaten. Und in jüngerer Zeit hat der tendenzielle Fall auch lange Zeit rasant aufstrebende Schwellenländer wie China und Indonesien erfasst. Da der Kapitalismus nach gängiger Auffassung der Ökonomiker existenziell auf Wachstum angewiesen ist, ist dies ein überaus heikler Befund.

Der tendenzielle Fall lässt sich auch in der Produktivitätsentwicklung beobachten, ein wesentlicher Treiber jedes Wirtschaftswachstums. Eigentlich. Doch Pessimisten wie der US-Ökonomiker Robert Gordon sehen selbst in Computern und Internet keine «Allzwecktechnik», welche die Wirtschaft umkrempelt, wie es im 19. und 20. Jahrhundert Dampfmaschine, Chemie/Elektro, Auto/Flugzeug und Informationstechnik taten.

Und selbst das, was die neue Informationstechnik bewegt, wird zumindest statistisch ausgebremst von der Alterung der Gesellschaft, überforderten Bildungssystemen, gestiegener Ungleichheit und von einer relativen Nachfrageschwäche der Konsumenten. Zudem ist die Neigung des Kapitals, in die Realwirtschaft zu investieren, geringer ausgeprägt als früher.

Der vielleicht entscheidende Punkt ist der Trend zur Dienstleistungsgesellschaft. Personalintensive Dienstleistungen wie Pflege oder Stadtreinigung lassen sich weit weniger durchrationalisieren, als wir es aus der industriellen Produktion kennen. Entsprechend klein fallen Produktivitätssteigerungen und damit Wachstumsraten aus.

«Die neue Welle technischer Revolutionen wirkt nicht so arbeitssparend wie frühere technische Revolutionen», hat Professor Hermann Adam von der FU Berlin beobachtet. Dahinter stehe eine strukturelle Verschiebung weg von hochproduktiven Wirtschaftsbereichen, wie dem verarbeitenden Gewerbe, hin zu Bereichen mit geringerer Produktivität, wie sie in vielen Dienstleistungsbereichen zu beobachten ist.

Die Wertschöpfung, also auch die Entstehung des Mehrwertes, verschiebt sich vom Produkt im engen, klassischen Sinne hin zu den Dienstleistungen, die rund um das Produkt herum angeboten werden. So verkauft Thyssen-Krupp Elevator, seit August 2020 selbständig, zwar Rolltreppen, aber das eigentliche Geschäft besteht in der Installation, in Wartung, Reparatur und Service sowie in der Entwicklung von ganzen Mobilitätssystemen in großen Gebäuden.

Optimisten halten dagegen: Es dauere halt Jahrzehnte, bis eine neue Technik die ganze Wirtschaft durchdringe und sich im Bruttoinlandsprodukt richtig niederschlage. Andere Technik-Optimisten sehen Messfehler in der Statistik. So würden viele Dienstleistungen im Internet nicht mitgezählt, weil sie preislos oder kostenlos seien. «Was nichts kostet, ist nichts» gilt eben auch für das BIP.

Ein Aspekt wird selbst von Optimisten oft übersehen: das Problem der «Großen Zahl». Je entwickelter eine Volkswirtschaft ist – je höher also der Basiswert –, desto mehr BIP steckt in einem einzigen Prozentpunkt Wachstum. Wächst die deutsche Wirtschaft prozentual von diesem hohen Basiswert aus um «nur» 1 Prozent, ist dies in absoluten Euro-Werten ein sehr hoher Milliardenbetrag. Der gleiche Betrag hätte in den fünfziger Jahren für eine zweistellige Wachstumsrate ausgereicht. Entsprechendes gilt für die Arbeitsproduktivität in hochentwickelten kapitalistischen Gesellschaftsformationen.

Dieses Paradoxon der Produktivität und der tendenzielle Fall der Wachstumsrate sind daher kein Grund für Pessimismus, sondern ein Grund, mehr Realismus walten zu lassen: Ein funktionsfähiges Wirtschaftssystem ist grundsätzlich nicht auf Produktivitätswachstum angewiesen.

Worauf aber dann? Es ist angewiesen auf Nachfrage durch private, wirtschaftliche und öffentliche «Konsumenten». So bringen haushaltsnahe Dienstleistungen wie beispielsweise Pflegedienste oder Bäcker, die ihre Brötchen arbeitsaufwendig traditionell backen, zwar nicht die Produktivitätsstatistik ins Laufen, aber sie schenken uns echte Lebensqualität. Verbraucher nehmen durch ihre Nachfrage entscheidenden Einfluss auf die Entwicklung der Wirtschaft – mehr, als dies Technikfreaks auf der Hannover Messe tun.

Gutes Leben

Unsere Analyse zeigt, dass gesellschaftliche Realitäten komplexer sind als mathematische Abstraktionen und ihre Mythen. Man sollte das BIP also nicht überstrapazieren. Anderseits benötigt die komplexe Welt Kennzahlen wie das BIP, damit wir Bürger uns ein realitätsnahes Bild machen können und Regierungen, Unternehmensvorstände, Gewerkschaften handlungsfähig bleiben. Doch sollten wir uns der Unzulänglichkeiten der Zahl(en) bewusst bleiben. Eine wesentliche Unzulänglichkeit des BIP: Es fehlt das «gute Leben».

Fast sieben Wochen lang streikten 1984 die Beschäftigten in der westdeutschen Metallindustrie. Sie forderten eine Verkürzung der wöchentlichen Arbeitszeit von 40 auf 35 Stunden. Arbeit sollte menschlicher werden. Auf Kosten des Wachstums. International hatte der Club of Rome schon 1968 mit seiner Studie «Grenzen des Wachstums» ein ökologisches Signal gegen den BIP-Fetisch gesetzt. Und aus dem globalen Süden sendete unter anderen der indische Ökonom Amartya Sen – 2020 erhielt er den Friedenspreis des Deutschen Buchhandels – ein Signal. Sen fordert, den «gesellschaftlichen Wohlstand nicht allein am Wirtschaftswachstum zu messen».

Der hierzulande wohl bekannteste Postwachstumsökonomiker heißt Niko Paech. Moderne Gesellschaften, so Paech, erreichten ihren wachsenden materiellen Wohlstand durch Entgrenzungsmechanismen: Die konsumierten Güter sind mit lokalen und regionalen Ressourcen und den eigenen körperlichen Fähigkeiten gar nicht mehr zu produzieren. «Konsumenten verbrauchen prinzipiell Dinge, die sie selbst niemals herstellen könnten oder wollten, greifen auf die von anderen Menschen an anderen Orten geleistete Arbeit zurück und verbrauchen deren Ressourcen und Flächen.»

Kurzum, «wir» in den reichen Ländern des globalen Nordens leben über unsere Verhältnisse. Ein Gedanke, der von anderen Autoren als «imperiale Lebensweise» auf einen anschaulichen Begriff gebracht wurde.

Niko Paech, Professor an der Universität Siegen, plädiert seit

Jahrzehnten für eine «Ökonomie der Genügsamkeit». Doch auch eine genügsame Volkswirtschaft benötigte Kennziffern zu ihrer Steuerung. Dazu hat es immer wieder Versuche gegeben, in Wissenschaft und Politik. Ein gemeinsames Projekt Frankreichs, Deutschlands und der EU versandete zunächst irgendwo im Niemandsland. Und dort, wo neue Indizes erfunden wurden, konnten sie den kleinen Kreis ihrer Schöpfer nicht sprengen.

Einen gewissen globalen Bekanntheitsgrad erreichte der «Index der humanen Entwicklung» (HDI), den die Vereinten Nationen für ihre Mitgliedsstaaten berechnen. Dadurch sollte der «Mensch als Maßstab» der Entwicklung erfasst werden. Unter dem wissenschaftlichen Einfluss des Nobelpreisträgers Amartya Sen wurde der «Human Development Index» zwar zu einer offiziösen Messgröße. Beachtet wird er in der breiten Öffentlichkeit aber kaum bis gar nicht.

Ähnlich erfolglos blieb auch das deutsche Umweltbundesamt. Es ließ 2009 von Forschern in Heidelberg und Berlin den «Nationalen Wohlfahrtsindex» entwickeln. Später wurde das Konzept aktualisiert. Der Index berücksichtigt beispielsweise Verteilung der Einkommen, Ressourcenverbrauch, Umweltbelastungen, unbezahlte Hausarbeit und ehrenamtliche Tätigkeiten.

Im Ergebnis verläuft die Kurve des NWI anders als diejenige des BIP: Während die nominale Wirtschaftsleistung seit der Jahrtausendwende bis Corona um rund 25 Prozent wuchs, ging die Wohlfahrt sogar zurück! Was sich übrigens mit der gefühlten Entwicklung deckt, wie sie viele Menschen beklagen.

Grundsätzliche Unterstützung für den Wohlfahrtsindex kommt aus gewerkschaftsnahen Kreisen: Das Institut für Makroökonomie und Konjunkturforschung der Hans-Böckler-Stiftung lobt in einer Analyse den NWI als «zweite Perspektive» neben dem weit prominenteren BIP. Gemeinsamkeiten und Differenzen könnten herausgearbeitet und interpretiert, wertvolle Erkenntnisse gewonnen werden.

Ob ein solcher Das-gute-Leben-Index zu einer anerkannten Zielgröße werden kann? Einer Zielgröße, an der sich eines Tages Politik, Gesellschaft und Wirtschaft orientieren werden, wie sie es heute am BIP tun? Wohl kaum. Ob das überhaupt sinnvoll wäre, bleibt in einer pluralen Gesellschaft selbstverständlich umstritten.

Angesichts von Hunger und Elend, angesichts der sozialen Kluft zwischen Arm und Reich, der Alterung der Industriegesellschaften und zukünftig auch der Alterung Chinas, angesichts geschwind wachsender Bevölkerungszahlen gerade in ärmeren Regionen der Erde, ja, sogar mit Blick auf Umwelt und Klima muss bezweifelt werden, dass Wirtschaft ohne Wachstum unsere Probleme lösen könnte – in Deutschland, in der Welt. Letztlich dürfte die entscheidende Frage nicht lauten, wie berechne ich das BIP, auch nicht «Wachstum, ja oder nein?» sondern: «Welches Wachstum?».

Hermannus Pfeiffer

Literaturtipps

International Monetary Fund, *World Economic Outlook, Washington fortlaufend halbjährig.*

Philipp Lepenies, *Die Macht der einen Zahl – Eine politische Geschichte des Bruttoinlandsprodukts,* Berlin 2013.

Niko Paech, *Befreiung vom Überfluss. Auf dem Weg in die Postwachstumsökonomie,* München 2012.

Konsumfragen sind keine Machtfragen

Verbraucher hatten noch nie so viel Macht

In der Mitte des 20. Jahrhunderts frohlockte der liberale Ökonom Ludwig von Mises (1881–1973) in seiner *Zweiten Vorlesung: Sozialismus*, die Verbraucher hätten grundsätzlich das Sagen. «Die Menschen glauben, dass es in einer Marktwirtschaft [...] die Industriekapitäne, die Geschäftsleute, die Unternehmer sind, die tatsächlich den Ton in der Wirtschaft angeben. Aber das ist ein Irrtum. Die wirklichen ‹Herren› im marktwirtschaftlichen System sind die Verbraucher. Und wenn die Verbraucher sich von einer Branche abwenden, verlieren die betroffenen Geschäftsleute ihre Bedeutung in der Gesamtwirtschaft, es sei denn, sie passen ihre Tätigkeit den Wünschen und den Aufträgen der Verbraucher an.» Zu Beginn des 21. Jahrhunderts bekräftigte der Soziologe Ulrich Beck (1944–2015) in *Macht und Gegenmacht im globalen Zeitalter*: «Der schlafende Riese Konsument erwacht und verwandelt den Kaufakt in eine Abstimmung über die weltpolitische Rolle der Konzerne, die diese mit ihren eigenen Waffen – Geld und Nicht-Kauf – schlägt.»

Wie weit reicht die Macht der Verbraucher wirklich?

Laut § 13 des Bürgerlichen Gesetzbuches ist ein Verbraucher «jede natürliche Person, die ein Rechtsgeschäft zu Zwecken abschließt, die überwiegend weder ihrer gewerblichen noch ihrer selbständigen beruflichen Tätigkeit zugerechnet werden können». Über die Macht dieser natürlichen Person wird viel spekuliert. Rein pekuniär beläuft sie sich heutzutage nach Angaben des statistischen Bundesamtes auf durchschnittlich rund 22 000 Euro im Jahr – für Konsumausgaben, wohlgemerkt.

Die Macht des Verbrauchers, so scheint es, erreicht in diesen Tagen mit den im Internet rund um die Uhr zugänglichen Produktinformationen und -bewertungen, jederzeit möglichen Preisvergleichen sowie den zahlreichen Verbraucherschutzgesetzen den Zenit. «Dass Verbraucher Macht haben», ist für den ökologischen Bundesverband Verbraucher Initiative denn auch «unbestritten»: «Sie entscheiden über den Erfolg bzw. Misserfolg von Unternehmen und Produkten, wählen den eigenen Lebensstil und bestimmen den Einkaufsweg.» Und aus der Partei Mensch/Umwelt/Tierschutz schallt es bekräftigend: «Der Verbraucher hat, wenn man es realistisch betrachtet, mehr Macht als jeder Handel oder Dienstleister, mehr Macht als jede Industrie, mehr Macht als jeder Politiker.»

Neben den klassischen Medien vermitteln die Social-Media-Plattformen und Vergleichsportale teils wahre und teils unwahre Informationen über spezifische Produkte und Dienstleistungen sowie über Praktiken der jeweils verantwortlichen Unternehmen. Schon weil die Verbraucher sich zu jedem Zeitpunkt und an fast jedem Ort etwa über Pestizide, Zusatz- und Farbstoffe informieren, Einschätzungen von Testern und Freunden heranziehen und Preisvergleiche anstellen können, sollte Mensch glauben, dass sich die Macht massiv zu ihren Gunsten verschoben hat. Auch an Öko-Siegeln mangelt es ja nicht – MSC, FSC, Blauer Engel,

Bio, Öko, Carbon neutral etc. – und an aufgelisteten E-Nummern in Lebensmitteln schon gar nicht. Allerdings ist häufig das sogenannte Greenwashing inbegriffen, sprich die Darstellung von Produkten und Leistungen als besonders umweltfreundlich, die es gar nicht sind. Zum Beispiel enthalten Packungen mit dem Abbild einer auf herrlich grüner Wiese grasenden Kuh mitnichten auch die Milch von einer solchen. Von wegen: «Aus artgerechter Tierhaltung.»

Immer neuer Schutz

Die Aufklärung und der Schutz vor fragwürdigen Produkten, Dienstleistungen und Methoden der Unternehmen und Banken sind eine Domäne der Stiftungen *Warentest* und *Finanztest* sowie der Verbraucherschutzverbände. Als Dachorganisation dient die gemeinnützige und sich als parteipolitisch neutral verstehende *Verbraucherzentrale Bundesverband* (VZBV). Dem Verband gehören die 16 Verbraucherzentralen der Länder, die in die Verbraucherberatung eingespannt sind, und weitere 25 Organisationen wie etwa der Deutsche Mieterbund, aber auch Hausfrauenvereine an. Seinem Selbstverständnis zufolge streitet der VZBV «für starke Verbraucherrechte, faire Märkte und unbedenkliche Produkte und Dienstleistungen». Am 15. März eines jeden Jahres verhilft der Weltverbrauchertag den Verbraucherschützern zu einiger massenmedialer Aufmerksamkeit für Warnungen vor Kosten-, Abo- und anderen Fallen.

Die Regierung wiederum wartet mit dem *Bundesministerium für Justiz und Verbraucherschutz* auf, das seit 2014 zudem einen neunköpfigen Sachverständigenrat für Verbraucherfragen hat.

Vom Gesetzgeber sind – seit 2014 auch gemäß der EU-Ver-

braucherrechterichtlinie – diverse Schutzmaßnahmen eingeführt worden. So zum Beispiel das Haustürwiderrufsgesetz, das
Verbraucherkreditgesetz, das Fernabsatzgesetz, das Produkthaf-
tungsgesetz, das Gesetz über rechtliche Rahmenbedingungen
für den elektronischen Geschäftsverkehr, das Reisevertragsge-
setz, das Gesetz über die alternative Streitbeilegung in Verbrau-
chersachen. Die ab 2018 als Reaktion auf den VW-Abgasskandal
eingeführte Musterfeststellungsklage wird ab 2022/23 durch die
zwingend ins nationale Recht umzusetzende neue EU-Richtlinie
für kollektive Rechtsbehelfe abgelöst sein.

Die neuen Regeln begründen ein harmonisiertes Modell für
Sammelklagen, um die Verbraucher unionsweit besser vor Mas-
senschadensereignissen schützen zu können. Zugelassene Verbraucherorganisationen können dann stellvertretend für die
Geschädigten auf Unterlassung und Schadenersatz klagen. Der
Europäische Gerichtshof geht übrigens bei seinen Entscheidungen vom Leitbild des durchschnittlich unterrichteten, aufmerksa-
men und verständigen Durchschnittsverbrauchers aus, den es vor
einer unangemessenen Benachteiligung etwa durch allgemeine
Geschäftsbedingungen zu schützen gilt.

Seit 2018 sollen im Rahmen des von der EU-Kommission aus-
gerufenen «New Deal for Consumers» der Verbraucherschutz in
der EU verstärkt und nicht zuletzt die Strafen bei Verstößen gegen
das EU-Verbraucherrecht verschärft werden. Insbesondere im
Hinblick auf die digitale Entwicklung sind zahlreiche Moderni-
sierungen der EU-Verbraucherschutzvorschriften geplant. Sehr
zur Freude des in Brüssel ansässigen *Europäischen Verbraucher-
verbands* (BEUC). In diesem 1962 etablierten Zusammenschluss
unabhängiger unionseuropäischer Verbraucherorganisationen
sind für die Bundesrepublik der Verbraucherzentrale Bundesverband und die Stiftung Warentest vertreten.

Gegenmacht

Obwohl die Warenproduzenten, der Handel und die Dienstleister ohne Konsumentinnen und Konsumenten keinen Umsatz und erst recht keinen Gewinn erzielen könnten und die Aktivitäten der Verbraucherorganisationen und Schutzmaßnahmen der Politik unlautere Geschäftspraktiken zumindest partiell erschweren, geht die verheißungsvolle Behauptung, die Verbraucher hätten mehr Macht als alle anderen Akteure, doch allzu forsch an der Realität der Unternehmensmacht vorbei. An der Macht ebenjener, deren Waren und Dienstleistungen wir für unser tägliches Überleben benötigen.

Mehr als 70 Prozent des deutschen Lebensmittelmarktes werden von nur vier Konzernen beherrscht: Aldi, Edeka, Rewe und die Schwarzgruppe mit Lidl und Kaufland. (Die Händler von Bioprodukten kommen auf einen Marktanteil von rund 6 Prozent.) Dass diese extreme Konzentration im Bereich der für Menschen überlebenswichtigen Mittel segensreich ist, wird bezweifeln, wer die steten Rabattschlachten der Discounter zu Ende, also auch an Löhne und das Natur- und Tierwohl denkt. Die Markenvielfalt in den vollgestopften Regalen der Supermärkte erscheint zwar verwirrend vielfältig, gewährt aber nur die Illusion von großer Auswahl.

«The Illusion of Choice», heißt treffend eine im Netz florierende Infografik, die die größten Lebensmittelkonzerne mit ihren verschiedenen Tochterfirmen und Beteiligungen in den Blick rückt. Und ein Blick reicht, um zu erkennen, wie schwer es für einen einzelnen Verbraucher ist, noch den Überblick zu behalten. Zu den 9 absolut dominanten Lebensmittelkonzernen, die all die Marken im Programm haben, die hierzulande reißenden Absatz finden – etwa Fruchtzwerge, Milupa, Pringles, Mars, Mirácoli, Toblerone,

Philadelphia, Heinz Tomatenketchup, Maggi, Nescafé und viele mehr –, gehören Nestlé (der weltgrößte Lebensmittelhersteller), Coca-Cola, Unilever, Danone (einer der weltgrößten Milchproduzenten), Kellogg's, Mondelēz International, Mars Incorporated und The Kraft Heinz Company.

Die Lebensmittel- und Handelsriesen diktieren durch ihre quasi erdrückende Einkaufsmacht und die Kontrolle der Lieferketten weitreichend sowohl die Produktionsstandards als auch die Preise. Kleine und mittelständische landwirtschaftliche Erzeuger und Lebensmittelbetriebe können gegen dieses vermachtete Lebensmittelsystem so gut wie nichts ausrichten. Für die Aktivisten der NGO Foodwatch gibt es jedenfalls keinen Zweifel: «Was wir essen, entscheiden nicht wir selbst. Die Verbraucherinnen und Verbraucher in Europa müssen machtlos zuschauen, wie die Nahrungsmittelindustrie der Politik die Spielregeln diktiert.»

Immerhin stehen der Klima- und Umweltschutz zunehmend im Fokus. Laut dem Bundesumweltamt stufen ihn in Umfragen rund 70 Prozent «als sehr wichtige Herausforderung» ein. Mehr als drei Viertel der Verbraucher geben zudem an, sie würden nachhaltig konsumieren. Allerdings erreicht der Marktanteil «grüner» Produkte in den amtlich erfassten Produktgruppen – Pkw, Haushaltsgroßgeräte, Leuchtmittel und Fernseher, Lebensmittel (Bio-Siegel) sowie Hygienepapiere, Wasch- und Reinigungsmittel (Blauer Engel) – gerade einmal knapp neun Prozent. Wenn nicht alles täuscht, bemüht sich bislang nur eine gut gebildete und überwiegend gut verdienende Minderheit darum, nachhaltiger zu leben und zu konsumieren. Die Mehrheit der Bevölkerung hat aufgrund der alltagspraktisch komplexen und zeitraubenden Notwendigkeit, den eigenen Lebens- und Familienunterhalt zu sichern, andere, nicht zuletzt finanzielle Sorgen. Abwarten und Tee trinken? Fakt ist, dass rund 80 Prozent des Tee-Welthandels von nur drei Konzernen kontrolliert werden: Unilever, Tata und Associated British Foods; dass vier Agrarchemiekonzerne 70 Prozent des gesamten Welthandels mit Agrarrohstoffen beherrschen: Bayer, Corteva Agriscience, Syngenta und BASF.

Digitale Oligopole

Spricht es für die Macht der Verbraucher, dass sie sich im Zuge des von Lohneinsparungen begleiteten Ausbaus der Selbstbedienungssysteme von den Unternehmen als kostenlos arbeitende Kundinnen und Kunden einspannen lassen? Bargeld aus nicht gegen Regen geschützten Bankautomaten ziehen zu müssen, gehört auch in dieses Bild. Spricht es für ihre Macht, dass sie sich nicht gegen die branchenübergreifend gezielte Auslagerung der Kundenbetreuung in profitmaximierende Call-Center wehren können? Gegen das Endlos-in-der-Hotline-Warteschleife-Hängen reichen Beschwerdebriefe wohl kaum aus. Und welche Macht hat der Verbraucher gegenüber dem boomenden kommerziellen Internet? Es besteht aus den Teilmärkten für Betriebssysteme (Apple, Google, Microsoft), für soziale und berufliche Netzwerke (Facebook mit Instagram; TikTok gehört Bytedance; YouTube gehört Google; LinkedIn gehört Microsoft) und für den Online-handel (führend Amazon, daneben die App-Stores von Alibaba, Apple und Google).

Die Internetgiganten unserer Tage bieten ihren Nutzern zweifellos nie gekannte Vorteile und Komfortfunktionen. Sie üben allerdings zugleich eine extrem große Macht und Kontrolle aus. Im Internet herrschen oligopolistische Marktstrukturen, die ihresgleichen suchen. Amazon, Google und Co. und ganz zweifellos nicht die Verbraucher diktieren die Regeln der Marktmechanismen ihrer digitalen Plattformen. Sie betreiben die monopolartigen Betriebssysteme und Clouds, ohne die nichts geht, sie kontrollieren in jeder Hinsicht die online gehandelten Produkte und Dienstleistungen sowie die vielfältigen dadurch entstehenden Informationen. Ganz zu schweigen von den zunehmend für Dritte unzugänglichen soziotechnischen Download- und Streaming-Systemwelten etwa von Apple.

Amazon ist nicht erst seit der mit dem Lockdown verbundenen Corona-Krise der bei weitem größte Onlinehändler in Deutschland (Otto, der zweitgrößte, kommt nicht einmal auf ein Drittel des Amazon-Umsatzes). Gut 90 Prozent der Verbraucher nutzen die Webseite des Internetriesen als festen Bestandteil des Kaufprozesses – nicht zuletzt für die Produktsuche und für Preisvergleiche. Auf Markttransparenz sollte aber niemand hoffen, weil die Onlinehändler mittels des sogenannten «Dynamic Pricing» – sprich interaktiv eingesetzten Algorithmen – ihre Preise laufend nach bestimmten Kriterien ändern.

Die Internet-Suchmaschine Google kommt hierzulande auf einen Marktanteil von knapp über 90 Prozent und Facebook ist unter den Social-Media-Plattformen mit einem Anteil von über 60 Prozent – gemessen an den Page Views – mit großem Abstand führend. Pinterest erreicht als zweitgrößte Plattform lediglich rund 25 Prozent. Für den durchschnittlichen Verbraucher spricht offenbar nichts dagegen, mit Google zu suchen, via Facebook ein Selfie zu posten und anschließend auf der Amazon-Plattform dem «Entdecken, Shoppen und Einkaufen» zu frönen – wohlgemerkt bei einer Auswahl von um die 570 Millionen Artikeln.

Teams von Amazon arbeiten täglich dafür, die Kundinnen und Kunden besser zu kennen als die sich selbst. Der Oligopolist wertet das Klick- und Kaufverhalten und die Wahl der gestreamten Serien oder Filme systematisch aus und versteht es stündlich besser, die aus den riesigen Datenmengen gewonnenen Persönlichkeitsprofile und Konsum-Muster zum weiteren Ausbau der profitablen Informationskontrolle zu nutzen. An die 60 Prozent der deutschen Haushalte nutzen bereits einen Sprachassistenten – Tendenz steigend. Amazons *Alexa* und Googles *Assistant* stellen mindestens die Hälfte von ihnen. Apples *Siri* und Microsofts *Cortana* folgen auf den Plätzen. Verbraucher, die diesen Assistenten einen Sprachbefehl geben, versorgen zugleich die Konzerne mit zusätzlichen Informationen aller Art, die laufend verwertet werden. Alles, was etwa *Alexa* oder der vernetzte Lautsprecher Amazon *Echo* «hören» – inklusive der Hintergrundgeräusche –, wird in eine Cloud übertragen und anschließend von einem Data-Analytics-Dienst ausgewertet. Smart Homes, so viel steht fest, wandeln sich zu einem Hort elektronisch unauffällig agierender Spione.

Je mehr Informationen die Konzerne zunehmend auch mit Hilfe digitaler Assistenten und des Trackings über Konsumentin und Konsument haben, desto «passgenauere» Werbung und Angebote können sie machen – wozu gibt es schließlich lernende Systeme, die ihre User unauffällig an die Verkaufs- und anderen Absichten ihrer tatsächlichen Auftraggeber anpassen. Zudem hat die von Leitunternehmen wie Amazon konsequent genutzte Digitalisierung entlang der ganzen Wertschöpfungskette eine enorme Veränderung des Kaufverhaltens und der Erwartungshaltung der Verbraucher bewirkt. Weil sie mittels Smartphones, Tablets und anderer Hardware permanent in der Lage sind, Produkte und Dienstleistungen zu ordern, erwarten sie gemäß den Zusagen und logistischen Leistungen etwa von Amazon Prime zudem eine absolut schnelle und pünktliche Erfüllung ihrer Konsumwünsche, teils auch über größere Distanzen noch am selben Tag. Und weil Produkte und Services möglichst sofort verfügbar sein sollen, wachsen zumal die Streaming-Angebote von Netflix, Amazon und Co. nachgerade in den Himmel. Und auch das Streaming verschafft den Anbietern eine Menge Informationen über das Verhalten des jeweiligen Verbrauchers.

Konzerne wie Apple, Google und Amazon dringen immer tiefer in unsere Lebensbereiche vor. So dienen die Betriebssysteme IOS und Android als absolut kontrollierte, kommerziell vielversprechende Tore, da Konsumentin und Konsument nur durch sie Zugang zum mobilen kommerziellen Internet erlangen können. Von Amazons Marktkontrolle über den zusätzlich etablierten «Marketplace» ganz zu schweigen.

«Wo Amazon auftaucht, verändern sich die Machtverhältnisse, in der Regel in Richtung Amazon», titelte die ARD 2017. Wie wahr. Die in der wachsenden digitalen Ökonomie durch Marktmacht, Tracking, Dynamic Pricing etc. bereits entstandenen Strukturen gewähren dem Verbraucher bestenfalls die Macht, Smartphones und Internetzugänge abzuschalten. Die Vorstellung, dass Frau Mustermann und Herr Normalverbraucher durch ihr Einkaufsverhalten auf die extrem manipulativen Geschäftsmodelle und Strategien der marktmächtigen Plattform-Konzerne Einfluss nehmen können, in allen Ehren: Sie ist ein Mythos. Bedeutenden Industriestaaten und selbst der EU gelingt es nicht einmal, die digitalen Oligopolisten mit ihren exorbitanten Profiten vom massiv praktizierten Ausweichen in Niedrigsteuerländer und Steueroasen abzuhalten.

Bürger und Politik sind am Zug

1995 setzten die Verbraucher ein Zeichen, als sie dazu beitrugen, eines der weltgrößten Mineralöl- und Erdgas-Unternehmen zum Umdenken zu bringen. Im Kampf gegen die von Shell geplante

Versenkung der Ölplattform «Brent Spar» hatte Greenpeace durch seine Aktionen zunehmend die Aufmerksamkeit der Medien gewonnen. Als die NGO im Juni 1995 den Boykott der Shell-Tankstellen forderte, folgten dem Aufruf viele Autofahrerinnen und Autofahrer in den Niederlanden, in Dänemark und Deutschland. Am 20. Juni beschloss Shell, die Plattform an Land zu entsorgen, und startete die Kampagne «Wir werden uns ändern».

Schule hat dieses Beispiel nicht gemacht. Merkwürdigerweise sind Kaufboykotte gegen Unternehmen, die laut Medienberichten ihre Arbeitskräfte menschenunwürdig behandeln und ausbeuten sowie massiv gegen Gewerkschaften vorgehen, bislang nicht erfolgt. Nur zur Erinnerung: Trotz der ab 2006 publik gewordenen menschenunwürdigen Arbeitsbedingungen und einer Selbstmordserie bei Apples Hauptlieferant Foxconn hat sich an den Absatzerfolgen und Profitsteigerungen der sogenannten Lifestyle-Company nichts geändert. Könnte es sein, dass die Verbraucher nie mehr Ohnmacht hatten als heute?

Wenn es darum geht, den elementaren Bedürfnissen der Menschen gerecht zu werden, muss die nationale und übernationale Politik liefern – sichere Arbeitseinkommen, bezahlbaren Wohnraum, ein flächendeckendes Gesundheitssystem, eine zuverlässige Energieversorgung, gute Bildungsinstitutionen, auskömmliche Alterseinkünfte für alle sowie einen effektiven Klima- und Umweltschutz. Dafür, dass sie das auch wirksam und gemeinwohlorientiert tut, müssen in unserer Demokratie die Bürgerinnen und Bürger sorgen, schließlich üben sie als Souverän die politische Macht aus – aber gewiss nicht als Verbraucher.

Johann-Günther König

Literaturtipps

Thilo Bode, *Die Diktatur der Konzerne: Wie globale Unternehmen uns schaden und die Demokratie zerstören*, Frankfurt/M. 2018.

Jan Rommerskirchen (Hg.), *Die neue Macht der Konsumenten*, Wiesbaden 2020.

Claus-Andreas Lessander, *Eine-Welt-Verbrauch? Wir machen's einfach! Eine Familie auf dem Weg zum nachhaltigen Leben*, München 2010.

Willi Kremer-Schillings, *Sauerei! Bauer Willi über billiges Essen und unsere Macht als Verbraucher*, München/Berlin 2016.

Handelshemmnisse als Entwicklungs- hilfe

Freihandel nützt allen!

Die Sicht ist getrübt. US-Präsident Donald Trump, so viel scheint klar, war kein Freund des Freihandels. Damit verprellte der amerikanische Präsident allerdings viele seiner Klassenkameraden. Freihandel sei der Treiber von Wachstum und Wohlstand, kontert etwa ein deutscher Industrieverband. Politische Kommentatoren aus dem Freihandels-Lager, welches seit Jahrzehnten die wirtschaftspolitische Diskussion beherrscht, setzen populistisch hinzu: «Für alle!»

Der Streit um den Wert des Freihandels lässt sich zwar mit Fug und Recht als Streit verschiedener Industrie-, Finanz- und Wirtschaftsgruppen begreifen. Doch auch im linken Spektrum ist das Verhältnis zum Freihandel unklar. Dabei bietet ein gezähmter Handel großartige Lebenschancen für die Kernklientel der Linken, die «kleinen» Leute.

Der Kuddelmuddel begann bereits mit Karl Marx. Im Grunde interessiert er sich nicht für die Fragen des Freihandels. Der Analytiker hoffte lediglich, Freihandel würde den Kapitalismus von innen zersetzen. Ein halbes Jahrhundert später wird sein Freund Friedrich Engels diesen Gedanken noch einmal aufgreifen. Der

Freihandel werde dem jetzigen Produktionssystem «eine möglichst rasche Ausdehnung» bescheren und damit die Spaltung der Gesellschaft in eine kleine Klasse großer Kapitalisten und eine große Klasse Lohnsklaven auf die Spitze treiben: bis zum Sozialismus. Mit dieser revolutionären Erwartung lagen die beiden nicht gänzlich daneben. Doch es kam anders.

Freiheit der Meere

Schon lange vor der «Globalisierung» wurde weltweit Handel getrieben, in der Antike, in der Hanse-Ära und – in ähnlichen Dimensionen wie heute – um 1900. Freier Handel benötigt die «Freiheit der Meere». Die war durch Kartelle wie die Hanse und die Bildung von (National-) Staaten gefährdet. Der Niederländer Hugo Grotius hatte 1609 die Freiheit der Meere zum Völkerrecht erklärt, und es waren die Holländer, die das «mare liberum» dann faktisch durchsetzen. Gegen den Widerstand der Engländer. Letztere wollen die Meere in Interessensphären aufteilen – und für sich das größte Stück. Für die Freiheit der Meere tritt das britische Empire erst ab 1840 an: Die Industrie des ersten Industriestaates wollte ihre Produkte ungestört von kostspieligen Scharmützeln in die weite Welt exportieren.

Auf hoher See wird der Grundsatz mittlerweile allgemein akzeptiert. Grotius' Freiheit der Meere wurde so zur Basis der modernen Globalisierung. Heute macht der überaus preiswerte Transport in über 300 Meter langen Frachtern den ökologischen Irrsinn finanziell lukrativ, Sojabohnen, T-Shirts oder Smartphones über Abertausende Kilometer rund um den Erdball zu schippern.

Dass der freie Handel den Wohlstand erhöht, gilt in der Ökonomik heute als Allgemeinplatz. Die Begründung hatte Adam Smith

(«Unsichtbare Hand des Marktes») geliefert. Für den Schotten, der durchaus Wohlstand für alle wünschte, war im 18. Jahrhundert klar: Welthandel lohnt sich! Wenn das kalte England seine Wollprodukte mit dem Wein aus dem warmen Portugal tauscht, gewönnen beide Seiten.

Diese klassische Auffassung deckt sich weitgehend mit dem aktuellen wirtschaftsliberalen Mainstream. Weswegen sie nicht von vornherein falsch sein muss. Aber die Freihandelsdogmatik wollte nie recht im Einklang mit der wirtschaftlichen Realität stehen. Übrigens hatte schon Moralphilosoph Smith die fundamentalen Gefahren in dem heranrollenden Kapitalismus und seinen, im Interesse der Herrschenden, unregulierten Märkten erkannt.

Der von Marx geschätzte Engländer David Ricardo verfeinert Smiths Theorie noch. Der Handel zwischen zwei Ländern kann für beide vorteilhaft sein, wenn jedes Land diejenigen Güter exportiert, bei denen es über einen «komparativen Vorteil» verfügt, also die Arbeitsproduktivität jeweils höher ist.

Doch was passiert, wenn ein Land alle Vorteile für sich hat, ein anderes alle Nachteile? Zweifel an der ökonomischen Effizienz des internationalisierten Kapitalismus äußerte der deutsche Ökonom Friedrich List. Er hielt Smiths Freihandelsidee für falsch, wenn ein Industrieland wie England Waren mit einem Agrarland wie Portugal austauscht.

Erziehungszölle helfen den Kommunisten

Mitte des 19. Jahrhunderts überschwemmt die technologisch enteilte englische Industrie – die sich selber gegen Billigimporte etwa von Tuchwaren aus Indien durch Zölle abschottet – den Kontinent mit ihren Waren. Was List auf den Plan rief, der sich statt Freihandel für «Erziehungszölle» starkmacht: Hinter solchen Schutzzöllen könne sich die heimische Wirtschaft entwickeln. List warb für Zölle, um schwache Marktteilnehmer vor starken zu schützen, schwache Länder vor starken. So sollte Entwicklung überall möglich werden.

List riet daher 1838 in seinem Hauptwerk «Das natürliche System der politischen Ökonomie» Nachzüglern wie Deutschland und den Vereinigten Staaten, ihre Wirtschaft durch Zölle zu schützen. Hinter diesem fiskalischen Deich könne sich die Binnenwirtschaft ungestört von den Fluten britischer Exporte entwickeln, bis sie fit für einen fairen Handel auf Augenhöhe sei.

Lists Ratschläge fanden – mehr als ein Jahrhundert später – vor allem in China Gehör. Theoretisch wie praktisch, berichten Landeskenner, orientieren sich die Kommunistische Partei und die Regierung in Peking um die Jahrtausendwende an List.

Erfolgreich kapitalistisch und dialektisch: China schützte seine Industrien vor ausländischer Konkurrenz, bis sie wettbewerbsfähig waren, öffnet nach und nach Teilmärkte, entwickelt neue Industrien und so fort. 2016 steigt der teilweise freigegebene Renminbi dann sogar zur weltweiten Reservewährung des Internationalen Währungsfonds (IWF) auf. Der rote Riese wurde auf den List'schen Pfaden zum Vorbild für die nachholende Modernisierung eines Entwicklungslandes.

Der wirtschaftliche Aufschwung weiterer Entwicklungs- und Schwellenländer wie Thailand, Südafrika oder Brasilien, die den globalen Norden mit preiswerten Massenprodukten und Rohstoffen versorgen, beflügelte den internationalen Handel. Die Wertschöpfungskette eines Autos, das in Stuttgart oder Wolfsburg gefertigt wird, umfasst inzwischen Aberhunderte Zulieferbetriebe auf vier Kontinenten. In der Dekade 2000 bis 2009 wuchs der grenzüberschreitende Warenhandel nach Angaben des Internationalen Währungsfonds (IWF) zeitweise mit jährlichen Wachstumsraten von über 10 Prozent. Dazu trugen auch die Auslagerungen von Industrien vor allem aus Deutschland und Frankreich nach Mittel- und Osteuropa bei, der «verlängerten Werkbank» des Westens.

Nach der Finanz- und Wirtschaftskrise ebbte die Dynamik ab. Der Prozess der Globalisierung und die internationale Arbeitsteilung scheinen ein gewisses Plateau erreicht zu haben, von dem aus – schon aus mathematischen Gründen – steile Wachstumsraten nicht mehr möglich sind. 2019 wuchs der weltweite Warenhandel, der weiterhin fast ausschließlich per Schiff über die hohe See erfolgt, nur noch um 1 Prozent (2020: −10 Prozent). Gleichzeitig verschieben sich die Gewichte: Jahrzehntelang wuchs der Welthandel auf der Nord-Süd-Route, mittlerweile vornehmlich im Süd-Süd-Verkehr.

Freier Handel braucht Regeln

Für ähnliche Auffassungen wie List erhielt 2008 der meinungsfreudige Kolumnist der *New York Times*, Paul Krugman, den Wirtschaftsnobelpreis: Der Fall sämtlicher Handelsschranken führe nicht zu einer tendenziellen Angleichung der Einkommen zwischen den Ländern, wie es neoliberale Ökonomen erhofften. Welthandel müsse aber kein Nullsummenspiel sein, behauptet Krugman. Fast alle könnten dadurch gewinnen.

Eine günstige Voraussetzung dafür wäre eine multinationale Regulation, die sich von den liberalen Grundzügen der Welthandelsorganisation (WTO) löst. Der moderne Welthandel sollte sich nicht an den Interessen der «kleinen Klasse» (Engels) ökonomischer, politischer oder kultureller «Eliten» orientieren.

Wie könnte ein solcher Freihandel à la List für entwickelte Länder aussehen? Zunächst wären genaue Ziele zu bestimmen: Verteilungskonflikte, Modernisierung alter Industrien, Strukturwandel, außenpolitische Interessen. Dabei sehen wir hier von möglichen Kollateralschäden und -nutzen etwa bei den Wechselkursen oder der Umweltentlastung ab.

Im Kern dürfte eine moderne Zollpolitik anstreben, die regionale Wirtschaft zu entwickeln. Eine solche Re-Regionalisierung würde im ersten Schritt beispielsweise einigen US-Bundesstaaten oder schwächeren Ländern in der Europäischen Union helfen.

Im zweiten Schritt könnte eine moderne Zollpolitik ausgegrenzten Volkswirtschaften im globalen Süden nutzen. Denn auch ihre bislang auf billige Massenproduktion für den reichen Norden ausgerichtete Exportindustrie müsste sich fortan auf heimische Märkte konzentrieren. Im Idealfall würden sie – nach dem List'schen Modell – ihre Industrie und Landwirtschaft ebenfalls mit Zöllen beispielsweise vor den subventionierten Agrarprodukten aus der EU schützen.

Trump fehlten 900 Milliarden

US-Präsident Trump fand es schlecht, dass sein Land seit langem viel importiert und (zu) wenig exportiert. Die Folge ist ein riesiges Außenhandels- und Leistungsbilanzdefizit. Die USA wiesen 2019, im letzten Vor-Corona-Jahr, die größten Importe der Welt auf, das Defizit betrug über 900 Milliarden US-Dollar.

Deutschland ist dagegen wieder Weltmeister beim Export. Der deutsche Überschuss in der Handelsbilanz (Export minus Import von Waren) belief sich auf weit über 200 Milliarden Dollar.

Deutschlands Leistungsbilanzüberschuss stieg damit auf rund 8 Prozent der Jahreswirtschaftsleistung. Die EU-Kommission hält maximal 6 Prozent für tragfähig. Manche Ökonomiker streben sogar ein Gleichgewicht an.

Die Mitschuld an dieser globalen Unwucht gab Trump unfairen multilateralen Handelsverträgen – er zieht bilaterale «Deals» vor. Ob sich dies unter Trumps Nachfolger im Präsidentenamt, Joseph «Joe» Biden, ändern wird, ist nicht ausgemacht. Auch der Versuch der alten Konkurrenten China und Japan, mit dem «weichen» Freihandelsvertrag RCEP (Regional Comprehensive Economic Partnership) ihren Einfluss im asiatisch-pazifischen Raum in den kommenden Jahren auszudehnen, könnte wegen der inneren Widersprüche dort im Sande verlaufen. Seit dem faktischen Scheitern der globalen Handelsliberalisierung durch die WTO und der Dauerkrise im Europäischen Binnenmarkt liegen bilaterale Abkommen allerdings ohnehin im Trend.

Als Mittel zum Zweck steht ein bunter Reigen aus klassischen Zöllen, nichttarifären Zollregeln («Chlorhuhn») sowie Steuern zur Verfügung. Trumps zeitweiliger Chefvolkswirt Peter Navarro hat einen interessanten Ansatz wieder ins Spiel gebracht, der an Friedrich List erinnert: «Border Adjustment Tax». Durch diese «Grenz-Anpassungsabgabe» könnten amerikanische Unternehmen ihre Ausfuhren in andere Länder von der eigenen Besteuerungsgrundlage abziehen – im Gegenzug dürften sie dies mit importierten Produkten nicht mehr tun. Exporte würden attraktiver, Importe unattraktiver.

Beispiel Autoindustrie: Sie sollte dann eine größere Fertigungstiefe anstreben. Die Einfuhr von (billigen) Halbfertigprodukten wie Kotflügel würde sich nicht mehr auszahlen. Wie sehr sich dadurch die Regeln für das – im Managerjargon – «Playing Field» ändern könnten, zeigt die deutsche Pkw-Produktion: Bei manchen Typen stammen drei Viertel aus ausländischen Fabriken in vier Kontinenten.

Weitere Nachfrageverschiebungen und Veränderungen grenzüberschreitender Wertschöpfungsketten könnten ebenfalls durch eine fiskalische Erhöhung der Transportkosten herbeigeführt werden. Hohe Abgaben auf Benzin und Schiffsdiesel, Wegesteuern für den Straßenverkehr, Kapitalverkehrskontrollen könnten handelsliberale Exzesse stoppen.

In der EU gehört der freie Handel von Waren zu den vier Grundfreiheiten. Auch Friedrich List hielt Freihandel für nützlich. An sich. Allerdings müsste dafür der Entwicklungsstand der teilnehmenden Länder gleich oder zumindest ähnlich sein. Davon sind wir in Europa und der Welt seit Corona weiter entfernt denn je. Auch, weil die frühere Seemacht Großbritannien und Regierungschefs wie Donald Trump das Thema «Freihandel» auf ihre Streichliste gesetzt haben.

Hermannus Pfeiffer

Literaturtipps

Friedrich List, *Das natürliche System der politischen Ökonomie*, Paris 1838, deutsche Erstausgabe: Stuttgart 1841.

Karl Marx, «*Rede über die Frage des Freihandels*» [1848], in: Karl Marx/Friedrich Engels: Werke, Berlin 1977, Bd. 4, S. 444–458.

Adam Smith, *An Inquiry into the Nature and Causes of the Wealth of Nations*, 2 Bde., London 1776; deutsch: *Der Wohlstand der Nationen (neu aufgelegt)* mit einer Einführung von Horst Claus Recktenwaldt, Frankfurt/M. 2009.

Die Odyssee der Erdbeere

Globalisierung produziert Reichtum

Deutschlands Wirtschaft insgesamt gehört zu den Gewinnern der Internationalisierung. Eine Win-Win-Situation, denn auch der Welt kam die Globalisierung in den letzten Jahrzehnten zugute, so Ola Källenius, Vorstandsvorsitzender des Stuttgarter Daimler-Konzerns. «Sie hat Wachstum geschaffen, sie hat Jobs geschaffen, und sie hat auch finanzielle Stärke geschaffen.» Die zusätzliche finanzielle Stärke habe es Daimler ermöglicht, in Zukunftstechnologien zu investieren: «Deshalb befürworten wir sehr, das System des globalen und freien Handels aufrechtzuerhalten.»

Dass globalisierte Wertschöpfungsketten grenzüberschreitend Wohlstand schaffen, begründen Ökonomen mit den sogenannten komparativen Vorteilen: Jeder spezialisiere sich auf das, was er am besten machen kann, und dann tauscht man die Produkte gegenseitig aus.

Die Frage, die viele Menschen am Beginn der Corona-Pandemie im Frühjahr 2020 bewegte, lautete: Warum sterben in Italien so viele Menschen? Eine Antwort war schnell gefunden: Schuld ist die Globalisierung. Dass ausgerechnet der wirtschaftlich erfolgreiche Norden Italiens so außergewöhnlich stark von der Ausbreitung der Pandemie betroffen wurde, konnte nur mit den engen

Beziehungen zu China zusammenhängen. Dort war das Virus zuerst in Erscheinung getreten.

In Italien wiederum hatte die Ausbreitung des Virus Covid-19 ihren Anfang nur wenige Kilometer von der Modemetropole Mailand entfernt, in der Provinz Lodi, genommen. Medien nannten dafür einen Grund, und der heißt «Pronto Moda» (Flotte Mode) – die Produktion von vermeintlich italienischen Produkten, die in Italien von Chinesen fertiggestellt werden.

Um die Jahrtausendwende hatten sich Unternehmer aus der Volksrepublik in der italienischen Provinz niedergelassen. Die chinesischen Bosse übernahmen alte Fabriken vor allem in der Stadt Prato. Dort hatten jahrzehntelang Betriebe in Familienhand noble Stoffe für berühmte Marken wie «Armani» oder «Versace» gewebt. Doch in den 1990er Jahren waren die Preise für Textilien am Weltmarkt tief gefallen, und in der Folgezeit musste ein alteingesessener Hersteller nach dem anderen seine Tore schließen. Dieser Preisverfall traf auch andere traditionsreiche Textilindustrien hart, etwa im deutschen Schwarzwald. Die Neuankömmlinge konnten daher die leerstehenden Werkhallen günstig übernehmen. Gleichzeitig wurden viele tausend Arbeiter aus China angeworben, die bereit waren, für – nach europäischen Maßstäben – Dumpinglöhne zu arbeiten. Rohstoffe und Halbfertigprodukte wurden preiswert aus China bezogen. Möglich wurde dieser interkontinentale Handel, weil die Regierung in Peking im Jahr 2001 der Welthandelsorganisation WTO beigetreten war, um ihrer expandierenden Exportindustrie neue Märkte zu öffnen.

So entstand in der norditalienischen Region eine Bekleidungsindustrie, die, unter dem Label «Made in Italy» operierend, ihre Produkte sowohl auf schmuddeligen Schwarzmärkten wie an namhafte Edelmarken verkaufte. Abnehmer sind auch Handelsunternehmen aus Deutschland, Spanien und Frankreich. Sie profitieren ihrerseits von den günstigen Einkaufspreisen. Hinzu kommt, dass sie monatelange Lieferzeiten per Containerfrachter aus Asien vermeiden und keinerlei Einfuhrzölle an Europas Außengrenzen zahlen müssen.

Angeblich sind heute allein in der Stadt Prato mehr als 2000 chinesische Textilunternehmen registriert. Als vor einigen Jahren bei dem Brand einer Fabrik sieben chinesische Arbeiter starben, produzierte der Standort weltweit Schlagzeilen. Berichtet wird von Arbeitsverhältnissen «wie in Bangladesch» und von Sklaverei mitten in Italien.

Und «Corona»? Nun, kurz vor Ausbruch der Epidemie in Italien waren viele Textil-Arbeiter aus Norditalien zum Neujahrsfest zu ihren Familien in die ferne Heimat gereist. Auf dem Rückflug aus China brachten sie dann das Virus mit.

Globalisierung ist jahrtausendealt

Ob Chinas unbeliebte Gastarbeiter tatsächlich die Corona-Epidemie in Italien und Europa ausgelöst haben? Das wurde mit guten Argumenten bestritten. Dass sie einen (kleinen) Teil des Gesundheitsproblems darstellten, kann jedoch angenommen werden. Unser Ausflug in die italienische Provinz zeigt uns denn auch vor allem, wie Globalisierung funktioniert!

Aus Sicht der Akteure, also des Kapitals: Die internationale Arbeitsteilung über Ländergrenzen hinweg verbilligt die Produktion erheblich: was den Produzenten ermöglicht, ihre Produkte zu niedrigeren Preisen anzubieten, was wiederum neue Absatzmöglichkeiten schafft und Verbrauchern günstige Preise beschert.

Populär wurde das Schlagwort «Globalisierung» Mitte der neunziger Jahre. Doch der Begriff blieb bis heute in seiner Definition schwammig. In der Bundesrepublik wurde das Schlagwort von apokalyptischen Reitern begleitet: So sah der damalige «Spiegel»-Redakteur Harald Schumann eine 20:80-Gesellschaft heraufziehen.

Schumanns Buch «Die Globalisierungsfalle», zusammen mit Hans-Peter Martin verfasst, wurde zum prägenden Bestseller des (Anti-)Globalisierungs-Genres, welches die öffentliche Diskussion in Deutschland lange dominierte. Kernthese: Ein Fünftel der Weltbevölkerung würde zukünftig ausreichen, um die Weltwirtschaft in Schwung zu halten, vier Fünftel blieben ohne Broterwerb. Gleichzeitig würden die Nationalstaaten zum Anhängsel der globalisierten Marktmächte degradiert.

Im Sog dieses Bestsellers wurden angelsächsische Ökonomiker wie Paul Krugman, Jeremy Rifkin oder Joseph Stiglitz auch hierzulande zu Medienstars. Ihr flüssiger Stil, lange nicht so zäh, wie ihn deutsche Professoren pflegten, bezauberte Millionen Leser in aller Welt. Auch eine Form von Globalisierung.

Die Globalisierung umgeben seither mehrere Mythen. Einer lautet: «Globalisierung ist historisch ein neuartiges Phänomen.» Folglich gebe es allein DIE Internationalisierung der Wirtschaft (und Gesellschaft), wie wir sie gerade durchleben.

Ein irreführender Mythos. Tatsächlich erscheint Internationalisierung als ein uraltes Phänomen! Bereits lange vor unserer Zeitrechnung erstreckte sich der Kosmos des Warenhandels über mehrere Kontinente.

Beispielsweise ist für den Außenhandel des alten Griechenlands verbürgt, dass geräucherte Makrelen vom Schwarzen Meer, Segeltuch aus Ägypten, Bernstein aus Skandinavien und Pfeffer aus Indien im griechischen Hafen von Piräus ausgeladen wurden –

und wohl erstmals mit Geld, mit Silbermünzen, bezahlt wurden. Handel und Zahlungsverkehr («Münzgeldwechsel») verbanden also im 5. Jahrhundert v. u. Z. immerhin schon drei Erdteile. Im Mittelpunkt der «globalen» Handels- und Geldströme stand später das römische Weltreich. Noch später füllte das arabische Kalifenreich die Rolle eine Zeitlang aus.

Es darf also angenommen werden, dass spätestens mit der griechischen Ära, also vor 2500 Jahren, Handel und Finanzgeschäfte «global» abliefen – zwischen Europa, Asien und Afrika. Die gelegentlichen Zusammenbrüche der Großreiche konnten zwar den internationalen Handel zeitweilig bremsen, gänzlich unterbrochen wurde er aber wohl nie. Mit dem Aufstieg des nächsten «Weltreiches» erhielt der Handel dann einen weiteren Push.

Krisen, Kriege, Kleinstaaterei

Mit dem Niedergang des westlichen Römischen Reiches vor zwei Jahrtausenden war auch die frühe Internationalisierung der Wirtschaft in Europa zusammengebrochen. Erst im 10. und 11. Jahrhundert berappelte man sich. Ausgehend von den italienischen Hafenstädten, begann auch nördlich der Alpen der Fernhandel aufzublühen. Es folgte ein «Zeitraum des Wachstums»: Produktion und Handel wuchsen ständig, die Kolonisierung Osteuropas und die Kreuzzüge erweiterten die Zahl der internationalen Märkte.

Aus solchen Anfängen entwickelte sich ab 1450 eine neue Welle der Internationalisierung des Handels, und die grenzüberschreitenden Finanzoperationen zwischen drei Kontinenten boomten, berichtet der französische Historiker Christopher Kobrak in seinem wegweisenden Vortrag «Zwischen Nationalismus und Internationalismus: Globalisierung und Unternehmenskulturen aus historischer Sicht». Kobraks Kernthese: Bereits zwei Internationalisierungswellen seien über Mitteleuropa hinweggebraust. Um jäh unterbrochen zu werden.

Zu Zeiten Karl V. (1500 – 1558) hätten die legendären Fugger und andere Kaufleute in Augsburg und Antwerpen, Genua und Florenz schier grenzenlosen Handel getrieben. Die Entdeckung Amerikas 1492 und die Umschiffung Afrikas hätten dafür ein neues Terrain bereitgestellt.

Kobrak findet hierin seine erste moderne Internationalisierungswelle. Das in Amerika geraubte Gold und Silber sorgte bis weit ins 17. Jahrhundert hinein in Europa für einen Geldüberhang. In der Folge waren Kredite billig: Der Zinssatz lag um die 3 Prozent. Wirtschaft und Internationalisierung entwickelten sich rasant. Aber politische Krisen, Kriege und Kleinstaaterei engten die Kreise der Ökonomie ein. Die erste moderne Internationalisierungswelle endete in sprichwörtlicher «Kirchturmpolitik» und in den Grenzen der neuartigen «Nationalstaaten» (die jeweils aus mehreren Nationen gebildet wurden).

Eine zweite Internationalisierungswelle – Kobrak spricht erstmals von «Globalisierung» – brachte das 19. Jahrhundert. Handel, Schifffahrt, Kommunikation und große Industrien sorgten für einen erneuten Internationalisierungsschub. Anschaulich beschrieben 1848 von Friedrich Engels und Karl Marx im «Kommunistischen Manifest»:

«Die große Industrie hat den Weltmarkt hergestellt, den die Entdeckung Amerikas vorbereitete. Der Weltmarkt hat dem Handel, der Schifffahrt, den Landkommunikationen eine unermessliche Entwicklung gegeben. Diese hat wieder auf die Ausdehnung der Industrie zurückgewirkt, und in demselben Maße entwickelte sich die Bourgeoisie, vermehrte sie ihre Kapitalien, drängte sie alle vom Mittelalter her überlieferten Klassen in den Hintergrund.»

Der elektrische Telegraph, der erstmals in den 1840er Jahren vermarktet wurde und bereits nach einem Jahrzehnt allein in den Vereinigten Staaten über ein Leitungsnetz von mehr als 80 000 Kilometern verfügte, transportierte Informationen «just in time» und verband Kontinente zeitnah miteinander. Übrigens dürfte dieser Informationssprung verhältnismäßig weiter gewesen sein als später derjenige der elektronischen Datenautobahn, des Internets.

Direktinvestitionen in alle Kontinente, ein internationales Zahlungsnetz über Abertausende Korrespondenzbanken sowie wachsende Im- und Exportströme komplettierten das Bild des Weltmarktes. Selbst im noch kleinstaatlich strukturierten «Deutschland» lebten immer mehr Unternehmen vom Außenhandel. Kobrak verweist auf prominente Firmen wie Krupp oder Merck, die bereits kurz nach der deutschen Reichsgründung bis zu drei Viertel ihres Umsatzes mit ausländischen Kunden machten.

Die Internationalisierung bis 1914 hatte imperiale politische Antriebe. Das unterscheidet sie von der heutigen. Der Weltkrieg beendete diese zweite moderne Internationalisierungswelle abrupt. Es dauerte dann mehr als ein halbes Jahrhundert, bis Handel und Kredit wieder das internationale Ausmaß des Jahres 1914 erreichten – erst Ende der 1970er Jahre wurde das frühere Vorkriegsniveau überschritten.

Markt, Wettbewerb, Internationalisierung

Der geschichtliche Rückblick legt heute die Vermutung nahe: «Alles schon mal da gewesen – alles halb so schlimm.» Das wäre jedoch ein Kurzschluss. Allerdings wurden vormoderne und moderne Internationalisierungsschübe von ähnlichen Kräften getrieben: Von neuen Techniken ausgelöste Produktivitätssprünge, wie zukünftig vielleicht die Internet-Ökonomie, dazu investitionswilliges, quasi überflüssiges Kapital und eine wachsende Kaufkraft wenigstens in relevanten Teilmärkten wie nun in Asien.

Positives wie Negatives, welches wir begrifflich der Globalisierung zuschreiben, zielt auf Marktwirtschaft. Die kapitalistische Marktwirtschaft, wie unvollkommen sie in der Praxis sein mag, lebt vom Wettbewerb. Der Wettbewerb zwingt die Unternehmen zu Beschleunigung, Innovation und Rationalisierung, zu neuen Produkten, zu Wachstum. Der heimische Markt wird dann schnell zu klein, Grenzen werden überschritten, Produkte und Produktion werden internationalisiert.

In den achtziger Jahren zeichneten sich dennoch erneut Grenzen ab: Viele Märkte schienen gesättigt. Erst als der reale Sozialismus Anfang der 1990er Jahre verschwand, konnten sich westliche Konzerne neue Märkte in Osteuropa und Russland erschließen. In den neunziger Jahren öffnete sich dann die Volksrepublik China. Deng Xiaoping legte mit Reformen den Grundstein für die nachholende Modernisierung der chinesischen Wirtschaft. Erst durch die Integration dieser zwei Milliarden neuer Konsumenten in Asien und Europa konnte die Internationalisierung zu einer sogenannten Globalisierung aufwachsen.

Nach innen führt der Wettbewerb zu Rationalisierungen. Viele Arbeiten beispielsweise in Italien wurden angesichts der globalisierten Konkurrenz «zu teuer». Der Arbeitsmarkt wurde gespalten in mehrere Kategorien mit extrem unterschiedlichen Löhnen und Status – vom festangestellten Arbeiteraristokraten mit quasi Beamtenstatus in der deutschen Großindustrie bis hin zum «illegalen» Wanderarbeiter in Asien. In Indien oder Indonesien arbeiten an die 90 Prozent der Arbeiter schwarz, weil es einen regulären Arbeitsmarkt kaum gibt. In vielen Ländern der globalisierten Welt regiert die Schattenwirtschaft die Ökonomie.

Unser Blick in die Vergangenheit entmystifizierte die Globalisierung. Schon in Altertum und Mittelalter – denken wir an die Entwicklung der Schifffahrt, von den Ruder-Galeeren über küstennah fahrende Segelboote bis zu Galeonen, die über die Weltmeere kreuzten – trieben Techniksprünge die Wirtschaft an. Neue Techniken bedeuten meist, der heimische «Markt» wird zu eng, und schon zieht es die Akteure wie im alten Märchen «in die weite Welt hinein».

Heute sehen wir im Rückspiegel «Lange Wellen», wie sie der russische Wirtschaftswissenschaftler Nikolai Kondratjew für Industriegesellschaften beschrieb: Dampfmaschine, Eisenbahn, Elektrizität, Chemie, Auto und Informationstechnik erzwangen nacheinander gesellschaftliche Paradigmenwechsel.

Wohl wegen der Techniksprünge, die wie Naturgewalten über uns hereinzubrechen scheinen, stößt, zumindest stieß, «die Globalisierung» unter Ökonomikern und Ökonomen auf breite Zustimmung. Manager wie Wissenschaftler begründeten dies im Kern mit «komparativen Vorteilen» (siehe Kapitel «Freihandel»). Typisch ist daher eine Äußerung aus dem Kieler Institut für Weltwirtschaft (IfW), welches durch seine internationale Ausrichtung dafür prädestiniert erscheint. Präsident Gabriel Felbermayr: «Man spezialisiert sich auf das, was man gut machen kann, wo man komparative Vorteile hat, und man importiert die Güter, wo andere diese komparativen Vorteile haben.»

In diesem noch jungen Jahrhundert hat die Globalisierung in mehreren Staaten Asiens, in Lateinamerika und in einigen Regionen Afrikas einen kaufkräftigen Mittelstand heranwachsen lassen. Ihm eigen sind westliche Konsumgewohnheiten, vom Automobilkauf bis zur Urlaubsreise. Heute lebt in China weltweit die zahlenmäßig größte Mittelklasse. Doch bei vielen Erzeugnissen ist deren Pro-Kopf-Verbrauch gemessen am westlichen Niveau gering. Es besteht also noch viel Spielraum für wachsende globale Umsätze. Auch und gerade für deutsche Konzerne: BASF, Siemens oder Volkswagen bauten China in den 2010er Jahren für sich zum wichtigsten ausländischen Markt und Produktionsstandort neben oder sogar vor den USA aus.

Der neue Reichtum

Wollen wir wirklich die Welt so sehen, wie sie ist? Nein! Wir lieben unsere Mythen. Dem studierten Mediziner und Statistiker Hans Rosling hat dies nicht gefallen. Er wollte uns mit seinem letzten Buch lehren, «die Welt so zu sehen, wie sie wirklich ist». Rosling hat immer wieder Menschen über den Zustand der Welt befragt. Doch Nobelpreisträger, Investmentbanker und Politiker liegen regelmäßig falsch, wenn sie den Anteil der Menschen in extremer Armut oder die Schulbildung von Mädchen einschätzen sollen.

Testen Sie sich selbst:
Wie viele Mädchen absolvieren heute die Grundschule in den Ländern mit niedrigem Einkommen?
    A: 20 Prozent
    B: 40 Prozent
    C: 60 Prozent

In den letzten zwanzig Jahren hat sich der Anteil der in extremer Armut lebenden Weltbevölkerung ...

A: nahezu verdoppelt.

B: nicht oder nur unwesentlich verändert.

C: deutlich mehr als halbiert.

Die richtige Antwort lautet jeweils «C». Wenn Sie bei diesem Test schlecht abschneiden sollten, trösten Sie sich: Das ist normal. Nicht einmal jede zehnte Antwort, die Rosling erhielt, war richtig. Hans Rosling – er starb 2017 – legte übrigens Wert darauf, nur sauber dokumentierte Fakten abzufragen.

In unserer Wahrnehmung folgen wir «dramatischen Instinkten». Einer von zehn, die Rosling aufzählt, ist der Instinkt der Kluft. Wir denken in Extremen: oben – unten, arm – reich. Ein anderer «Megatrugschluss» sei der Instinkt der Negativität. Daher denken wir leicht: «Alles wird immer schlimmer.»

Dagegen zeigen Statistiken: Vieles wird besser! So betrug die extreme Armut weltweit im Jahr 1966 noch 50 Prozent – 2017 waren es nur noch 9 Prozent. Erfreulich auch: Die Kindersterblichkeit sank – gerade sie «misst die Temperatur einer Gesellschaft». Und diese Temperatur sank sogar in *allen* Ländern!

Rosling leugnete keine Probleme, wie etwa Klimawandel oder das Leid der absolut wie relativ armen Menschen. Und man muss dem Gründer der Gapminder-Stiftung in Stockholm nicht in jeder seiner gesellschaftlichen Bewertungen folgen. Auch sein Vertrauen in die Statistiken von Weltbank und UN-Organisationen erscheint überzogen. Doch die großen Linien, die Rosling zusammen mit Schwiegertochter und Sohn zeichnet, sowie sein Infragestellen vermeintlicher (linker) Gewissheiten wirkt mehr als anregend.

Sein Fazit: «In Wirklichkeit lebt die große Mehrheit der Weltbevölkerung irgendwo in der Mitte der Einkommensskala.» Vielleicht sei es nicht ganz das, was wir uns unter Mittelschicht vorstellen. Aber die Mädchen gehen zur Schule, die Kinder werden geimpft, sie leben in Familien mit zwei Kindern, und sie wollen als Touristen in die Ferne reisen und nicht als Flüchtlinge. «Schritt für Schritt, Jahr um Jahr wird die Welt besser.» Kapitalismus und Globalisierung haben dazu beigetragen.

Weg eines Erdbeerjoghurts

Globalisierung kannte immer neben Gewinnern auch Verlierer, seien es die sozial Ausgegrenzten im eigenen Land oder in Staaten, die außerhalb des «Weltmarktes» verblieben. Ein weiterer Grund, warum Internationalisierungswellen meist abrupt endeten, häufig in Kriegen, ist die Dominanz kurzfristiger wirtschaftlicher Interessen.

Offenkundig fehlt(e) es an leistungsfähigen weltumspannenden staatlichen Institutionen, die für Ausgleich und Nachhaltigkeit sorgen, und es mangelt an ziviler gesellschaftlicher Begleitung der wilden Ökonomie. So marschiert die Globalisierung, wie übrigens auch dessen heutiges Leitmedium, das Internet, im jungen 21. Jahrhundert auf einem überaus gefährlichen Weg.

Die Corona-Pandemie hat das Bild, welches sich Menschen von der Globalisierung machen, weiter verfinstert. Nicht allein in Italien. Die Orientierung der Unternehmen auf betriebswirtschaftliche Effizienz, preisgünstige Lieferketten rund um den Erdball und Just-in-time-Produktion versagte in der Krise. Als die Lieferketten rissen, fehlte es in vielen Ländern am Nötigsten. So mangelte es oft an Atemschutzmasken selbst im Gesundheitssystem. Es zeigte sich, dass verschiedene medizinische Wirkstoffe in

Europa nicht mehr hergestellt werden. Dafür aber unter dubiosen Arbeitsbedingungen in Manufakturen in China und Indien.

Optimiert eingesetzt wird – aus Sicht der Betriebe – auch der Faktor «Arbeit». Üblich ist eine Dreiteilung: Festangestellte, hochqualifizierte, gutbezahlte Stammbelegschaft – dauerhaft integrierte Werkvertragsfirmen (die teilweise selber eine Stammbelegschaft halten), in die Arbeitsprozesse outgesourct wurden, und freiberufliche Spezialisten – Subunternehmen für saisonale und einfache Arbeiten.

Wie viele Lieferketten offenbaren auch «Arbeitskräfte-Ketten» in der Krise ihre Anfälligkeit. So mangelte es in Deutschland plötzlich an Baustahlbiegern aus Polen, 24-Stunden-Pflegerinnen aus Tschechien und Erdbeerpflückern aus Bulgarien und Rumänien.

Im betrieblichen Alltag kämpften Industriebetriebe vor allem mit Liefer- und Produktionsausfällen in anderen Weltregionen. Es fehlten Waren und Dienstleistungen, um die eigene Wertschöpfungskette stabil zu halten. Als Reaktion darauf suchen Gewerbebetriebe und Großhändler nun nach neuen Lieferanten. Nach Angaben des Deutschen Industrie- und Handelskammertages (DIHK) tun sie dies überwiegend in Deutschland und in anderen EU-Ländern.

Grundlegender fällt die Kritik an den «komparativen Vorteilen» aus, die Befürworter der Globalisierung ins Feld führen. Die Kritik daran ist schon älter. Im Jahr 1992 verfolgte die Raumplanerin Stefanie Böge den «Weg eines Erdbeerjoghurts». Insgesamt bringt es das fertige Joghurt-Produkt mit allen Zulieferbestandteilen auf eine Transportstrecke von über 9000 Kilometer. Distanzen, die fast ausschließlich in Deutschland zurückgelegt werden.

Der Weg der Erdbeere ist durch die Globalisierung inzwischen noch länger geworden. So untersuchte die Zeitschrift *Ökotest* die Herkunft der Erdbeeren in Marmeladen: Polen, Serbien, Bulgarien, Spanien, Türkei, Marokko, Ägypten. Lediglich die Firma Zwergenwiese bezieht ihre Früchte aus Norddeutschland, wo der Anbau von Erdbeeren weit verbreitet ist, wie in der ganzen Bundesrepublik. «Natürlich ist das teurer und bedeutet mehr Aufwand», sagt eine Sprecherin. Trotz kurzer Transportwege und preiswerter Erntehelfer aus Osteuropa sind deutsche Erdbeeren nach Auffassung selbst der Bio-Produzenten zu teuer für Konfitüren und Fruchtaufstriche.

Offensichtlich versagt auch hier der Preis als zentrales Steuerungsinstrument einer Marktwirtschaft. Im Fall der Erdbeere liegt es zunächst an niedrigen Öl- und Gaspreisen (die sogar interkontinentalen Handel spottbillig machen). Außerdem wird ein Großteil der Kosten externalisiert. Gesamtgesellschaftliche Kosten und die Kosten für die Umweltlasten bleiben also im Preis unberücksichtigt.

Ein Ende der real existierenden Globalisierung ist freilich nicht in Sicht. Aber die Gewichtung verschiebt sich. Laufend. So hoffen viele Staaten in Osteuropa infolge Corona auf neue Investitionen, weil deutsche, französische, italienische und österreichische Konzerne – die dort ohnehin viele Werke betreiben – Produktion aus Asien rückverlagern wollen.

Aber auch in Asien werden mittlerweile Lieferketten hinterfragt und wird über Exzesse der Globalisierung gestritten. So beklagten indische Pharma-Unternehmen, die für den europäischen Markt produzieren, in der Krise fehlende Wirkstofflieferungen aus China. Dort wiederum erwartet die Deutsche Außenhandelskammer in Shanghai eine weitere «Lokalisierung». Die meisten deutschen Firmen, die in China Niederlassungen unterhalten, produzieren vor allem für den chinesischen Markt. «Mit ausschließlich importierten Produkten sind sie nicht wettbewerbsfähig.» Die Volksrepublik zählt zu den großen Märkten weltweit, in denen durch Corona eine Lokalisierung der Lieferketten noch attraktiver geworden ist. Neue Techniken wie 3-D-Druck und smarte Fabriken schaffen neue Möglichkeiten für eine wettbewerbsfähige lokale Produktion.

Zurück zur modernen «Pest». Schon die alte folgte der Globalisierung. Die Mongolen belagerten im Jahr 1347 die genuesische Kolonie Kaffa auf der Krim, das heutige Feodossija. Unter den Belagerern breitete sich eine tödliche Seuche aus, die ihre Opfer furchtbar entstellte. Um die Stadt zur Aufgabe zu zwingen, schleuderten sie die Leichen mit Katapulten über die Stadtmauern. Die entsetzten Verteidiger bemannten daraufhin ihre Schiffe und flohen zurück nach Italien. Über Genua und sein weitverzweigtes Handelsnetz kam die große Pest nach Europa. Ihr fielen ein Drittel seiner Einwohner zum Opfer.

Nachdem die Corona-Pandemie im Frühjahr 2020 auch Deutschland erreicht hatte, nahm die Ablehnung der Globalisierung in der Bevölkerung noch einmal deutlich zu. Nun sind Umfragen bestenfalls Momentaufnahmen. Doch schon lange vor Corona zeigte sich eine vergleichsweise stabile, deutliche Mehrheit der Bundesbürger skeptisch gegenüber der Globalisierung: Sie sei mehr Risiko als Chance, schaffe keinen Wohlstand.

Ein Mythos, denn Deutschlands Wirtschaft gehört zu den Gewinnern der Globalisierung.

Hermannus Pfeiffer

Literaturtipps

Angus Deaton, *The Great Escape. Health, Wealth, and the Origins of Inequality*, Princeton 2015. Deutsch: *Der große Ausbruch. Von Armut und Wohlstand der Nationen*, Stuttgart 2017.

Hermannus Pfeiffer, *Seemacht Deutschland. Die Hanse, Kaiser Wilhelm II. und der neue Maritime Komplex*, Berlin 2009.

Hans Rosling, Anna Rosling Rönnlund, Ola Rosling, *Factfulness – Wie wir lernen, die Welt so zu sehen, wie sie wirklich ist*, Ullstein Verlag, Berlin 2018.

Arbeitsmarktfragen sind Machtfragen – und regeln sich nicht durch Märkte

Arbeitslos? Selbst schuld!

Seit der Massenarbeitslosigkeit, die in der Bundesrepublik Deutschland Mitte der 1970er Jahre einsetzte, hat sich der Mythos durchgesetzt: Diese Arbeitslosigkeit hat nichts mit Fehlleistungen der Marktkräfte zu tun. Sie ist zum einen durch die Suche nach besseren Jobs von den Betroffenen selbst gewollt. Zum anderen liegt sie an den starken Gewerkschaften, die gegenüber den Marktpreisen viel zu hohe Löhne durchsetzen. Dazu kommt der Sozialstaat, der immer noch verhindert, dass der Verlust an Erwerbseinkommen die Bereitschaft spürbar macht, niedrige Löhne zu akzeptieren. Deshalb müssten die Arbeitsmärkte mit dem Ziel von Lohnsenkungen dereguliert und der Sozialstaat abgebaut werden.
Stellen wir diese Grundauffassung auf den Prüfstand.

As die Massenarbeitslosigkeit immer weiter stieg, radikalisierte sich auch die Haltung der Sozialstaatskritiker. Unter dem Druck von bis zu knapp 5 Millionen registrierten Arbeitslosen im Jahr 2005 (11,7 % der zivilen Erwerbspersonen) setzte die rotgrüne Regierungskoalition unter Schröder/Fischer einen grundlegenden Umbau des bis dahin geltenden Arbeitslosensicherungssystems durch. Aus Arbeitslosengeld und Arbeitslosenhilfe wurden, nach wie vor in Abhängigkeit vom zuvor erzielten Lohn, das Arbeitslosengeld I (für das erste Jahr) und das sich anschließende sogenannte Arbeitslosengeld II. Dieses hat die Arbeitslosenhilfe auf das Niveau der Sozialhilfe herabgesetzt. Die Grundsicherung für Arbeitsplatzsuchende konzentriert sich damit nicht mehr auf die Sicherung eines wenn auch niedrigen Lebensstandards, sondern nur noch auf die bedarfsorientierte Sicherstellung des «sozial-kulturellen Existenzminimums». Dazu dient der allgemeine Regelsatz (bei Erwachsenen ab 2021 von 432 € auf 446 €) zusammen mit je nach Angemessenheit regional differenzierten Zuschüssen vor allem für die Unterkunft.

Diese Regelung startete zum 1. Januar 2005 mit dem «vierten Gesetz für moderne Dienstleistungen am Arbeitsmarkt» – umgangssprachlich als Hartz IV bezeichnet. Der Mythos von der selbstverschuldeten Arbeitslosigkeit drückt sich jetzt in folgendem Zwangsmechanismus aus: Soll die Unterstützung komplett gewährt werden, muss jeder (legale) Job, den die «Agentur für Arbeit» anbietet, auch bei geringem Lohn und schlechten Arbeitsbedingungen angenommen werden. Bei Verstößen steht für die Bundesagentur für Arbeit ein Katalog von Sanktionierungen zur Verfügung. So beläuft sich die Strafe für die erste Ablehnung auf eine Kürzung des Regelsatzes bis zu 30 %. Was als «aktivierende Sozialpolitik» gefeiert wurde, entspricht eher der Kombination aus einem dürftigen Zuckerbrot und einer harten Peitsche. Die in der Hartz-IV-Rhetorik dem «Fordern» gegenübergestellte Aufgabe des «Förderns», nämlich vor allem mit dem Ziel der Qualifizierung bei der Suche nach einem neuen Job, hat auf breiter Front versagt. Der Mythos von der selbstverschuldeten Arbeitslosigkeit erfährt hier seine Zuspitzung: Wem der Job durch eine unverschuldete Kündigung genommen worden ist, der muss sich für die Wiederbeschäftigung zu einem schlecht bezahlten Job unter teils unzumutbaren Arbeitsbedingungen bereitfinden. Als bittere Folge dieser politischen Demontage des Sozialstaats wurden in Deutschland die Tore für atypische, prekäre Arbeitsverhältnisse in einem Niedriglohnsektor gegenüber dem Normalarbeitsverhältnis weit geöffnet. Eine Langzeitstudie belegt: Gegenüber 1998 ist der damals geltende Anteil von 17 % der Beschäftigten im Niedriglohnsektor bis 2018 auf 22 %, das sind 7,7 Millionen Menschen, gestiegen (Niedriglohn ohne Berücksichtigung der Nebentätigkeiten 2018 mit zwei Drittel des mittleren Bruttostundenlohns 11,40 €). Die Studie zeigt: Der Niedriglohn konnte von mehr als 70 % der Bezieher nicht als Sprungbrett genutzt werden.

Dieser riesige Niedriglohnsektor wird heute mit den Lobliedern auf den Rückgang der registrierten Arbeitslosen ausgeblendet. Diese Menschen erscheinen dann nicht mehr in der offiziellen Arbeitslosenstatistik. So standen 2018 2,3 Millionen registrierten Arbeitslosen also 7,7 Millionen Beschäftigte im Niedriglohnsektor gegenüber. Gemessen an Normalarbeitsverhältnissen geht damit die Unterbeschäftigung weit über die offiziell registrierte Arbeitslosigkeit hinaus.

Der Mythos von der selbstverschuldeten Arbeitslosigkeit und der Folgewirkung eines Niedriglohns, der als Preis für den Jobverlust bezahlt werden muss, basieren auf der Fiktion, die Preisbildung am Arbeitsmarkt für Menschen ließe sich mit der auf den Gütermärkten gleichsetzen. Durch diese unzulässige Analogie geraten die abgeleiteten Ergebnisse in Widerspruch zur Menschenwürde. Im Kontext des wirtschaftswissenschaftlichen Theorienstreits wird diese Analogie zu den sich selbst stabilisierenden Märkten als neoklassisch etikettiert. Synonym dazu ist in der gesellschaftspolitischen Diskussion von der neoliberalen Arbeitsmarktlehre die Rede.

Arbeitslose: nicht Opfer, sondern Täter?

Das neoklassische Paradigma zur Erklärung der Arbeitslosigkeit lautet: Arbeitslosigkeit wird als das rationale Ergebnis preisgesteuerter Arbeitsmärkte verklärt. Die Basis dafür bildet die den Neoliberalismus prägende Angebotslehre, die vom allerdings kontrafaktisch konstruierten Modell eines vollkommen flexiblen Marktsystems ausgeht. Demnach kommen markträumende Gleichgewichtspreise über Angebots- und Nachfrageanpassungen infolge von Preisänderungen zustande. Ist das Angebot von Arbeitsplätzen gegenüber der Nachfrage zu groß, dann wird die Unterbeschäftigung durch ein Herunterkonkurrieren der Lohnsätze bis zum Gleichgewichtspreis abgeräumt. Aus dieser Sicht verfügt das Marktsystem über die Kraft, die Produktions- und damit Beschäftigungsmöglichkeiten optimal auszuschöpfen bzw. zu entwickeln.

Dafür steht die Harmonielehre von Jean-Baptist Say (1767–1832) Pate. Nach diesem Wettbewerbs-‹Harmonismus› findet das einzelwirtschaftlich rentable Angebot letztlich immer auch seine Nachfrage. Die Kraft zum selbstgesteuerten gesamtwirtschaftlichen Gleichgewicht ist das Dogma. In dieses Gesamtsystem konkurrierender Märkte mit einer unterstellten Eigenkraft zur optimalen Entfaltung werden die Arbeitsmärkte eingebettet. Der Preis der Ware Arbeitskraft bildet sich analog zu den Märkten für Obst und Gemüse oder auch Stahlprodukten und Automobilen. Fallen die Lohnvorstellungen am Arbeitsmarkt zwischen Nachfragern und Anbietern auseinander, findet so lange ein Anpassungsprozess statt, bis der markträumende Gleichgewichtspreis erreicht wird. Das ist die Parabel von den gegensätzlichen Interessen der Nachfrager und Anbieter, die jedoch mit dem Gleichgewichtspreis den Zustand glückseliger Harmonie erreichen. Diese Fiktion der von den durch den freien Willen der Akteure geprägten Arbeitsmärkte schließt eine Erklärung der Arbeitslosigkeit infolge eines Systemversagens aus. Beispielsweise erfasst dieses Modell eines allgemeinen Gleichgewichts nicht die pessimistischen Absatzerwartungen, die zur Unterauslastung der Produktionskapazitäten führen. Deshalb gilt jegliche Beschäftigungspolitik nach dem Muster von John Maynard Keynes, der darauf setzt, dass eine Intervention des Staates die Nachfrage stimulieren kann, als schädlich.

Wie wird vor diesem Hintergrund die unbestreitbar real existierende Arbeitslosigkeit zu erklären versucht? Die Antwort des Marktfundamentalismus lautet: Die Arbeitslosigkeit ist im Prinzip immer das Resultat einer freiwilligen Wahl des Beschäftigten, eine Arbeit anzunehmen. Nach dieser Entscheidungslogik steigt das Arbeitsangebot also mit dem wachsenden Preis der Arbeit. Was aber, wenn bei einem gegebenen Preis das aus der Gewinnoptimierung abgeleitete Angebot an Arbeitsplätzen geringer ist als die Nachfrage nach Jobs? Diese Lücke ist dann eben – Arbeitslosigkeit. In diesem Modell baut sich diese jedoch nur durch die Senkung des Preises der Arbeit über die Lohnkonkurrenz um die knappen Jobs schnell ab. Der Lohnsatz wird so lange herunterkonkurriert, bis der Gleichgewichtspreis für Unternehmen und Beschäftigte erreicht ist. Behauptet wird, dass der bisher Beschäftigte sich bei einem alternativen Angebot zu einem höheren Lohnsatz aus seinem bisherigen Job zurückzieht und dann auch den besser bezahlten wählt. Das ist der Grund, warum diese von

Milton Friedman erstmals beschriebene «freiwillige Arbeitslosigkeit» («involuntary unemployment») auch als «Sucharbeitslosigkeit» («job search approach») beschrieben wird. Arbeitslose befinden sich demnach also in der komfortablen Lage, einen besser bezahlten Job finden zu können.

Gegen all das steht die harte Tatsache, dass die lange Jahre in Deutschland anhaltende Massenarbeitslosigkeit eben nicht durch die Kündigung von Seiten der abhängig Beschäftigten wegen zu niedriger Löhne zustande gekommen ist. Ihre zentrale Ursache ist vielmehr die brutale Zuspitzung von Abhängigkeit der Beschäftigten. Der Verlust des Jobs erzeugt dann den Verlust der materiellen Existenzbasis. In Wahrheit sind die abhängig Beschäftigten nämlich existenziell gezwungen, Arbeit zu jedem Lohnsatz zu akzeptieren. Sinkende Löhne führen deshalb in der Regel nicht zum Verzicht auf Jobs, sondern zwingen zur Anpassung.

Wie sollen jedoch Beschäftigte, die in der großen Mehrheit existenziell auf Arbeitseinkommen angewiesen sind, ohne sozialstaatliche Absicherung als Arbeitslose überleben? Das geht nur, wenn es Zugang zu alternativen Einkommensquellen gibt. Dazu wird vor allem aus der neueren Sozialwissenschaft eine strittige Argumentation eingebracht. Die Rede ist von einer Aufweichung der Dominanz der Abhängigkeit von Löhnen infolge wachsenden Einkommens aus Vermögen, das im Fall der Arbeitslosigkeit genutzt wird. Die Wahl freiwilliger Arbeitslosigkeit ist möglich, wenn auf Einkommen aus Vermögen zurückgegriffen werden kann. Über diese komfortable Einkommensquelle verfügt allerdings die große Mehrheit der Lohnabhängigen nicht. Von dort, wo sich die Vermögen immer stärker konzentrieren, ist der Arbeitnehmer Lichtjahre entfernt. An der grundlegenden Abhängigkeit der Beschäftigten von der Lohnarbeit hat sich auch bei wachsender Vermögensbildung in Arbeitnehmerhand kaum etwas geändert.

So zeigen Untersuchungen, dass die Phase der Arbeitslosigkeit und damit der Verlust an Arbeitseinkommen im Durchschnitt von Betroffenen nur wenige Monate durchgehalten werden kann.

Schließlich erzeugt diese neoliberale Modelllogik ein brutales soziales Problem. Was passiert, wenn dieser Preis der Arbeit zwar die Arbeitsmärkte ins Gleichgewicht bringt, jedoch die Existenz nicht sichert? Auf dem Bananenmarkt gehen die mangels Nachfrage nicht abgesetzten Produkte in den Müll, im Gütermarkt auf Lager. Dagegen verliert der arbeitslose Mensch seine Existenzbasis. Der schwedische Ökonom Knut Wicksell (1851–1926) sah frühzeitig die Lösung: in einzurichtenden «Armenhäusern».

Dieses Problem der armutstiftenden Erwerbsarbeit mangels ausreichender Entlohnung taucht auch in der heutigen Diskussion auf. An die Stelle der Armenhäuser treten etwa bei Hans Werner Sinn die durch den Staat subventionierten Kombilöhne. Das impliziert die Durchsetzung eines Rechts der Unternehmen, Niedriglöhne zu Lasten des Staates zu zementieren. Hierzu zählen auch die bei den prekären Jobs notwendigen Aufstockungszahlungen im Rahmen der staatlichen Grundsicherung. Alle diese modernen Ersatzmaßnahmen für «Armenhäuser» haben das Ziel, die unternehmerisch fixierten Niedriglöhne zu tabuisieren. Erstmals ist diese Logik durch die seit 2005 in Deutschland geltenden gesetzlichen Mindestlöhne gestoppt worden. Seit 2005 schreibt der Staat im Prinzip eine politisch gesetzte, flächendeckende Lohnuntergrenze vor. Die Marktdynamik in Richtung Niedriglöhne wird sozial gestoppt – übrigens auch zum Schutz der Unternehmen vor Schmutzkonkurrenz.

Sich selbst optimierende Arbeitsmärkte – gibt's die?

Fassen wir zusammen und sehen, was daraus folgt:

- Arbeitsmärkte lassen sich nicht wie Gütermärkte organisieren. Denn das Lohneinkommen bestimmt die Existenzgrundlage der Beschäftigten, ist Ausdruck der Abhängigkeit vom «Investitionsmonopol» (Erich Preiser). Auch vielfältige Möglichkeiten der Vermögensbildung in Arbeitnehmerhand haben daran grundsätzlich nichts geändert. Im Gegenteil wird diese Abhängigkeit durch die Ausweitung prekärer Jobs brutal ausgenutzt.

- Bei sinkenden Löhnen geht die Nachfrage nach Jobs nicht zurück, sondern das Arbeitsangebot wird auch durch die Übernahme von Mehrfachjobs erhöht. Der berühmte Gründer der «Freiburger Schule», Walter Eucken (1891–1950), hat auf diese «Anomalie der Arbeitsnachfrage» früh hingewiesen. Wolfgang Stützel betonte 1981 in einer Schrift dieses «Wettbewerbsparadoxon», das die Menschenwürde in Widerspruch zu den Marktpreisen bringt. Im Angebotsverhalten zeigt sich, wie die existenzielle Abhängigkeit vom unternehmerischen «Investitionsmonopol» (Erich Preiser) dazu zwingt, zu jedem Lohn Arbeit anbieten zu müssen. Da ist kein Platz für individuelle Lohnvorstellungen der abhängig Beschäftigten. Eine der zentralen Lehren der Arbeiterbewegung war und ist es, die Menschenwürde bei der Arbeit nicht den Marktgesetzen unterzuordnen. Dazu dient das verfassungsrechtlich gewollte Tarifvertragssystem mit dem Ziel des kollektiven Schutzes vor der Ausbeutung der abhängig Beschäftigten.

- Arbeitseinkommen sind nicht nur ein Kostenfaktor. Vielmehr haben sie zusammen mit guten Arbeitsbedingungen entscheidenden Einfluss auf die Leistungsbereitschaft der Beschäftigten und damit auf die Effizienz der Unternehmen. Ob sich die abhängig arbeitenden Menschen auch rentieren, hängt maßgeblich von der Arbeitszufriedenheit ab. Wichtigste Einflussfaktoren sind die als angemessen empfundene Entlohnung, die gute Qualität der Arbeitsbedingungen sowie der soziale Zusammenhalt auch durch eine Enthierarchisierung der Unternehmensführung.

– Die Dominanz der Lohnkostensenkung beim Streben nach Konkurrenzvorteilen führt zur Fehlorientierung der Unternehmen. Mit der geradezu manischen Fixierung auf die Rolle der Lohnkosten wird vom strategisch entscheidenden Innovationswettbewerb abgelenkt. Vielmehr schaffen forcierte Produkt- und Prozessinnovationen durch steigende Produktivität und Effizienz am Ende den Spielraum für die Finanzierung von höheren Arbeitskosten im Vergleich mit den Konkurrenzländern.

– Bei der Bewertung der Löhne sind auch die Lohnstückkosten relevant, also das Verhältnis der Lohnkosten zu einem produzierten «Stück», das für den Wettbewerb entscheidend ist. Die gesamten Arbeitskosten werden hierbei der Produktivitätsentwicklung gegenübergestellt. Die in der Politik und Wirtschaftswissenschaft vorherrschende Strategie Deutschlands gegenüber der internationalen Konkurrenz zielt darauf ab, den Zuwachs der Arbeitskosten pro Stunde (Lohn- und Lohnnebenkosten) bzw. pro «Stück» möglichst unterhalb der Produktivitätszuwächse zu halten. Das stärkt die Gewinne, aber die Verlierer im Inland sind die Lohnbezieher. In der internationalen Konkurrenz sind die schwächeren Importländer deutscher Exporte die Verlierer: allerdings mit mittelfristig negativer Rückwirkung auf Deutschland. Wird die Exportposition eines Landes wie Deutschland durch vergleichsweise niedrige Lohnstückkosten weiter gestärkt, so führt das zu negativen Rückwirkungen in den für den Absatz wichtigen Importländern. Dies belegen die über Lohnkostenvorteile erzeugten Handelsbilanzüberschüsse in Deutschland, die die heimische Produktion in den Importländern einschränken und auch deren eigene Exportchancen belasten.

— Das gesamtwirtschaftliche Angebot an Arbeitsplätzen wird nicht auf den Arbeitsmärkten entschieden. Erst durch die Hierarchisierung von drei Marktsegmenten wird das Verursachungszentrum der systemischen Arbeitslosigkeit identifizierbar. Es geht um die Rangordnung im Zusammenspiel zwischen den Güter- und Dienstleistungsmärkten, den Finanzmärkten und den Arbeitsmärkten. Und diese stehen nicht, wie die Neoklassik behauptet, ranggleich nebeneinander. Es gibt vielmehr eine durch die Machtverhältnisse aus dem Produktionsmittelbesitz bestimmte Hierarchie der Marktsegmente. Aus den Investitionsentscheidungen der Unternehmen auch im Vergleich zu den Finanzmärkten leiten sich am Ende das Niveau und die Struktur der angebotenen Arbeitsplätze ab.
Einfluss darauf haben die Absatz- bzw. Ertragserwartungen. Verglichen werden die durch Sachinvestitionen erzielbaren Renditen mit den auf den Finanzmärkten angebotenen Anlagemöglichkeiten. Seit dem relativen Bedeutungsgewinn der Finanzmärkte gegenüber der Realwirtschaft wird die Entwicklung der realen Wertschöpfung von dortigen Anlagestrategien beeinflusst. Das aus dieser wachsenden Interdependenz von Waren- und Finanzmärkten resultierende Angebot an Arbeitsplätzen geht in die hierarchisch den Investitionsentscheidungen untergeordneten Arbeitsmärkte ein. Nicht die Löhne am Arbeitsmarkt, sondern die Sachinvestitionen im Verhältnis zu den Finanzinvestitionen entscheiden maßgeblich über das Ausmaß der Nachfrage nach Arbeitskräften durch Unternehmen.

– Die Arbeitslosigkeit, die aus dem Systemversagen der profitwirtschaftlich getriebenen Waren- und Finanzmärkte erklärt
werden kann, lässt sich mit Lohnsenkungen nicht erfolgreich
bekämpfen. Im Gegenteil: Wenn Unternehmen wegen pessimistischer Absatzerwartungen, die aber von lukrativen Anlagemöglichkeiten auf den Finanzmärkten überlagert werden,
nicht genügend in Anlagen und Ausrüstung investieren, dann
würde durch Lohnkürzungen und damit sinkende Binnennachfrage die Krise nur noch verschärft werden. Was in dieser
Situation unfreiwilliger, systemisch erzeugter Arbeitslosigkeit
zu tun ist, hat John Maynard Keynes aus den Erfahrungen der
Weltwirtschaftskrise Ende der 1920er Jahre abgeleitet: Es geht
darum, die durch die einzelwirtschaftliche Rationalität bei pessimistischen Absatzerwartungen erzeugte gesamtwirtschaftliche Irrationalität abzubauen, nämlich die Kollektivillusion
über nicht genutzte Produktionsmöglichkeiten. Und dies kann
nur der außerhalb des Wettbewerbssystems stehende Inter-
ventionsstaat leisten. Dazu nützt kurzfristig eine antizyklische
Politik, mit der durch staatliche Ausgabenprogramme sich ver-
vielfachende Produktionsimpulse ausgelöst werden. Mittelfristig sind staatliche Investitionsprogramme einzusetzen, mit
denen zugleich die soziale und die ökologische Transformation
unterstützt wird.

Die Antwort auf das Machtgefälle zwischen jenen, die als Arbeitnehmer existenziell von einem Arbeitsplatz abhängig sind, und
jenen, die über das unternehmerische Investitionsmonopol verfügen, ist das verfassungsrechtlich geschützte Tarifvertragssystem.
Es sorgt jenseits des Staates und der Konkurrenzwirtschaft für
einen Ausgleich des Machtgefälles zwischen Kapital und Arbeit.
Denn auf der Basis des individuellen Vertragsrechts wären die
von Arbeitsplätzen Abhängigen bei der Verhandlung über ihre

Entlohnung und ihre Arbeitsbedingungen völlig unterlegen. Zudem profitieren auch die Unternehmen von diesem Kollektivsystem, an dem sie selbst mitwirken und das ihnen Planungssicherheit verschafft. Für die abhängig Beschäftigten verbessert die tariflich-kollektive Lohnsicherung die ökonomische Basis individuellen Entscheidens. Über die Tarifpolitik hinaus wird mit diesem emanzipatorischen Liberalismus im Gegensatz zum gesellschaftlich reduzierten Wirtschaftsliberalismus die Grundidee der Selbstentfaltung des Individuums auch für abhängig Beschäftigte gestärkt.

Deshalb muss gegen den Bedeutungsverlust der Tarifverträge aus politischem und gesellschaftlichem Eigennutz vorgegangen werden:

— Die in den letzten Jahren dramatische Flucht aus der Bindung über Tarifverträge ist auch durch das Instrument zu stoppen, in Branchen und Regionen abgeschlossene Tarifverträge politisch für allgemeinverbindlich zu erklären.

— Mindestlöhne entlasten das Tarifvertragssystem in den Bereichen, die heute kaum noch organisierbar sind.

— Der mit der Hartz-IV-Regelung geförderte Zwang zum Umstieg der Arbeitslosen in den Niedriglohnsektor sollte aufgelöst werden.

Um angemessen bezahlte Jobs mit guten Arbeitsbedingungen zu sichern, müssen die Arbeitsmärkte in eine gesamtwirtschaftliche, wirtschaftsstrukturelle Strategie eingebunden werden. Nur so lässt sich die Arbeitslosigkeit infolge eines systembedingten Marktversagens bekämpfen. Eine Arbeitsmarktpolitik zu betreiben, welche die notwendige sozial-ökologische Transformation bei Nutzung der wachsenden Digitalisierung voranbringt, ist die adäquate Antwort auf die drängenden Probleme der Zeit – und ganz sicher nützlicher als das sinnlose Herumreiten auf dem kontrafaktischen Mythos vom Arbeitslosen, der an seiner Lage selbst schuld sei ...

Rudolf Hickel

Literaturtipps

Kurt Rothschild, *Arbeitslose: Gibt's die?: Ausgewählte Beiträge zu den ökonomischen und gesellschaftspolitischen Aspekten der Arbeitslosigkeit (in: Reihe Postkeynesianische Ökonomie, 1990; hg. von R. Buchegger/M. Hutter/B. Löderer).*

Rudolf Hickel, *Kassensturz. Sieben Gründe für eine andere Wirtschaftspolitik, Reinbek 2005.*

Wolfgang Stützel, *Marktpreis und Menschenwürde. Thesen zur Wirtschafts- und Bildungspolitik, Bonn Aktuell, Stuttgart 1981.*

Wer denn sonst?

Gewerkschaften sind überholt

Für viele Leute haben die Gewerkschaften ausgedient. Für die einen gelten sie als angestaubt und behäbig, als nur mehr defensive Organisationen, mit deren politischer Durchsetzungskraft es nicht weit her sei. Für die anderen verhalten sie sich blind gegenüber den Herausforderungen der Zukunft, haben von der Lebenswirklichkeit der Lohn- und Gehaltsabhängigen keine Ahnung, tun nichts für prekär Beschäftigte und Arbeitslose und seien damit überflüssig. Nicht wenige Unternehmer und Manager sowohl kleiner und mittelständischer Unternehmen als vor allem auch der Start-ups und Plattformkonzerne lehnen die Zusammenarbeit mit Gewerkschaften ab, nicht zuletzt der Deutschland-Chef von Amazon (*Welt am Sonntag*, 4. 1. 2020) – aber aus ganz anderen Gründen.

Klärend vorweg: Arbeitskraftanbieterinnen und -anbieter werden hierzulande merkwürdigerweise als Arbeitnehmerinnen und Arbeitnehmer bezeichnet. Diese bereits 1883 von Friedrich Engels als «Kauderwelsch» deutscher Ökonomen abgelehnte Tatsachenverdrehung, laut der «derjenige, der sich für bare Zahlung von andern ihre Arbeit geben läßt, der Arbeit*geber* heißt, und Arbeit*nehmer* derjenige, dessen Arbeit ihm für Lohn abgenommen wird», hat sich bis heute nicht einmal aus der Welt der auch als Arbeitnehmerorganisationen bezeichneten Gewerkschaften schaffen lassen.

Bedenkenswerte Tiefstände

Vor dem Ausbruch der Covid-19-Pandemie haben laut dem Statistischen Bundesamt rund 45 Millionen Erwerbstätige zur deutschen Wirtschaftsleistung beigetragen. 4 Millionen von ihnen als Selbständige und 41 Millionen als abhängig Erwerbstätige. Von ihnen waren 2019 lediglich um die 7,5 Millionen Mitglied einer der deutschen tariffähigen Gewerkschaften – 1990 waren es noch doppelt so viele gewesen.

Bemerkenswerterweise sind die Unternehmerverbände mit Tarifbindung nicht minder stark vom Mitgliederrückgang betroffen. Die Zahl der organisierten Firmen sinkt seit drei Jahrzehnten stetig, wobei ausgerechnet die politisch viel hofierten Start-ups und Digitalunternehmen sowie fast der gesamte einfache Dienstleistungssektor mit seinen fast 20 Millionen Mitarbeiterinnen und Mitarbeitern und das über 5 Millionen Beschäftigte zählende Handwerk den Verbänden fernbleiben.

Die Tarifautonomie gerät zunehmend ins Abseits, denn sowohl die Tarifbindung als auch die betriebliche Mitbestimmung sind dem Institut für Arbeitsmarkt- und Berufsforschung (IAB) zufolge seit längerem rückläufig. 2019 waren nur noch 46 Prozent der westdeutschen und 34 Prozent der ostdeutschen Beschäftigten in einem Betrieb tätig, der dem Branchentarifvertrag unterlag, und es gab nur mehr in jedem zehnten Betrieb einen Betriebsrat. Und das, obwohl Tarifverträge im Schnitt nachweislich höhere Löhne, kürzere Arbeitszeiten, geringere Lohnungleichheit und bessere Arbeitsbedingungen mit sich bringen.

Ausgerechnet die (Stand 2019) rund 70 000 vielgepriesenen Start-ups, die sich gern als innovative Unternehmungen mit flachen Hierarchien darstellen, haben fast ausnahmslos keinen Betriebsrat. Laut Florian Nöll, dem Vorsitzenden des Bundesverbands Deutsche Startups, wären «Betriebsratsstrukturen» aus «Sicht der Mitarbeiter» nichts als «ein Rückschritt». Was Wunder, dass der Verband in seiner «Startup Agenda» die «gesetzliche Privilegierung von Startups» hinsichtlich von «Regulierungen wie dem Kündigungsschutz oder der betrieblichen Mitbestimmung» fordert – sprich deren Aussetzung.

Dass junge und vermeintlich hippe Unternehmer offenbar Betriebsräte wie der Teufel das Weihwasser fürchten, zeigten jüngst die Vorfälle etwa in der Digitalbank N26, wo die Gründer vehement gegen die von den Beschäftigten geforderte Mitarbeitervertretung vorgingen, weil sie «gegen alle unsere Werte» verstieße. Generell, das ergab eine 2019 durchgeführte Befragung des Wirtschafts- und Sozialwissenschaftlichen Instituts der Hans-Böckler-Stiftung, wird hierzulande immerhin gut jede sechste Neugründung von Betriebsräten behindert und erreichen die Unternehmer nahezu in einem Drittel der Fälle, dass die Wahl nicht stattfindet. Und zwar überproportional häufig in Unternehmen, «wo Eigentümer ihr Geschäft persönlich führen und nur eine geringe Bereitschaft zeigen, die Macht im Betrieb mit einer weiteren Instanz zu teilen».

Übrigens wurde das im DAX geführte und als Start-up gegründete Essensbestelldienste-Unternehmen *Delivery Hero* schon deshalb von einer AG in eine europäische Aktiengesellschaft (SE) umgewandelt, um «flexibler» als «im starren deutschen Mitbestimmungsrecht» agieren zu können. Im Sinne der Beschäftigten im deutschen EU-Mitgliedsstaat kann das allerdings nicht sein.

Frauen verdienen nach wie vor im Schnitt über ein Fünftel weniger als Männer. So mussten im Jahr 2020 Frauen rechnerisch bis zum 17. März arbeiten, um das durchschnittliche Vorjahresgehalt der Männer zu erreichen. Ausschlaggebend für die Lohnungleichheit sind die Erwerbsunterbrechungen, die hohe

Teilzeitrate und auch die Berufswahl von Frauen. In Berufen, in denen viele Frauen arbeiten – im Gesundheits-, Sozial- und Bildungswesen – werden deutlich schlechtere Entgelte gewährt als in typischen Männerberufen, und zwar selbst dann, wenn die Arbeitsanforderungen gleichwertig sind.

Aktive Gewerkschaften – eine Nahaufnahme

Der Deutsche Gewerkschaftsbund (DGB) mit seinen acht Einzelgewerkschaften zählt gegenwärtig knapp 6 Millionen Mitglieder. Von ihnen bindet die IG Metall fast 2,3 Millionen und die Vereinte Dienstleistungsgewerkschaft (ver.di) etwas mehr als 1,9 Millionen. Der DGB arbeitet im Europäischen Gewerkschaftsbund (EGB) und im Internationalen Gewerkschaftsbund (IGB) mit und vertritt die deutsche Gewerkschaftsbewegung bei der EU und der UNO. Allerdings ist die dringend notwendige Europäisierung gewerkschaftlicher Strukturen und Politik aus vielen, hier nicht weiter dargelegten Gründen ein nach wie vor schwieriges Unterfangen.

Nicht zum DGB gehört der *DBB Beamtenbund und Tarifunion* für Beamte und Tarifbeschäftigte im öffentlichen Dienst sowie im privaten Dienstleistungssektor. Er ist mit rund 1,3 Millionen Mitgliedern der zweitgrößte gewerkschaftliche Dachverband. Zu ihm gehört auch die Berufsgewerkschaft Deutscher Lokomotivführer (GDL). Deutlich weniger schlagkräftig ist der Christliche Gewerkschaftsbund Deutschlands (CGB) mit um die 270 000 Mitgliedern. Zu keinem der drei Dachverbände gehören der Marburger Bund (MB), der als «größte Ärztevereinigung in Europa» die Interessen von mehr als 127 000 Mitgliedern vertritt, der Deutsche Journalisten-Verband (DJV), der Deutsche Bankangestellten-Verband (DBV), die Unabhängige Flugbegleiter Organisation (UFO) und die Vereinigung Cockpit (VC).

Sozialzusammenhang ade

Der vielbeschworene Arbeitsmarkt ist keine Spaßveranstaltung. Er wird durch Zwänge, die in zahlreichen Gesetzen und Vorschriften verankert sind, sowie die unverhohlene Drohung mit Arbeitslosigkeit und Hartz IV geprägt. Die Sozialzusammenhänge in den Betrieben erodieren, weil immer mehr einzelne Tätigkeitsfelder ausgegliedert bzw. an Anbieter mit den kostengünstigsten Konditionen vergeben werden. Und das heißt: Die qualifikatorischen Schlüsselpositionen bekleiden Stammkräfte, andere Positionen werden mit befristet Beschäftigten, Leiharbeitern, Werkvertragsnehmern, Minijobbern etc. besetzt. Die im 20. Jahrhundert im Rahmen des Fordismus praktizierte Produktion, bei der – außerhalb der «Krawattenbunker» – fast die gesamte Belegschaft unter einem Tarifvertrag tätig war, ist inzwischen in diverse Profit-Center fragmentiert worden, die wiederum als eigenständige Betriebsstätten jeweils – wenn überhaupt – spezifische Tarifverträge anwenden oder auf prekäre Beschäftigungsverhältnisse setzen.

Hinzu kommen plattformbasierte Geschäftsmodelle in vielfältigen Modellvarianten wie *Crowd Work* oder – so von den Fahrradkurieren von *Deliveroo* oder *Foodora* praktiziert – *Gig Work*. Sie basieren auf extrem flexiblen Methoden der Arbeitskraftnutzung und setzen auf einen gleichsam vogelfreien Erwerbstätigentypus, der aus zumeist formal selbständigen Auftragnehmerinnen und -nehmern besteht. Diese sogenannten Freelancer erhalten keine Lohnfortzahlung im Krankheitsfall, keine Tariflöhne und müssen für sämtliche Sozialversicherungen selber sorgen. In der Plattformökonomie wirken entscheidungsmächtige – sich nicht als klassische «Arbeitgeber» verstehende – Auftraggeberinnen und Auftraggeber, für die ihre Arbeitskräfte quasi allzeit bereite Roboter mit Haut und Knochen sind, die sich jederzeit ein- und ausschalten lassen.

Grundsätzlich bringt die immer effektivere digitale Transformation unserer Arbeits- und Lebenswelten – zumal im Brennglas der Corona-Krise – neben diversen Vorteilen auch unübersehbare Risiken wie eine schwindende Einkommens- und soziale Stabilität mit sich. So macht die digital vernetzte Arbeit das Vorhalten fester Arbeitsplätze in einem Betrieb nicht länger zwingend notwendig. In den bislang als zentraler Ort vergemeinschaftender Kollektivität dienenden und die konkreten Arbeitsbedingungen bestimmenden Betrieben gehen fortan wohl deutlich weniger Beschäftigte ihrer Tätigkeit nach. Sie wirken stattdessen etwa im sogenannten Homeoffice als räumlich versprengte Einzelkämpferinnen und Einzelkämpfer und somit zugleich unter erschwerten Soldarisierungsmöglichkeiten.

In den von der Kultur des Individualismus mitgeprägten Unternehmen und Start-ups der digitalen Wirtschaft hält sich der Wunsch der Beschäftigten nach organisierter Interessenvertretung bislang in sehr engen Grenzen – zumeist ist er so gut wie nicht existent. Und das, obwohl dürftige Gehälter, Zwölf-Stunden-Tage, Wochenendarbeit und Karrieren nach Willkür der Chefs gerade bei den auf ihre «Werte» stolzen Start-ups an der Tagesordnung sind. Wird sich das ändern?

Wirecard ohne Rat

Bei der Pleite des finanzkriminellen Zahlungsabwicklers *Wirecard* im Juni 2020 hatte der DAX-Konzern in Deutschland 1600 Angestellte. Obwohl die Beschäftigten nicht darüber informiert wurden, was weiterhin mit ihnen geschehen würde, meldete niemand Forderungen an. Es gab keinen Betriebsrat – und eine kritische Mitbestimmung im Aufsichtsrat gab es auch nicht. Die Beschäftigten hatten keinen Grund dafür gesehen, weil sie sich mit «ihrem» vermeintlichen Starunternehmen stark identifizierten. Immerhin konnte im August die Dienstleistungsgewerkschaft ver.di mit mehreren hundert Betroffenen Wahlversammlungen durchführen, die dann den Weg für Betriebsratswahlen freimachten (sie sind so lange möglich, wie ein insolventes Unternehmen besteht).

Betriebsräte ermöglichen den Beschäftigten das Recht auf umfassende Informationen und können bei Unternehmenspleiten und anderen Pannen Sozialpläne aushandeln. Und zwar nicht zuletzt, wie der Fall Wirecard zeigt, für die zumeist akademisch ausgebildeten und gewerkschaftsabstinenten Mitarbeiterinnen und Mitarbeiter der Technologiebranche. Wobei sie selbst genau die Apps, Software und Netzwerkstrukturen mit entwickeln, die immer präzisere und umfassendere Kontrolldaten über die jeweiligen Leistungen sowie Stärken und Schwächen der Beschäftigten liefern.

Eine Tatsache ist nicht aus der Welt zu schaffen: Arbeitskraftanbieterinnen und -anbieter sind – und zwar ganz unabhängig von ihrem Bildungsgrad und der beruflichen Position – nur durch den Zusammenschluss mit anderen in der Lage, ihre in Deutschland verbrieften gewerkschaftlichen Rechte wahrzunehmen und durchzusetzen. Jedenfalls wird die Macht derjenigen, die über die digitale Maschinerie verfügen und über die Entwicklung und den Einsatz von Algorithmen, Künstlicher Intelligenz, Computern und Robotern entscheiden, gewiss nicht kleiner.

Soziale Missstände

Laut Untersuchungen des Deutschen Instituts für Wirtschaft ist seit den 1990er-Jahren der Löwenanteil der Einkommenszuwächse bei den oberen 10 Prozent der Haushalte angekommen, während die Ärmeren sogar Einkommen verloren haben und sich der Anteil derer, die trotz Arbeit arm sind, seit dem Millennium mehr als verdoppelt hat. Der Anteil der Entgelte von abhängig Beschäftigten am Volkseinkommen geht zurück, während der Anteil der Gewinn- und Vermögenseinkommen ungebrochen wächst. Betrug die Lohnquote zu Beginn des 21. Jahrhunderts noch rund 72 Prozent, so liegt sie gegenwärtig nur mehr bei 68 Prozent. Mitschuldig daran ist der seit der Verabschiedung der Hartz-Gesetze stetig gewachsene Niedriglohnsektor. Jede und jeder vierte abhängig Beschäftigte verdiente 2019 weniger als 10,80 Euro brutto pro Stunde (der gesetzliche Mindestlohn lag 2019 bei 9,19 Euro brutto) – in der Mehrzahl Frauen, Alleinerziehende, Geringqualifizierte, (Solo-)Selbständige und ausländische Beschäftigte. Beinahe zwei von drei dieser Arbeitskraftanbieterinnen und -anbieter, von denen zudem viele (zwangsläufig) in Teilzeit arbeiten und unterbrochene Erwerbsbiographien aufweisen, bleiben Studien zufolge im Niedriglohnsektor gefangen, schaffen es mangels Qualifizierung und aus anderen Gründen nicht, sich finanziell besserzustellen. Und das heißt nichts anderes, als dass diese von den Unternehmen alles andere als «sozialpartnerschaftlich» behandelten Personen sowohl während ihres

Arbeitslebens als auch im Alter (mit dann nicht auskömmlichen gesetzlichen Rentenansprüchen) stark auf bedürftigkeitsgeprüfte soziale Leistungen angewiesen sind.

Dem alljährlich vorgelegten *Armutsbericht* des Paritätischen Wohlfahrtsverbands zufolge gelten in Deutschland inzwischen fast 13 Millionen Menschen als arm. Darunter sind gut acht Millionen Arbeitskraftanbieterinnen und -anbieter, die von den Löhnen ihren Lebensunterhalt nicht bestreiten können und deshalb permanent von mit entwürdigender Gängelei verbundenen sozialstaatlichen Leistungen abhängig sind. Viele sind von befristeten Verträgen oder Leiharbeitsverhältnissen betroffen, fast die Hälfte arbeitet in Vollzeit und verdient trotzdem zu wenig.

Daran ändert bislang auch der gesetzliche Mindestlohn wenig. Denn laut dem 2018 vorgelegten *zweiten Bericht der Mindestlohnkommission* kommt und kam es «teilweise zu Reduzierungen der vertraglich vereinbarten individuellen Arbeitszeit», die «die Effekte bei den Stundenlöhnen ganz oder teilweise nivelliert haben». Im Übrigen reicht selbst der für eine volle Stelle gezahlte Mindestlohn bei weitem nicht aus – nicht zuletzt im Hinblick auf spätere Ansprüche aus der gesetzlichen Rente.

Gegen ausbeuterische Praktiken

Vor mehr als anderthalb Jahrhunderten gab es noch keinen Sozialstaat, der die Unternehmer indirekt mit Ausgleichszahlungen (Aufstockungen) für Niedriglohnbeschäftigte bereichert, aber einen Markt, der von Tarifen ebenso wenig wie heute wissen wollte und vor Niedriglöhnen nur so strotzte. Und diese Umstände bewegten junge Männer verstärkt ab 1860 zum Aufbau einer modernen sozialen Gewerkschaftsbewegung, die im wichtigsten Funktionsbereich des kapitalistischen Wirtschaftssystems Gegenmacht zu organisieren gedachte. Sie setzte im 20. Jahrhundert nicht gerade wenig durch: die Tarifautonomie, den Achtstundentag, das Betriebsrätegesetz, die Arbeitslosenversicherung, die Entgeltfortzahlung im Krankheitsfall, die 40-Stunden-Woche, mindestens 24 Werktage bezahlten Jahresurlaub und nicht zuletzt die Mitbestimmung. Ohne Gewerkschaften, Arbeitskämpfe und das Mittel des Streiks hätten abhängig Beschäftigte zweifellos keine Verbesserungen ihrer Arbeits- und Lebenssituation erreicht.

Im Strudel der Gegenwartsgesellschaft

Die Organisationsmacht der deutschen Gewerkschaften ist in den vergangenen drei Jahrzehnten spürbar geschwächt worden. Zählte der Deutsche Gewerkschaftsbund 1990 insgesamt noch fast 12 Millionen Mitglieder, so 2020 nur mehr knapp die Hälfte. Die damit verbundenen finanziellen und organisatorischen Einbußen begrenzen durchaus die gewerkschaftlichen Handlungsmöglichkeiten. So werden zum Beispiel Strukturen und Anlaufpunkte in der Fläche – regional und lokal – immer dünner. Vor allem sind haupt- und ehrenamtlich aktive Gewerkschafterinnen und Gewerkschafter im Alltag für immer mehr Menschen einfach nicht mehr sichtbar und ansprechbar. Und das, obwohl sich aller Erfahrung nach abhängig Beschäftigte nur dann für den Beitritt zu einer Gewerkschaft entscheiden, wenn sie am Arbeitsplatz oder in ihrem persönlichen Umfeld direkt angesprochen und geworben werden. Als sinnvoll hat sich seit einigen Jahren das für einen Perspektivwechsel in der Gewerkschaftsarbeit sorgende «Organizing» erwiesen. Es folgt der Erkenntnis, dass wahre Gewerkschaftsmacht im Betrieb liegt, und fokussiert darauf, die Themen der Beschäftigten zu den Themen der Gewerkschaft zu machen und die Vernetzung voranzutreiben.

Dem Soziologen Andreas Reckwitz zufolge findet gegenwärtig «ein Wertewandel und ein tiefgreifender Schub kultureller Liberalisierung statt, die eine Kultur des Individualismus und Singularismus fördern und die Kultur reziproker sozialer Verpflichtungen der ‹Gesellschaft der Gleichen› zunehmend verdrängen. An die Stelle der traditionellen Pflicht- und Akzeptanzwerte treten individuelle Selbstverwirklichungswerte, aus deren Sicht die Institutionen der klassischen Industriegesellschaft als Einschränkung des individuellen Möglichkeitsspielraums gelten». Es verwundert so gesehen nicht, dass die Gewerkschaften – aber eben auch die Volksparteien, Verbände und Kirchen – seit Jahren Mitglieder verlieren bzw. nicht mehr fest an sich binden können. Insbesondere im Hinblick auf begeisterungs- und aktionsfähige junge und jüngere Leute stehen die Gewerkschaften zudem in Konkurrenz mit anderen sozialen Bewegungen, mit der Frauen- und Ökologiebewegung, mit dem Verbraucher- und Umweltschutz, mit den Klima- und Menschenrechtsschützern und anderen mehr.

Gegenwärtig scheint es fast so, als ob soziale Sicherheit und menschlich angemessene Arbeitsbedingungen und -entgelte in der Auseinandersetzung mit dem Kapital quasi zweitrangige Ziele sind. Zwar mangelt es seitens der sozialen Bewegungen gegenüber den Finanz- und Wirtschaftsakteuren gewiss nicht an Forderungen, sich eines demokratisch korrekten, umwelt-, klima- und generationsgerechten, sozial und divers verantwortlichen Handelns zu befleißigen. Die große Erfahrung etwa der umfassend geschulten Gewerkschaftssekretäre in Tarif- und anderen Arbeitsweltfragen aber ist sicherlich nicht einfach so zu ersetzen. Und welche Organisation, wenn nicht die Gewerkschaft, kennt sich mit den Fallstricken des Niedriglohnsektors, der Leih-, Mini- und Einstiegsarbeit, der ausufernden Scheinselbständigkeit, Freelancetätigkeit und Inflation der Praktika umfassend aus?

Herausforderungen

Bemerkenswerterweise plädieren in repräsentativen Umfragen die Befragten nach wie vor mehrheitlich für «starke Gewerkschaften». Wahrscheinlich, weil niemand sonst engagiert für annehmbare Arbeitsplätze und gute Entgeltregelungen in der alten und neuen digitalen Wirtschaft kämpfen wird. Heutzutage hat nahezu jede und jeder zweite Beschäftigte kein traditionell vertraglich geregeltes, sozialversichertes, fest entlohntes, unbefristetes und mit klar geregelter Arbeitszeit ausgestattetes Beschäftigungsverhältnis mehr. Allerdings zum Teil durchaus nicht unwillkommen, denn offenbar entspricht eine jahrzehntelange unbefristete Vollzeitbeschäftigung nicht mehr den Wünschen zahlreicher Beschäftigter, werden neuartig flexible Arbeitsformen und autonomere individuelle Handlungsspielräume als willkommene Option wahrgenommen. Darüber hinaus schwindet die Bedeutung des klassischen Achtstundentages, werden zunehmend Zonen garantierter Freizeit bzw. Kontingente selbstbestimmter freier Tage und das Recht auf Sabbaticals gewünscht.

Die wichtigste Aufgabe von Gewerkschafterinnen und Gewerkschaftern besteht nach wie vor in regelmäßigen Verhandlungen mit den Kapitalvertretern über Tarifverträge, sprich über Lohn und Gehalt, über Arbeitszeit, Urlaubstage, Personalausstattung und anderes mehr. Da immer mehr Unternehmen Tarifflucht praktizieren und dadurch die Erosion des Tarifsystems forcieren, kommt der im Tarifvertragsgesetz (TVG) vorgesehenen *allgemein-verbindlichen Wirkung* prinzipiell eine immer größere Bedeutung zu. Schließlich sind Tarifverträge, die für allgemeinverbindlich erklärt werden, auch für nicht tarifgebundene Unternehmen in der Branche verpflichtend. Da bislang jedoch ein Tarifvertrag nur auf Antrag bzw. Wunsch von beiden Parteien, dem jeweiligen Verband und der Gewerkschaft für allgemeinverbindlich erklärt werden kann, und das auch nur dann, wenn das auf Bundes- und Länderebene «im öffentlichen Interesse» liegt, scheint eine Reform des TVG unumgänglich. Zumindest sollten Unternehmer die Allgemeinverbindlichkeit von Tarifverträgen in den paritätisch besetzten Tarifausschüssen nicht mehr bei einem Stimmenpatt blockieren bzw. nur mittels einer Mehrheit ablehnen können. Im Übrigen sollten öffentliche Aufträge von Bund, Ländern und Gemeinden künftig zwingend nur an tarifvertraglich gebundene bzw. Tarifverträge einhaltende Auftragnehmer vergeben werden.

Der Widerspruch zwischen Kapital und Arbeit steht zumal im Zentrum des Manifests zur *Zukunft der Arbeit nach Corona*, das im Mai 2020 weltweit mehr als 3000 Wissenschaftlerinnen und Wissenschaftler unterzeichnet haben – darunter Thomas Piketty, Hartmut Rosa und Saskia Sassen. Darin heißt es u. a.: «In Deutschland, den Niederlanden und Skandinavien waren verschiedene Formen der Mitbestimmung, die nach dem Zweiten Weltkrieg nach und nach eingeführt worden waren, ein entscheidender Schritt, um den Arbeitnehmerinnen und Arbeitnehmern eine Stimme zu geben – aber sie reichten nicht aus, um echte Teilhabe in den Unternehmen zu schaffen. [...] Fragen wie die Wahl des – oder auch der! – CEO, die Festlegung wichtiger Strategien und die Gewinnverteilung sind zu wichtig, um sie den Aktionärinnen und Aktionären allein zu überlassen. Diejenigen, die ihre Arbeit, ihre

Gesundheit, ja, ihr Leben, in eine Firma investieren, sollten auch das kollektive Recht haben, derartigen Entscheidungen zuzustimmen oder ein Veto einzulegen.»

Die Arbeit, so viel ist sicher, wird den Gewerkschaften gewiss nicht ausgehen. Die Überausbeutung von Mensch, menschlicher Arbeitskraft und Natur sowie die steigende soziale Ungleichheit stellen sie vor große Herausforderungen. So muss nicht zuletzt die systematisch abgewertete weibliche Erwerbsarbeit absolut aufgewertet und die Lohnlücke, die «Gender Pay Gap», aus der Arbeitswelt entfernt werden. Wünschenswert ist allemal eine stärkere Zusammenarbeit mit den sozialen Bewegungen. Schließlich bedarf es, allein um die unionseuropäischen klimapolitischen Ziele zu realisieren, einer enormen gesellschaftlichen Kraftanstrengung. Dazu gehören eine stärkere Gebrauchswertorientierung der Produktion und eine deutliche Arbeitszeitverkürzung mit vollem Lohnausgleich ebenso wie der Ausbau öffentlicher Dienstleistungen. Der Kampf gegen die überbordende soziale Ungleichheit und für die Abschaffung der repressiven Hartz-Reformen gehört zwingend auch dazu.

Johann-Günther König

Literaturtipps

Heiner Dribbusch, Peter Birke, *Gewerkschaften in Deutschland. Herausforderungen in Zeiten des Umbruchs*, Berlin 2019.

Andreas Reckwitz, *Das Ende der Illusionen. Politik, Ökonomie und Kultur in der Spätmoderne*, Berlin 2019.

Lothar Schröder, Hans-Jürgen Urban (Hg.), *Jahrbuch Gute Arbeit, erscheint seit 2010 jährlich im Bund Verlag, Frankfurt/M.*

Der Mindestlohn ist eine Erfolgsgeschichte

MYTHOS

Mindestlöhne vernichten Arbeitsplätze

Die Einführung des gesetzlichen Mindestlohnsystems im Jahr 2015, das einen Mechanismus zur stufenweisen Anhebung vorsieht, wird bis heute wegen der staatlich gegenüber den Marktkräften durchgesetzten Lohnuntergrenze kritisiert. Die Folge seien Jobverluste sowie schwerwiegende Verluste bei der internationalen Wettbewerbsfähigkeit. Dagegen ist es Ziel des Mindestlohngesetzes, den Unternehmen über die Arbeitsmärkte erzeugte Lohnsätze, die zu armutsstiftenden Erwerbseinkommen führen, zu untersagen. Die Mehrheit der über Jahrzehnte erstellten Studien im internationalen Vergleich belegt positive Auswirkungen der staatlichen Lohnuntergrenze: durch die Stärkung der Unternehmenseffizienz, der Gesamtwirtschaft über die Binnennachfrage sowie der Stabilität der Gesellschaft.

Die Anti-Mindestlohn-Fraktion in Gesellschaft und Politik war von Anfang an mächtig und stark. Schon 2006 überschrieb die Vierer-Mehrheit des «Sachverständigenrats zur Begutachtung der gesamtwirtschaftlichen Entwicklung», den Abschnitt IV im siebten Kapitel ihres Jahresgutachtens mit dem Titel: «Mindestlöhne –

ein Irrweg». Ein Jahr vor dem Start wurde im Jahresgutachten vom November 2014 prophezeit, der geplante Mindestlohn von damals 7, 50 € werde einen massiven Abbau von Arbeitsplätzen auslösen.

Immerhin hat das Ratsmitglied Peter Bofinger von Anfang an mit einem Minderheitenvotum die Mär vom Mindestlohn als Jobkiller in den einschlägigen Jahresgutachten widerlegt. Aber er blieb damit im erlauchten Kreis der sogenannten Wirtschaftsweisen allein.

Das Ifo-Institut erwartete nach einer Aussage von Hans-Werner Sinn im Jahr 2007 die Bedrohung von 1,9 Millionen Jobs (470 000 im Osten/1,42 Millionen im Westen) durch einen gesetzlichen Mindestlohnsatz. Auch andere wirtschaftswissenschaftliche Institute legten düstere Prognosen vor, so statuierte das «RWI–Leibniz-Institut für Wirtschaftsforschung» bei einem Mindestlohn von 7,50 € den Verlust von 1,2 Millionen Jobs.

Die BILD-Zeitung propagierte die Sinn-Saga am 19.12.2007 auf Seite eins: «Mindestlohn kostet bis zu 1,9 Millionen Jobs». Hans-Werner Sinn, damals Chef des Ifo-Instituts, erklärt in diesem Massenblatt: «Mindestlöhne sind ein wirtschaftspolitisches Spiel mit dem Feuer.» Elf Jahre später sagt er in der *Wirtschaftswoche* vom 19.4.2018: «Mindestlohn bedroht Deutschlands Wettbewerbsfähigkeit ... Die Beschlüsse zum Mindestlohn werden die gesamte Lohnskala hochdrücken und Deutschland wieder in eine reale Aufwertung treiben, weil die Gewerkschaften und die Marktkräfte versuchen werden, die alten Lohnabstände zu verteidigen. Damit wird die mühsam errungene Wettbewerbsfähigkeit wieder gefährdet.»

So baut man einen Mythos auf: indem die einflußreichsten Experten und Medien so lange das Immergleiche behaupten, bis niemand mehr nachfragt. Der Widerstand der Unternehmenswirtschaft gegen den ab 2015 dann dennoch politisch verordneten Mindestlohn war und blieb heftig. Dem System der Arbeitsmärkte eine Lohnuntergrenze vorzuschreiben galt als Sünde wider den Geist der freien Marktwirtschaft.

Die Kampagnen gegen diese Staatsintervention kamen vor allem von denjenigen, die seit dem Auftreten der Massenarbeitslosigkeit Mitte der 1970er Jahre in Deutschland eine Deregulierung der Arbeitsmärkte gefordert haben. Diese Rezeptur diente dem Ziel, den Konkurrenzdruck durch die Arbeitslosigkeit auf den Arbeitsmärkten in Richtung sinkender Löhne wirken zu lassen. Wer arbeitslos wird, der muss eben dafür den Preis des Lohnverzichts bei Neueinstellung bezahlen. Dieses Lohninstrument zur Disziplinierung einte die neoliberalen Markterneuerer.

Allerdings war anfangs die Reaktion auf diese Debatte auch in den Gewerkschaften verhalten. Die Sorge war groß, dass die ohnehin schwindende Bindungskraft des Flächentarifvertragssystems durch die Politisierung des Niedriglohnbereichs zusätzlich geschwächt werden könnte. Hingegen gab es Gewerkschaften wie die IGBau, die frühzeitig unter der Billiglohnkonkurrenz vor allem aus Osteuropa zu leiden hatten. Ihr Ziel war es, zumindest branchenbezogene Mindestlöhne staatlich für allgemeinverbindlich erklären zu lassen. Nach anfänglicher Skepsis setzen die Gewerkschaften heute auf die stabilisierende Wirkung des politisch gesetzten Mindestlohns im gesamten Lohnsystem und fordern Mindestlöhne, die über dem Einkommen bei Armut liegen.

Im internationalen Vergleich ist der gesetzliche Mindestlohnsatz zum 1. Januar 2015 (mit 8,50 €) in Deutschland erst sehr spät eingeführt worden. Die Internationale Arbeitsorganisation (ILO) hatte bereits 1970 ein «Übereinkommen über die Festsetzung von Mindestlöhnen, besonders unter Berücksichtigung der Entwicklungsländer» getroffen. Die Bundesrepublik Deutschland war schließlich das 22. Land, in dem der Mindestlohn eingeführt worden ist.

In der EU-Mindestlohn-Union lagen Luxemburg mit 9,02 € und Frankrich mit 8,71 € 2014 – dem Vorjahr der Einführung in Deutschland – an der Spitze der Skala. In Großbritannien konnten 7,13 € erreicht werden. Verantwortlich dafür ist die vorbildlich arbeitende «Low Pay Commission», die 1999 ihre Arbeit aufnahm und für Großbritannien nachweisen konnte, dass Mindestlöhne nicht ökonomisch zerstörerisch wirken.

Neben dem Ziel, den Rückstand in der EU aufzuholen, war ein entscheidender Grund für die Durchsetzung einer Lohnuntergrenze in Deutschland die in den Jahren zuvor starke Zunahme des Niedriglohnsektors. 2014 bezogen fast ein Fünftel der Beschäftigten einen Niedriglohn unterhalb des eingeführten Mindestlohns von 8,50 €. 7,4 % der Beschäftigten arbeiteten bei nur maximal 6 € und bei nur 5 € Stundenlohn noch 5 %. Dieser Armut erzeugende Niedriglohnsektor ist die Folge der 2003 durch die Schröder-Fischer-Regierung gestarteten «Agenda 2010» zum Abbau sozialstaatlicher Regulierungen am Arbeitsmarkt («Viertes Gesetz für moderne Dienstleistungen am Arbeitsmarkt vom 24. Dezember 2003»).

Mit dem Arbeitslosengeld II, umgangssprachlich Hartz IV genannt, ist eine Grundsicherungsleistung eingeführt worden, die allerdings mit der Pflicht verbunden ist, auch minderwertige Jobangebote der Arbeitsagentur anzunehmen. Während das Fördern zur Verbesserung der Jobchancen wenig Erfolg brachte, ist das Fordern in den Zwang umgeschlagen, jeden angebotenen Job annehmen zu müssen. Unternehmen haben die Chance genutzt und sind verstärkt dazu übergegangen, Niedriglöhne zu zahlen, die die Existenz nicht sichern. Die Politik war es, die es zugelassen hat, Arbeitslosigkeit als Instrument der Lohndisziplinierung zu nutzen. Dabei belasten Löhne unterhalb der Armutsgrenze auch den Staat durch die zu leistende Grundsicherung, die von der Steuerallgemeinheit finanziert wird.

Gegen Armutslöhne und die Abwälzung von Armutskosten auf den Staat richtet sich nun die gesetzliche Lohnuntergrenze. Sie dient dem ordnungspolitischen Ziel, eine faire Entlohnung durch Unternehmen auch im Niedriglohnbereich herzustellen. Das Lohndumping wird gestoppt und die Verantwortung für die existenzsichernde Lohnzahlung an die Unternehmenswirtschaft zurückgegeben. Ausbeutung durch Nutzung von Armutslöhnen soll es nicht mehr geben.

Der Staat wird aus seiner Lückenbüßerfunktion entlassen, die bisherige Zahlung der Grundsicherung im Falle von Erwerbsarmut zu leisten. Dabei werden durch engstirnige Unternehmensverbände oftmals die Vorteile der erst einmal mit höheren Mindest-Lohnkosten belasteten Unternehmen nicht erkannt: Es geht um motivierte Beschäftigte, die kostenentlastend die Effizienz steigern. Wenn es für Unternehmen zur Zahlung fairer Löhne erforderlich sein sollte, sind auch Preiserhöhungen gerechtfertigt. Den Preis der Produktion für die Nachfrager durch Armutslöhne niedrig zu halten gleicht einer Subventionierung, die allerdings die Ärmsten am Arbeitsmarkt aufzubringen haben. Dies widerspricht den Grundregeln der sozialen Marktwirtschaft.

Das Regelwerk «allgemeiner Mindestlohn»

Seit 2015 ist das «Gesetz zur Regelung eines allgemeinen Mindestlohns (MiLoG)» in Kraft. Gestartet wurde mit einem Mindestlohnsatz über 8,50 €. Das Gesetz sieht eine stufenweise Anhebung vor. Nach dem Beschluss der Mindestlohnkommission Ende Juni 2020 wird ab Mitte 2022 der allgemeine Mindestlohnsatz von 10,45 € erreicht. Der Weg dorthin in vier Stufen von 9,35 € aufwärts ab dem 1.1.2020 sichert den Unternehmen den notwendigen Planungshorizont (siehe Tabellen).

Entwicklung der Höhe des Mindestlohns vom I. I. 2015 bis I. I. 2020

Mindestlohn in € (brutto) je Zeitstunde (prozentuale Änderung)	gültig ab
8,50	I. Januar 2015
8,84 (+4,0 %)	I. Januar 2017
9,19 (+4,0 %)	I. Januar 2019
9,35 (+I,7 %)	I. Januar 2020

Mindestlohnkommission am 30. Juni 2020; Empfehlung zur künftigen Erhöhung des Mindestlohns:

Mindestlohn in € (brutto) je Zeitstunde (prozentuale Änderung)	gültig ab
9,50 (+I,6 %)	I. Januar 2021
9,60 (+I,I %)	I. Juli 2021
9,82 (+2,3 %)	I. Januar 2022
I0,45 (+6,4 %)	I. Juli 2022

Ebenso wichtig wie der gesetzlich definierte Mindestlohn ist die im MiLoG geregelte staatliche Kontrolle auf der Basis von Aufzeichnungspflichten über den Arbeitseinsatz. Zuständig ist der Zoll mit der Abteilung «Finanzkontrolle Schwarzarbeit» (FKS).

Die Unternehmen müssen durch ihre Aufzeichnungspflicht Transparenz über den Beginn, das Ende und die Dauer der täglichen Arbeitszeit der geringfügig Beschäftigten herstellen.

Zuständig für die Höhe des Mindestlohnsatzes ist die Mindestlohnkommission». Die paritätisch von der Arbeitgeberseite und der Arbeitnehmerseite besetzte Kommission wird durch zwei beratende wissenschaftliche Mitglieder ergänzt, die allerdings – im Unterschied zur Low Pay Commission in Großbritannien – kein Stimmrecht haben. § 9 des MiLoG regelt die Kriterien zur Festlegung der Höhe der allgemeinen Lohnuntergrenze. Es geht darum, festzulegen «im Rahmen einer Gesamtabwägung, welche Höhe des Mindestlohns geeignet ist, zu einem angemessenen Mindestschutz der Arbeitnehmerinnen und Arbeitnehmer beizutragen, faire und funktionierende Wettbewerbsbedingungen zu ermöglichen sowie Beschäftigung nicht zu gefährden. Die Mindestlohnkommission orientiert sich bei der Festsetzung des Mindestlohns nachlaufend an der Tarifentwicklung.» Insoweit wird bei der Festlegung des Mindestlohns Kontakt zu den Tarifabschlüssen und der Entwicklung des Lohngefüges gehalten.

Dieser Kriterienkatalog lässt logischerweise unterschiedliche Schlussfolgerungen zur Höhe des Mindestlohnsatzes zu. Letztlich ist die gesetzlich geltende Lohnuntergrenze Ergebnis eines Kompromisses. Rückblickend zeigt sich jedoch, dass die bisher vereinbarten Mindestlohnsätze immer unterhalb der Höhe lagen, die zur objektiven Vermeidung von Erwerbsarmut erforderlich gewesen wären. Die Bremswirkung der Unternehmensverbände hat die Kompromisse stark bestimmt. Gewerkschaften haben dagegen erfolgreich versucht, Schlimmeres zu verhindern.

Über die zuletzt entschiedene stufenweise Anhebung auf 10,45 € hinaus plädieren auch die Gewerkschaften und progressive Kräfte in der Politik für einen Mindestlohnsatz von 12 € pro

Stunde. Bundesarbeitsminister Hubertus Heil propagiert dieses Ziel im Bundestag: «Ich werde Vorschläge machen, wie wir schneller die Marke von 12 € erreichen können.» Eine im Juli 2020 durch das Statistische Bundesamt erstellte Statistik zeigt, dass mit 9,9 Mio. Beschäftigen mehr als ein Viertel aller Erwerbstätigen in Deutschland weniger als 12 € pro Stunde verdienen (24,7 % in Westdeutschland + Berlin, 36,7 % in Ostdeutschland).

Eine Behinderung der allgemeinen Gültigkeit des Mindestlohns erzeugt die gesetzlich gewollte Herausnahme bestimmter Personengruppen. Dazu gehören Praktikanten verschiedener Art und Jugendliche. Der Ausschluss von Langzeitarbeitslosen während der ersten sechs Monate ihrer Neubeschäftigung nach Beendigung der Arbeitslosigkeit ist willkürlich und unzumutbar.

Bei der Bewertung des gesetzlich-allgemeinen Mindestlohnsatzes in Deutschland müssen die nach deutschem Arbeitsrecht zulässigen weiteren Arten von Mindestlöhnen berücksichtigt werden. Die spezielle Regelung der Branchen-Mindestlöhne durch allgemeinverbindliche Tarifverträge auf der Grundlage des Tarifgesetzes sowie auf der Basis des Arbeitnehmergesetzes hat große Bedeutung. Damit wird im Tarifbereich besonders von prekärer Arbeit betroffener Branchen eine spezifische Sicherung eines Mindestlohns hinzugefügt. Deshalb räumt das Mindestlohngesetz den Regelungen etwa des Arbeitnehmer-Entsendegesetzes und des Arbeitnehmerüberlassungsgesetzes dann Vorrang ein, wenn die Branchen-Mindestlöhne die Höhe des allgemeinen Mindestlohns nicht unterschreiten (betroffen sind u.a. das Baugewerbe, das Dachdeckerhandwerk, die Fleischindustrie, Pflegebranche, Textil – und Bekleidungsindustrie). Dabei liegen die branchenbezogenen Mindestlöhne zum Teil deutlich über der gesetzlich verordneten Lohnuntergrenze. So erhält seit dem 1.4.2020 ein Hilfsarbeiter auf dem Bau 12,55 € und der Geselle im Dachdeckerhandwerk 12,40 €. Es gibt auch schwer organisierbare Branchen, in denen die Branchen-Lohnuntergrenze fast mit den allgemeinen Mindestlöhnen übereinstimmt (Land- und Forstwirtschaft, Textil- und Bekleidungsindustrie).

Gemessen am Ziel armutsfester, fairer Löhne zeigt sich von Anfang an ein schweres Defizit: In keiner Stufe reicht der Mindestlohn selbst bei normaler Arbeitszeit aus, die Lücke zum armutsvermeidenden Lohn komplett zu schließen. Das Ziel, die Niedrigstlohnsätze auf das Niveau zur Vermeidung von Erwerbsarbeitsarmut zu hieven, wird seit der Einführung der Mindestlöhne nicht erreicht. Seit 2011 schwankt gemessen an 60% des mittleren Nettoeinkommens die Quote armutsgefährdeter Arbeitnehmer zwischen 7,5 und 7%.

Statt Jobkatastrophe Beschäftigung und Effizienzgewinne der Wirtschaft

Die gegen die Einführung eines gesetzlich vorgeschriebenen allgemeinen Mindestlohnes 2014 in Deutschland vorgebrachten Prophezeiungen von der massiven Jobvernichtung sind nicht eingetreten. Diesen Mythos hat die reale Entwicklung der Wirtschaft während der schrittweise verbesserten Mindestlohnbedingungen widerlegt.

Bereits bei der Einführung des Mindestlohnes 2015 in Deutschland sind in die massive Kontroverse über die Beschäftigungseffekte von Mindestlöhnen die langjährigen Erfahrungen in anderen Ländern einbezogen worden. Damals neuere, auch umfangreiche Metastudien zu den Mindestlöhnen in den USA widerlegten mit großer Mehrheit die Prophezeiungen von Jobverlusten. Auch die «Low Pay Commission», die seit 1999 in Großbritannien im Einsatz ist, hielt in ihrem Bericht von 2003 fest: «Der nationale gesetzliche Mindestlohn hat Vorteile für über eine Million Niedriglohnbezieher gebracht. Seine Wirkung ist ohne einen spürbaren Einfluss auf die Wirtschaft und Beschäftigung geblieben. Er ist deshalb keine Quelle von öffentlicher Auseinandersetzung mehr, sondern ein akzeptierter Teil des Arbeitslebens geworden.»

Die Entwicklung der Erwerbstätigkeit widerlegt den prophezeiten Jobabbau. Seit dem Startjahr 2015 ist die Zahl der Erwerbstätigen von 43,0 Mio. bis 2019 auf 45,1 Mio. gestiegen. Trotz der vielen anderen Einflussmöglichkeiten: Nach den Schreckensmeldungen zur Einführung eines gesetzlichen Mindestlohns vor allem wegen der schweren Verluste bei der internationalen Konkurrenzfähigkeit hätte sich dies auch im Gesamtaggregat Erwerbstätigkeit zeigen müssen. Die Ifo-Katastrophenmeldung über den Verlust von 1,9 Millionen Jobs ist durch die sozioökonomische Realität nicht bestätigt worden.

Entsprechend hat die gesellschaftliche Anerkennung dieser staatlichen Ordnung des Arbeitsmarktes im Niedriglohnbereich durch Lohnuntergrenzen zugenommen. Nach fünf Jahren Mindestlöhnen überwiegt nach den ausgebliebenen Jobkatastrophen, vor allem aber wegen des ökonomischen Nutzens die Zustimmung. Seinem Bericht über eine Umfrage unter 5000 Bundesbürgern am 5.6.2020 hat *Spiegel online* den Titel verpasst: «Selbst FDP-Anhänger wollen höheren Mindestlohn».

Nach fünf Jahren handelt es sich beim Mindestlohn um einen Baustein für «gute Arbeit» auf breiter Front. Die Diskussion konzentriert sich nicht mehr auf die Abschaffung, sondern Weiterentwicklung dieser Regulierung. Dazu gehört zum einen die Erhöhung in Richtung 12 € pro Arbeitsstunde, um das gesamte Erwerbseinkommen auch wirklich an die Linie oberhalb der Armutsschwelle heranzuführen. Zum anderen sollen die immer noch existierenden Ausnahmen (etwa bei Langzeitarbeitslosen) abgestellt werden. Zum anderen müssen durch strenge Kontrollen Methoden der illegalen Umgehung der Mindestentlohnung vereitelt werden. Gefordert wird der konsequente Einsatz der beim Zoll angesiedelten «Finanzkontrolle Schwarzarbeit».

In der Bilanz zu fünf Jahren Mindestlohn bis 2020 zählt: Diese politisch regulierte Untergrenze ist ein kleiner, aber wichtiger Schritt, um die Beschäftigten im Niedriglohnbereich vor Erwerbsarmut zu schützen. Allerdings verfehlte die bisherige Politik immer wieder ihr Ziel, das Wachsen von Erwerbsarmut zu verhindern. Unternehmen haben auf die verordneten Mindeststundenlöhne mit Kürzung der Arbeitszeit reagiert. Die Folge ist auch bei gegebenem Mindestlohn ein Erwerbseinkommen, das die Existenz nicht sichert. Hinzu kommen illegale Umgehungsmöglichkeiten. Deshalb sollte einerseits der Mindestlohn als Basis auf 12 € erhöht werden. Andererseits sind die derzeit legalen Umgehungsmaßnahmen mittels einer glasklaren Dokumentation von Arbeitszeiten und deren entschiedener Kontrolle zu verhindern.

Soziale Marktwirtschaft braucht faire Löhne und gute Arbeitsbedingungen. Es geht aber auch um eine gerechte Verteilung zwischen den Beschäftigten, den Unternehmen und dem Staat. Durch den Mindestlohn werden die Unternehmen gezwungen, aus ihrer ökonomischen Wertschöpfung heraus armutsfeste Löhne zu finanzieren. Sie befreien den ansonsten Erwerbsarbeitsarmen von sozialer Not. Der Staat wird bei der Grundsicherung entlastet, mit der er die derzeitige Lohnarmutsfalle reduziert. Dies nützt auch der Stabilisierung der demokratischen Gesellschaft. Und Mindestlöhne stärken das Tarifvertragssystem dort, wo es vor allem unter dem Druck des Zustroms von Niedriglohnarbeitern nicht funktionieren kann.

Mindestlöhne lassen sich in ein Drei-Stufen-System einordnen:

Am Anfang steht das Tarifvertragssystem, mit dem zwischen Kapital und Arbeit eine Kompromissbildung zur Lohnfindung institutionalisiert ist. Es geht um den kollektiven Schutz von abhängig Beschäftigten gegenüber dem unternehmerischen «Investitionsmonopol». Wo jedoch der allgemeine Tarifvertrag vor allem im unteren Lohnbereich nicht funktionieren kann, folgen dann die Mindestlohn-Branchentarifverträge. Sie werden staatlich durch die Erklärung des tarifvertraglich entschiedenen Mindestlohns als allgemeinverbindlich für die Branche fixiert. Dann kommt der Staat, der für die gesamte Wirtschaft allgemein per Gesetz die Lohnuntergrenze festgelegt. Mit diesem ordnenden Eingriff durch Sicherung einer Untergrenze bei den Löhnen können darunterliegende Armutslöhne allgemein verhindert und der Staat von den Sozialkosten für eine Grundsicherung befreit werden. Mindestlöhne dienen somit der Rückgabe des Erwerbsarmutsrisikos an die Wertschöpfung der Unternehmen. Hinzukommen muss eine Arbeitsmarktpolitik, die durch den Rückzug aus der Hartz-IV-Politik den bisher politisch gewollten Ausbau des Niedriglohnsektors stoppt.

Die Einführung und Weiterentwicklung des gesetzlichen Mindestlohnsystems ist sozial und ökonomisch eine Erfolgsgeschichte. Es ist zugleich einer der seltenen Belege für die Kraft zur Reform mit dem Ziel, Erwerbsarmut zu begrenzen.

Rudolf Hickel

Literaturtipps

Arbeitsgruppe Alternative Wirtschaftspolitik, *Memorandum 2019 (insbesondere Kapitel 7 «Mindestlohn und Tarifverträge»), Köln 2019.*

Gerhard Bosch et al., *Kontrolle von Mindestlöhnen, Bei Springer VS 2019.*

Hans-Werner Sinn, *Von einem Mindestlohn, den man nicht bekommt, kann man nicht leben: Plädoyer für einen besseren Sozialstaat; in: ifo Schnelldienst 61, 2008, Nr. 6, S. 57–61.*

Der Staat spart die Rentner arm

Altersarmut – Es droht kein Tsunami

Von dem verstorbenen CDU-Politiker und ehemaligen Bundesminister Norbert Blüm ist die Feststellung überliefert: «Die Rente ist sicher.» Er betonte das sowohl im Wahlkampf 1986 als auch bei der Verabschiedung der umstrittenen Rentenreform am 10. Oktober 1997, die unter anderem die Absenkung des Rentenniveaus von 70 auf 64 Prozent besiegelte. Der SPD-Politiker Rudolf Dreßler warnte damals davor, den Worten Blüms zu glauben: «Wer sich auf das Wort des Bundesministers verlässt, hat auf Sand gebaut.» Trotz weiterer tiefgreifender politischer Eingriffe sind die alten Menschen «gut abgesichert», versichert die Deutsche Rentenversicherung. Und so wird es für die große Mehrheit von ihnen auch in den nächsten Jahren bleiben, verspricht die aus Bismarcks Invaliditäts- und Altersversicherungsanstalt hervorgegangene Institution. Der Wirtschaftsforscher Bruno Kaltenborn, der in ihrem Auftrag mehrere Forschungsprojekte durchgeführt und eine Projektion zur Grundsicherung wegen Alters bis 2030 vorgelegt hat, bestätigt: «Es droht kein Tsunami bei der Altersarmut.» (*Die Welt*, 9. 7. 2018)

Die Lage

In Deutschland bezahlen rund 38 Millionen Erwerbstätige Beiträge zur umlagefinanzierten gesetzlichen Rentenversicherung (GRV). Sie leistet als sogenannte 1. Säule des deutschen Altersvorsorgesystems gegenwärtig Zahlungen an 21 Millionen Rentnerinnen und Rentner.

Keine Beiträge zur gesetzlichen Altersvorsorge erbringen rund 1,7 Millionen Beamtinnen und Beamte. Sie beziehen aus Steuergeldern Pensionen. Dem «Alterssicherungsbericht 2020» der Bundesregierung zufolge beläuft sich die durchschnittliche Bruttopension pro Monat für Frauen auf 2770 und für Männer auf 3300 Euro. Eine gewiss nicht schlechtere Absicherung wird den fast 3000 Abgeordneten der Parlamente zuteil. Sie erhalten aus Steuergeldern eine Altersentschädigung, deren Höhe sich an der Mitgliedschaftsdauer im Parlament bemisst. Je länger sie währt, desto höher die Bezüge. Schon nach einem Jahr im Bundestag stehen gut 230 Euro pro Monat zu Buche. Die Höchstpension ist auf 6100 Euro gedeckelt. Da die meisten Abgeordneten zwei bis drei Wahlperioden im Bundestag bleiben, erwerben sie eine Altersentschädigung von mindestens 2000 Euro pro Monat. Exministerinnen und -minister erhalten deutlich höhere Pensionen. Die Pension von Angela Merkel wird mindestens 14 000 Euro pro Monat betragen.

Nicht in die gesetzliche Rentenkasse zahlen auch mehr als vier Millionen Selbständige ein. 1,4 Millionen von ihnen sind in sogenannten Berufsständischen Versorgungkassen versichert – darunter Ärzte, Apotheker, Architekten, Anwälte, Notare und Ingenieure. Die anderen 2,6 Millionen Selbständigen sind zwar gehalten, sich zu versichern, aber nicht dazu verpflichtet.

Garantiert kein Tsunami bei der Altersarmut droht hierzulande also mindestens den rund 3,5 Millionen Bürgerinnen und

Bürgern, die verbeamtet, berufsständisch abgesichert oder mehrere Jahre lang als Politikerin oder Politiker in deutschen Parlamenten und Regierungen tätig sind. Nun erwerben unsere mit Fug gut bezahlten Bundestagsabgeordneten zugleich einen Pensionsanspruch, der bereits nach einer Legislaturperiode dem durchschnittlichen Netto-Zahlbetrag der Deutschen Rentenversicherung für «Normalsterbliche» in Höhe von 906 Euro (2018) entspricht. Auch, wenn sie dafür keinen Cent in genau die GRV einzahlen müssen, über deren Beitragssätze und Leistungen sie im Rahmen vielbeschworener Rentenreformen entscheiden.

Das Alterssicherungssystem in einem reichen Land wie dem unseren könnte allen Bundesbürgerinnen und -bürgern eine Rente gewähren, die zumindest einen Lebensstandard garantiert, der älteren Menschen die Teilnahme am gesellschaftlichen und kulturellen Leben sowie eine verlässliche Lebensplanung ermöglicht. Ohne ausreichende finanzielle Mittel wird es im Alter schwer, so lange wie möglich gut und selbständig in einer angemessenen Wohnung über die Runden zu kommen und aktiv soziale Kontakte aufrechtzuerhalten und neu zu knüpfen. Armut im Alter muss gesellschaftlich schon deshalb verhindert werden, weil sie sich zumeist als unumkehrbar erweist. Doch sorgt die herrschende Politik in Deutschland für ein System der Alterssicherung, das sozioökonomische Ungleichheiten wirksam kompensiert?

Gewiss nicht. So wird in der Ende 2019 vorgelegten repräsentativen Studie «Deutsche Bank Vorsorgereport» über die Einstellungen der 20- bis 65-jährigen Bundesbürgerinnen und -bürger zur Altersvorsorge festgestellt: 83 Prozent der Befragten gehen davon aus, dass die gesetzliche Rente eher nicht reicht. 47 Prozent würden zwar gern für das Alter Geld zur Seite legen, brauchen aber jeden Cent für das alltägliche Leben. Und 55 Prozent der Befragten haben Angst vor Altersarmut.

Wie es scheint, schwant einer größeren Bevölkerungsgruppe hierzulande, dass sie nach ihrem Renteneintritt den Gürtel schmerzlich enger schnallen muss. Die herrschende Politik signalisiert, auskömmliche Renten seien für die gesetzliche Rentenversicherung nicht mehr finanzierbar, weil durch den demographischen Wandel immer mehr Rentnerinnen und Rentner auf immer weniger Beschäftigte bzw. Beitragszahler kämen. Das zwinge zu Kürzungen bei der umlagefinanzierten Rente, weil man an künftige Generationen denken müsse, die immerhin finanzieren müssten, was heute zu großzügig geregelt würde. Auch müssten die durch die wachsende Lebenserwartung neu gewonnenen Jahre entsprechend auf die Erwerbs- und Rentenzeit verteilt werden, um die Beitragszahlungen im Zaum zu halten. Die in den Massenmedien als Riesenproblem dargestellte demographische Entwicklung sowie das Beschwören von Generationengerechtigkeit gipfelt in dem Mantra, es gebe keine Alternative zu einer gesetzlichen Rentenversicherung mit geringerem Leistungsniveau und begrenzten Kosten; die Bürgerinnen und Bürger müssten privat und betrieblich besser für ihr Alter vorsorgen.

Früher war alles besser?

In der frühen Nachkriegszeit lebten in Westdeutschland viele Rentnerinnen und Rentner am oder unter dem Existenzminimum, es wurde eine Neukonzeption des Leistungs- und Finanzierungsrechts der gesetzlichen Rentenversicherung (GRV) notwendig. Die ursprünglich kapitalgedeckte Rentenversicherung hatte nach dem Ersten Weltkrieg bei der großen Inflation ihr Vermögen verloren, sodass sie das Umlageverfahren nutzen musste, um die erworbenen Rentenanwartschaften zu bedienen. Was Wunder. Im Umlageverfahren werden die monatlichen Milliardenbeträge, die für die Zahlungen an die Rentnerinnen und Rentner benötigt werden, direkt auf die aktiven Erwerbstätigen umgelegt. Das Verfahren ist nachweislich nicht nur ungemein sicher, sondern auch sehr viel effektiver und kostengünstiger als das kapitalgedeckte. Dennoch erfolgte in der Nazizeit erneut der Aufbau eines Kapitalstocks, der jedoch am Ende des Zweiten Weltkriegs völlig vernichtet war, weshalb die Rentenzahlungen wieder nur mittels des Umlageverfahrens fortgesetzt werden konnten.

In der DDR war im Rahmen der Gewährleistung sozialer Sicherheit auch die Rente enthalten (gesetzlich in der RentenVO 1968 gesichert). Es gab auch eine Mindestrente, deren Höhe bis 1989 laufend angepasst wurde. In der Bundesrepublik setzte 1957 Adenauers große Rentenreform neue Maßstäbe. Sie behielt die Umlagefinanzierung der Nachkriegsjahre bei und führte zudem die an der Bruttolohnentwicklung orientierte dynamische Rente ein. Weil die Rentenleistung der GRV den Unterhalt des Versicherten und seiner Angehörigen sichern sollte, belief sich die Standardrente fortan in der Tat auf rund 70 Prozent des letzten Nettoverdienstes, zumal die Renten frei von Steuer- und Sozialabgaben waren. 14 Prozent vom monatlichen Bruttolohn wurden einbehalten und die Summen ohne den Umweg einer Finanzanlage direkt für die Rentenzahlungen eingesetzt. Die erfolgreiche Dynamisierung der Renten ergab sich durch die alljährliche automatische Koppelung an das – steigende – Lohnniveau.

Die GRV entwickelte sich nach der Reform ausnehmend gut, vor allem wurde die Altersarmut in der BRD weitgehend verdrängt. Zwar hatten die im 19. Jahrhundert in Großbetrieben wie Siemens und Krupp zunehmend etablierten betrieblichen Vorsorgeeinrichtungen weiterhin Bestand. Da sie keinen gesetzlichen

Unverfallbarkeitsfristen unterlagen und keinen Insolvenzschutz aufwiesen, wurde 1972 das Betriebsrentengesetz erlassen, das die Ansprüche aus ihnen absicherte. Neben der betrieblichen Altersversorgung kamen zunehmend auch private Alters- und Lebensversicherungen auf, die die Leistung der gesetzlichen Rentenversicherung etwas aufbesserten.

Während die erste (westdeutsche) Rentenreform 1957 das Ziel der Lebensstandardsicherung im Alter oder bei Erwerbsunfähigkeit festschrieb – die Altersgrenze betrug 60 Jahre für Frauen und 63 für langjährig beschäftigte Männer –, verfolgten die zahlreichen ab 1992 im vereinigten Deutschland beschlossenen Reformen das Ziel, die Leistungen der GRV zu beschneiden. So wurde das bis dahin geltende Prinzip des sozialen Ausgleichs sukzessive zugunsten des Äquivalenzprinzips (wer mehr einzahlt, bekommt auch mehr ausbezahlt) getilgt, indessen lief die Rente nach Mindestentgeltpunkten, die auch langjährige Geringverdiener durch Aufwertung der Versicherungszeiten im Alter absichern sollte (ab Ende 1991) aus. Des Weiteren erfolgte die Anhebung der Altersgrenze für Frauen und Männer gemeinsam zunächst auf 65 Jahre, dann – und bis 2025 – schrittweise auf 67 Jahre.

Abgeschafft wurden besondere Rentenregelungen für Frauen und Arbeitslose sowie die Rente wegen Berufsunfähigkeit; sie wurde durch die Erwerbsminderungsrente ersetzt. Kürzungen erfolgten unter anderem beim Unterhaltsgeld bei Reha-Maßnahmen sowie bei der Hinterbliebenenrente. Nachdem die Rente bereits durch den Abzug des vollen Pflegebeitrags verringert worden war, führten 2001 und 2002 die Neugestaltung der Rentenformel und die Einschränkung der Anpassung an die Lohnentwicklung dauerhaft zur Absenkung des Rentenniveaus, seit 2006 verringert sich die Rente zusätzlich durch die schrittweise Anhebung des zu versteuernden Anteils (beim Renteneintritt 2020 waren bereits 80 Prozent zu versteuern; ab 2040 sind 100 Prozent fällig).

Schluss mit rentenlustig

Der endgültige Abschied vom ausgeprägt wohlfahrtsstaatlichen deutschen Alterssicherungssystem erfolgte mit der (rot-grünen) Rentenreform. Zusammen mit Walter Riester, dem damaligen Bundesminister für Arbeit und Sozialordnung, stellte Bundeskanzler Schröder 2002 das neue «Drei-Säulen-Modell» der Altersvorsorge vor. Da die gesetzliche Rente unzureichend sei, müsse zukünftig verstärkt auf Betriebsrenten und die private Vorsorge gesetzt werden, lautete die neue Maxime. Seitdem fördert der Staat die als «Riester-Rente» in die Annalen eingegangene private Vorsorge mit verschiedenen Zulagen und Steuervorteilen.

Das Drei-Säulen-Modell beendete die politische Maßgabe der Lebensstandardsicherung für die gesetzliche Rentenversicherung. Seit Beginn des 21. Jahrhunderts lautet die Formel: GRV ergänzt durch betriebliche Zusatzversicherung und private Vorsorge. Zugleich wurde mit dem Prinzip der paritätischen Rentenfinanzierung gebrochen, denn das «Riestern», erfolgt ebenso ohne Beteiligung der Unternehmer wie die zunehmend übliche Entgeltumwandlung innerhalb der betrieblichen Altersversorgung, die zudem eine direkte Kürzung der gesetzlichen Rente sowie willkommen geringere Lohnnebenkosten für die Firmen nach sich zieht.

In Deutschland entscheiden bei den meisten Bürgerinnen und Bürgern zwangsläufig die Erwerbsverläufe über die Höhe der zu erwartenden Rente – vor allem aus dem gesetzlichen System, das als erste Säule bislang circa 85 Prozent der Leistungen abdeckt. Von den rund 38 Millionen Erwerbstätigen, die Beiträge zur gesetzlichen Rentenversicherung leisten, haben 15 Millionen zusätzlich Ansprüche aus der zweiten Säule, der kapitalgedeckten betrieblichen Altersvorsorge, die von den Firmen nicht paritätisch mitgetragen wird. Da bei der Betriebsrente zudem Sozialabgaben und Steuern abgeführt werden müssen, erhalten die Betriebsrentenbezieherinnen und -bezieher letztlich weniger zurück, als sie eingezahlt haben.

Etwas mehr als 16 Millionen gesetzlich Versicherte haben die steuerlich geförderte Riester-Rente abgeschlossen (in Form von Bank- und Fondssparplänen, Bausparverträgen sowie Immobiliendarlehen). Laut den zuständigen Bundesministerien hat jedoch ein Fünftel von ihnen die Einzahlung in die teils sehr teuren Verträge gestoppt und hat gerade einmal die Hälfte der Zulagenempfänger diese auch im vollen Umfang erhalten. Nicht zu vergessen: Bei der kapitalgedeckten Riester-Rente fließen gut 20 Prozent der eingezahlten Summen in Provisionen und den Verwaltungsaufwand (im umlagefinanzierten gesetzlichen System hingegen betragen die Kosten lediglich um die drei Prozent).

Die Riester-Rente hat sich – ebenso wie die betriebliche Altersvorsorge – zwar für die Finanzindustrie als gewinnbringender Glücksfall erwiesen; zum Ausgleich der schmaler gewordenen Renten aus der gesetzlichen Kasse aber reicht sie nicht. Der von der Arbeitnehmerkammer Bremen erarbeiteten Studie «Die Illusion von der Lebensstandardsicherung» zufolge erreicht die Gesamtversorgung durch das Drei-Säulen-Modell längst nicht dasselbe Versorgungsniveau, das die gesetzliche Versicherung vor den Reformen des 21. Jahrhunderts ganz allein gesichert hat.

Von wegen «Grund»-Rente

Das Rentenversicherungssystem gestaltet sich angesichts immer neuer Reformen und ständig veränderter Rechtsvorschriften und -anpassungen immer komplexer und unübersichtlicher. Wenigstens sind nach den heftigen Einschnitten jüngst einige Verbesserungen erfolgt, vor allem im Rahmen der Erwerbsminderung und für besonders langjährig Versicherte. Maßnahmen wie die Grundrente oder die bis 2025 geltenden sogenannten Haltelinien werden allerdings keinesfalls für Alterseinkommen ausreichen, die den Lebensstandard sichern. Die seit 2021 gewährte Grundrente – während des langen Gesetzgebungsprozesses nicht minder irreführend auch als Lebensleistungsrente, Respektrente und Solidarrente bezeichnet – ist tatsächlich lediglich eine Art Zuschlag, der all denjenigen, die zwar mindestens 33, besser 35 Jahre lang Beiträge an die GRV entrichtet haben, aber dennoch nur eine geringe Nettorente «erwirtschaftet» haben, den Gang zum Sozialamt bzw. den Antrag auf Grundsicherung im Alter erspart. (Die der Bedürftigkeitsprüfung unterliegende Grundsicherung im Alter erhalten Personen, wenn ihr gesamtes Einkommen unter 865 Euro liegt. Und zwar ab dem Tag, an dem sie die reguläre Altersrente beziehen. Eine eventuell angesparte Riester-Rente gilt übrigens als anzurechnendes Einkommen.)

Der hochtrabend Grundrente genannte Zuschlag funktioniert etwa bei einer Reinigungskraft in Norddeutschland so: Wenn sie 40 Jahre lang einen Lohn erhalten hat, der auf 40 Prozent des Durchschnittverdienstes kommt, erhält sie Entgeltpunkte, die eine Rente von rund 547 Euro ergeben. Die Grundrente erhöht nun diese Punkte für 35 der 40 Jahre, was einen Zusatzbetrag von knapp 419 Euro ergibt, der ihre Rente auf rund 966 Euro anwachsen lässt. Nach dem Abzug der Beiträge zur Kranken- und Pflegeversicherung bleibt der Rentnerin ein Netto von rund 857 Euro. Sie liegt damit zum einen an der Schwelle der Grundsicherung im Alter und zum anderen um mehr als 200 Euro unter der Armutsgefährdungsschwelle von monatlich 1074 Euro netto für Einzelpersonen (Stand 2019 im Rahmen der laufenden Mikrozensuserhebungen).

Das soll eine «Respektrente» bzw. die von der Regierung beschworene «Anerkennung der Lebensleistung vor allem für Frauen» sein?

Die neue Altersarmut

Dem Statistischen Bundesamt zufolge waren 2019 immerhin fast ein Sechstel aller Menschen, die in Rentnerinnen- und Rentnerhaushalten leben, von Armut bedroht. Konkret waren das Alleinstehende, die mit weniger als 1074 Euro monatlich über die Runden kommen mussten und Paare, die weniger als 1611 Euro zur Verfügung hatten. Von einer armutsfesten Rente kann in Deutschland keine Rede sein. Kurz vor der Corona-Krise bezogen immerhin rund 562 000 Menschen die Grundsicherung im Alter. Forschungsprojekten zufolge stand sie zwar mehr als 1,5 Millionen Personen zu, sie wurde von der Mehrzahl aber nicht beantragt. Wie es scheint, wissen die einen nicht, dass sie ein Anrecht auf Grundsicherung haben, und die anderen scheuen den Papierkrieg oder vermeiden lieber die von ihnen als entwürdigend empfundenen Bedürftigkeitsprüfungen. Sie gehen stattdessen zu den Tafeln, führen niedrig entlohnte Jobs aus oder sammeln Pfandflaschen. Laut dem Verein der Lebensmitteltafeln in Deutschland sind ein Viertel derer, die kommen, inzwischen alte Menschen. Diese Entwicklung sei alarmierend, heißt es vorahnungsvoll, die Altersarmut werde die Gesellschaft in den kommenden Jahren mit großer Wucht überrollen.

Gefühlter Tsunami

Seit 2014 liegt die Armutsgefährdungsquote der Rentnerinnen und Rentner über der Quote der Gesamtbevölkerung. Und diese Tendenz wird und muss sich verstärken, wenn in den kommenden Jahren und Jahrzehnten Alterskohorten ins Rentenalter kommen, die ab 2003 bzw. nach der Einführung der Hartz-Gesetze I bis IV erwerbsfähig waren. Nachhaltig befeuert von der Agenda 2010, hat sich in Deutschland der größte Niedriglohnsektor in Westeuropa gebildet. Die rund 20 Millionen Erwerbstätigen, die im Mindest- und Niedriglohnsektor arbeiten, verdienen während ihrer Lebensarbeitszeit zu wenig, um später Renten zu erhalten, die über dem Sozialhilfesatz liegen. Sie haben mangels finanziellen Spielraums zudem nicht die Möglichkeit, privat vorzusorgen, und werden deshalb von den Rentensystemeinschnitten umso härter getroffen. Ganz zu schweigen von der armutstreibenden Sparmaßnahme des Staates, seit 2011 für Empfängerinnen und Empfänger von Hartz IV bzw. Arbeitslosengeld 2 keine Beiträge mehr in die GRV einzuzahlen.

Seit einem Vierteljahrhundert mittlerweile wird das zur Erarbeitung der Rentenanwartschaften notwendige jahrzehntelange Erwerbsleben zunehmend durch prekäre und atypische Beschäftigungsverhältnisse, Leih- und Teilzeitarbeit, nicht versicherungspflichtige Mini-Jobs und ein Ein-Euro-Tätigkeiten geprägt. Ein sich daraus entwickelnder Armuts-Tsunami ist folglich wahrscheinlich. Um eine gesetzliche Rente auch nur in Höhe des Existenzminimums zu erreichen, muss Mensch 45 Jahre lang zwingend einen Bruttolohn von 2000 Euro oder 40 Jahre lang von knapp 2300 Euro monatlich erzielen. Der Mindestlohn ermöglichte 2020 bei einer 40-Stunden-Woche übrigens gerade einmal knapp 1600 Euro brutto.

Der sogenannte Standardeckrenter, der 45 Jahre lang normal verdient und ohne Unterbrechung in die Rentenkasse einzahlt, ist ein Auslaufmodell. Die Menschen, die heute und zukünftig ins Rentenalter kommen, weisen immer häufiger keine 45 Versicherungsjahre auf, mussten längere Arbeitslosigkeits- oder Teilzeitarbeitsphasen durchmachen, mit Billig-, Mini- und Midijobs vorliebnehmen, als Ich-AG fungieren etc. Ihre Situation wird sich durch die nachgelagerte Besteuerung gewiss nicht verbessern. Generell nehmen Beschäftigungsverhältnisse, die nicht der Rentenversicherungspflicht unterliegen, seit längerem zu, dasselbe gilt für mehrfache Wechsel sowohl zwischen regulärer und prekärer Beschäftigung als auch zwischen selbständiger und abhängiger Arbeit. Zu den Risikogruppen, die im Alter besonders armutsgefährdet sind, gehören mehr als ein Drittel der Mitbürgerinnen und -mitbürger mit Migrationshintergrund und zwei Drittel der erwerbstätigen Frauen, weil sie nicht genug verdienen, um ihre Existenz aus den Renteneinkünften zu sichern. Vor allem diejenigen, die alleine leben oder nur geringe Ansprüche auf eine Witwenrente haben, sind stark armutsgefährdet.

Gesetzliches Trauerspiel

Die gesetzliche Rentenversicherung funktionierte bis zum Beginn der 1990er Jahre hervorragend. Da ihr seitdem immer mehr Lasten aufgedrückt wurden, für die nicht nur die Versicherten, sondern alle Steuerzahlerinnen und -zahler hätten herangezogen werden müssen – also auch die Selbständigen und die verbeamteten sowie in den Parlamenten wirkenden Mitmenschen –, tut sie es nicht mehr. Natürlich mussten im Zuge der Vereinigung der beiden deutschen Staaten die rund vier Millionen Rentnerinnen und Rentner der DDR in das bundesdeutsche Rentensystem übernommen werden (und bald darauf viele osteuropäische Aussiedler im Pensionsalter). Aber warum wurden die damit verbundenen hohen Kosten den gesetzlich Versicherten auferlegt? Generell musste fast ein Viertel der Wiedervereinigungskosten anstatt durch alle Steuerzahler von den – zwangsweise – Versicherten der Renten- und Arbeitslosenversicherung getragen werden. Kein Wunder, dass die Deutsche Rentenversicherung seitdem finanzielle Nöte hat.

Darüber hinaus werden auch die Hinterbliebenen- und die Mütterrente und anderes mehr ausschließlich von den Beiträgen der gesetzlich Versicherten bezahlt. Zwar unterstützt der Bund die GRV mit Zuschüssen und streiten sich die Fachleute schon deshalb stetig über die reale Höhe der versicherungsfremden Leistungen. Einigkeit besteht jedoch darüber, dass der Bundeszuschuss sie nur teilweise ausgleicht. Laut der Hans-Böckler-Stiftung leistete die gesetzliche Rentenversicherung 2016 allgemein-gesellschaftliche bzw. versicherungsfremde Leistungen in Höhe von 113 Milliarden Euro, erhielt dafür jedoch nur einen Bundeszuschuss von 64,5 Milliarden Euro. Der Steuerzahler war der GRV und ihren Beitragszahlern folglich 48,5 Milliarden Euro schuldig geblieben und blieb das in dieser Größenordnung sicherlich weiterhin.

Quasi um selbst aus der Schusslinie zu kommen, setzte die Regierung 2018 eine Kommission ein, die sich mit «den Herausforderungen der nachhaltigen Sicherung und Fortentwicklung der gesetzlichen Rente und der beiden weiteren Rentensäulen ab dem Jahr 2025» beschäftigen sollte. Das tat die breit zusammengesetzte Kommission mit dem Titel *Verlässlicher Generationenvertrag* auch. Ihrem 2020 publizierten Ergebnisbericht zufolge steht die dringend notwendige Neuausrichtung des deutschen Rentenversicherungssystems nach 2025 nicht zu erwarten. Denn viel mehr als einige vage Empfehlungen etwa hinsichtlich der üblichen Veränderungsoptionen beim Rentenbeitragssatz, der Regelaltersgrenze, des Rentenniveaus und betrieblicher und privater Vorsorge vermittelte die Kommission nicht.

Es ist höchste Zeit für eine neue große Reform des deutschen Rentenversicherungssystems. Sinnvoll wäre ein gesetzliches Alterssicherungssystem,

- in das die gesamte Bevölkerung einbezogen ist,
- das jede Form der stetigem Wandel unterliegenden Erwerbsarbeit gleich behandelt,
- das Lebensrisiken solidarisch absichert
- und Altersarmut grundsätzlich durch eine angemessene Mindestrente verhindert.

Sie sollte ohne die entwürdigende Bedürftigkeitsprüfung mindestens so hoch wie der jährlich erhobene Schwellenwert für Armutsgefährdung sein (für eine Person 2020 mindestens 1100 Euro monatlich). Durchschnittsverdienerinnen und -verdiener sollten im Rentenalter mindestens das Doppelte der Grundsicherungsleistung erhalten – sprich eine Bruttorente von um die 1900 Euro. Das ist übrigens der Mindestbetrag, den «Vater» Staat seinen Beamtinnen und Beamten als «amtsunabhängige Mindestversorgung» im Falle von Dienstunfähigkeit gewährt.

Und wer soll das bezahlen? Bessere Renten für alle kosten in der Tat viel Geld. Wie jüngst vor allem Holger Balodis und Dagmar Hühne in ihren Publikationen herausgearbeitet haben, geht es im Sinne einer Erwerbstätigenversicherung zunächst einmal darum, auch die Beamtinnen und Beamten, die Selbständigen, die freiberuflich Tätigen sowie die Abgeordneten und Ministerinnen und Minister einzubeziehen. Um erst gar keine juristischen Blockaden heraufzubeschwören, bietet es sich an, zunächst die neu ernannten Beamtinnen und Beamten sowie die freiberuflich tätigen jungen Leute in die GRV aufzunehmen. Da für diese Personengruppen einige Jahrzehnte lang keine Renten anfallen, würden ihre Beiträge in der Umlagefinanzierung genau dann zur Verfügung stehen, wenn ab 2025 die geburtenstarken Jahrgänge in Rente gehen. Natürlich entsteht eine deutliche Einnahmenverbesserung der gesetzlichen Rentenversicherung schon durch die Einbeziehung der Erwerbstätigen mit sehr hohem Einkommen. Positiv würde sich auch die Aufhebung bzw. zumindest kräftige Erhöhung der Beitragsbemessungsgrenze auswirken, die bislang die gut verdienenden Pflichtversicherten bevorteilt – 2020 lag sie bei 6900 Euro in den alten und 6450 Euro in den neuen Bundesländern.

Um eine deutliche Rentenerhöhung für alle und die Verhinderung von Altersarmut finanzieren zu können, gilt es zumal, den Bundesanteil für die GRV nachhaltig zu erhöhen. Ein Problem wäre das nicht; im Übrigen sind die Bundesmittel seit Beginn des 21. Jahrhunderts nicht etwa gestiegen, sondern – bezogen auf das Bruttoinlandsprodukt – auf weniger als drei Prozent gesunken. Die Deutsche Rentenversicherung wird aber auch höhere Beitragssätze verlangen müssen, deren konkrete Größenordnung nicht zuletzt von der Wirtschaftsentwicklung und Zuwanderung abhängt.

Um die gesetzliche Rentenversicherung für die Lebensstandardsicherung in jeder Hinsicht alternativlos zu machen, sollte das Drei-Säulen-Modell schleunigst von zwei Säulen befreit werden. Die milliardenschwere Subventionierung der verfehlten

Riester-Renten lässt sich relativ problemlos einstellen, wobei die dafür aufgewendeten Steuergelder stattdessen bestens der Erhöhung des Bundesanteils an der GRV dienen können. Auch die so fragwürdige Entgeltumwandlung, die bislang automatisch die gesetzliche Rente kürzt, hat im Rahmen eines vernünftigen und zukunftsgerechten Rentenversicherungssystems gewiss nichts zu suchen und sollte eingestellt werden.

Johann-Günther König

Literaturtipps

Holger Balodis, Dagmar Hühne, *Rente rauf! – So kann es klappen*, Frankfurt/M. 2020.

Christoph Butterwegge, *Die zerrissene Republik. Wirtschaftliche, soziale und politische Ungleichheit in Deutschland*, Weinheim, Basel 2020.

Deutsche Rentenversicherung, *1889 – 2019. 130 Jahre gesetzliche Rentenversicherung*, Berlin 2019.

Übergewicht im Wettbewerb

MYTHOS

Marktwirtschaft – ist alternativlos

«Die Marktwirtschaft» ist allen anderen Wirtschaftsordnungen überlegen. Sie besteht aus einer Vielzahl von Märkten, auf denen Anbieter und Nachfrager sich gegenseitig beeinflussen. Jedes Unternehmen entscheidet nach betriebswirtschaftlichen Gesichtspunkten, welche Güter und Leistungen produziert werden sollen. Der Wettbewerb zwischen den Unternehmen beeinflusst dabei Qualität, Menge und Preis der Waren und Dienstleistungen. Für die Verbraucher kommen so die maximal besten Ergebnisse heraus.
Ein Idealbild – aber es geht auch anders.

Der eine Kleinlaster stand auf der Hauptstraße, der andere parkte in einer Nachbarstraße. Beide Boten eilten mit ihrem Paket in Richtung der Nummer 6 – und trafen sich vor der Haustür. Um das Maß des ineffizienten Unsinns voll zu machen, lieferten sie ihre Pakete auch noch in dieselbe Wohnung. Wäre es nicht offensichtlich betriebswirtschaftlich und volkswirtschaftlich effizienter, wenn die Post aus einer Hand käme? Dieses Modell, seit der Ära der Thurn und Taxis eigentlich bewährt, würde weniger Autos erfordern und klimaschädliche Emissionen vermeiden. Und es würde menschliche Arbeitskraft nicht sinnlos vergeuden.

Wie das wirkliche Leben hat auch die Marktwirtschaft zwei Seiten. In den Vereinigten Staaten legte die Industrieproduktion in den Jahren von 1870 bis zum Zweiten Weltkrieg um das Elffache zu, von knapp 13 auf 143 Punkte. Beindruckend auch die Entwicklung der Bundesrepublik. Ihr Bruttoinlandsprodukt wuchs um mehr als das Sechsfache, von 340 Milliarden auf rund 2200 Milliarden D-Mark vor der Vereinigung beider deutscher Staaten. Japans Wirtschaft wuchs in den vergangenen vier Jahrzehnten – trotz Krisen – um das Fünffache, von umgerechnet rund 1 auf 5 Billionen Dollar. Ähnlich beindruckende Zahlen lassen sich nahezu für alle Länder finden, die auf Marktwirtschaft basieren. Fast allen gemeinsam ist ebenfalls, dass bis auf wenige Ausnahmen der Wohlstand Jahr für Jahr zunimmt.

Die Kehrseite: Kürzlich schreckte die Meldung einer Krankenkasse aus Hamburg auf. Demnach ist der Anteil der Versicherten, bei denen ärztlich eine Fettleibigkeit diagnostiziert wurde, von 2008 auf 2018 deutschlandweit drastisch gestiegen.

Im Osten der Republik ist die Zahl der Fettleibigen am höchsten, allen voran in Mecklenburg-Vorpommern und Sachsen-Anhalt. Dort lebt jeder Siebte mit einer entsprechenden Diagnose. Als Gründe werden schlechte Ernährung und zu wenig Bewegung genannt.

Sieht so Wohlstand aus?

«Fehlallokationen als Marktversagen»

Marktwirtschaften basieren auf einem an sich effizienten, sich selbst regulierenden Preissystem. Analytisch und empirisch ist jedoch belegt, so Rudolf Hickel: «Dieses Preissystem führt zu Fehlallokationen als Marktversagen.»

«Der Markt» versagt ebenfalls, wenn seine Strukturen nicht durch Wettbewerb, sondern Konzentration und Kooperation geprägt sind (siehe die Kapitel «Verbraucher» und «Preise»). Luigi Zingales, Professor in Chicago und Chef der Publikationsplattform «Pro Market», die wettbewerbshemmende Entwicklungen anprangert, kommt zu dem Schluss, dass «scharfe Konkurrenz eher die Ausnahme ist». Monopolkommission, Kartell- und Wettbewerbsbehörden konnten den Trend zum Oligopol auf den nationalen und internationalen Märkten nicht stoppen.

Beispielhaft erscheinen da die Flugzeughersteller: Airbus und Boeing wetteifern zwar, aber wirkliche Konkurrenten sind sie nicht. Die Luftfahrtgesellschaften sind mangels Alternativen abhängig von dem Duopol und achten darauf, dass beide Hersteller zum Zuge kommen, um nicht in vollkommene Abhängigkeit von nur noch einem Anbieter zu geraten.

Auch national dominieren häufig wenige (multinationale) Anbieter. Amazon, Google oder Facebook stehen höchstens in China in einem scharfen Wettbewerb. Häufiger als solche Quasimonopole sind Oligopole mit einer Handvoll Champions, die eine Branche dominieren. Anderseits wird argumentiert, dass wenige starke Unternehmen einen schärferen Konkurrenzkampf führen können als viele Firmen, die sich auf einem Markt tummeln.

So produziert die in weiten Teilen vermachtete Marktwirtschaft eine Flut an Waren und Dienstleistungen, doch diese werden schließlich ungleich verteilt. Politiker und Ökonomiker kontern gerne mit «Chancengleichheit». Und begnügen sich mit diesem Motto, um Marktwirtschaft zu legitimieren.

Chancengleichheit wäre erreicht, wenn die Verhältnisse keine Rolle für den Erfolg spielen. Wenn man also nicht Manager mit hohem Einkommen wird, weil schon die Eltern Manager waren und ihre Beziehungen für den Sohn spielen ließen, sondern auch die Hartz-IV-Tochter die gleiche Chance auf einen Topjob hat.

Folgt daraus, dass die «Ergebnisungleichheit» für die Marktwirtschaft irrelevant ist? Sicher nicht. Ergebnisse eines Lebens, wie beispielsweise das Einkommen, haben nämlich unmittelbare Auswirkungen auf die Chancengleichheit – der nächsten Generation:

«Die Ergebnisse von heute bestimmen die Voraussetzungen von morgen.»

Atkinsons Schlüsselsatz.

Apokalyptische Reiter

Anthony Atkinson ist im deutschsprachigen Raum längst nicht so bekannt wie sein Schüler Thomas Piketty. Doch für den Bestsellerautor ist Atkinson «der Gottvater und das Vorbild für eine ganze Generation junger Ökonomen». Soziale Ungleichheit stand für Atkinson ganz oben auf der «Agenda der Weltprobleme». Man könne fast alle globalen Konflikte wie die Flüchtlings- und Eurokrise, Terrorismus oder die Kriege im Nahen Osten auf sie zurückführen.

Die Entwicklung der globalen Ungleichheit während der vergangenen hundert Jahre hatte einen einfachen Verlauf.

Es gab eine erste Phase, in der die Ungleichheit innerhalb der reichen Länder zurückging – aber die Ungleichheit zwischen den Ländern wuchs. Heute wird globale Ungleichheit abgelöst durch eine Phase, in der sie innerhalb der reichen Länder anwächst – während sich die Ungleichheit zwischen den Ländern im Trend verringert.

So gelang China, einigen südostasiatischen Ländern, wenigen

Staaten in Afrika und Amerika sowie osteuropäischen Nationen wie Polen eine beeindruckende Wachstumsgeschichte. Teils fungieren sie als verlängerte Werkbank der Industriestaaten, teils als Lieferant von Rohstoffen.

Gleichzeitig schuften in Deutschland, einem Sieger der marktwirtschaftlichen Globalisierung, nach Angaben des Arbeitsministeriums nur 20 Prozent der Altenpflegerinnen und -pfleger zu Tariflöhnen.

In der Analyse genügt nicht jenes uns längst vertraute «1 Prozent der Weltbevölkerung besitzt über 50 Prozent des Weltvermögens». Im populären Gini-Koeffizienten oder im Einkommensanteil des obersten einen Prozents bleiben die Menschen anonym. Dabei hat Ungleichheit auch eine horizontale Dimension, etwa das ungleiche Einkommen von Gruppen, Geschlechtern oder Regionen. Und es gibt Unterschiede in den Bedürfnissen, die interessieren sollten. So zeigten Asghar Zaidi und Tania Burchardt in ihren Arbeiten am Beispiel Großbritanniens, wie gravierend Behindertenarmut unterschätzt wird, wenn (zusätzliche) Kosten als Folge einer Behinderung unberücksichtigt bleiben.

Die wachsende wirtschaftliche Ungleichheit führen Atkinson, Piketty oder Nobelpreisträger Angus Deaton auf ein Dutzend Gründe zurück: vom technologischen Wandel über die Globalisierung per Freihandel und Finanzmärkte bis hin zur Einschränkung der umverteilenden Steuer- und Transferpolitik.

Dass es im reichen Westen in den 1980er Jahren zur «Ungleichheitswende» kam, ist vor diesem Hintergrund direkt oder indirekt auf eine Veränderung der polit-ökonomischen Machtverhältnisse zurückzuführen.

Skeptiker, die auf die soziale Frage keine Antwort suchen, werden sagen: «Na und?» Schließlich gehe es nicht um Gleichheit, sondern um Effizienz. Beides sei nicht zu haben, wie die klassische Wohlfahrtsökonomie lehrt.

Dahinter steht ein Menschenbild, das man nicht teilen muss. Zudem zeigen jüngere Studien wie die von Kate Pickett und Richard Wilkinson, dass gerechte Gesellschaften für (fast) alle besser sind und letztlich sogar mehr wirtschaftliches Wachstum erzeugen können. Unter anderem, weil die Bedeutung unproduktiver Finanzmärkte zurückgedrängt wird.

Möglich, dass sich soziale Gleichmacherei dennoch negativ auf die Größe des Kuchens auswirkt. Eindeutige Beweise in Theorie und Praxis fehlen aber. Und letztlich ist wohl ein kleinerer Kuchen, der gerecht verteilt wird, vorzuziehen. Sagt jedenfalls die Glücksforschung.

Wahrscheinlicher sind ohnehin positive wirtschaftliche Effekte, die eine auf Gleichheit gerichtete Marktwirtschaft erzielen würde. Etwa, wenn jeder mit Erreichen der Volljährigkeit eine Kapitalausstattung, ein «Mindesterbe», vom Staat erhielte. Oder Einkommen aus Arbeit in den untersten Steuerklassen steuerlich begünstigt würden. Allen Kindern könnte ein Kindergeld in beträchtlicher Höhe ausgezahlt werden, das als Einkommen zu versteuern wäre. Für eine erwägenswerte Idee hielt Atkinson sogar, privaten Haushalten die Kreditaufnahme zu erschweren, wenn die Kredite nicht durch Immobilien gedeckt sind.

Varieties of Capitalism

Goethe und sogar Shakespeare spürten bereits den Atem des Kapitalismus, der sich anschickte, den Feudalismus abzulösen. Thomas Metscher und Heribert Prantl sehen in beiden Dichtern die «Paten» der Kapitalismuskritik durch Karl Marx. Von den

Frühsozialisten bis zu den heutigen Linken wurden ungezählte Pläne entworfen, wie eine Alternative, wie ein Sozialismus aussehen könnte. Neben anarchistischen Modellen setzten sich Entwürfe durch, die auf einen starken Staat plus Planwirtschaft setzten. Doch der Großversuch, eine planwirtschaftliche Alternative zur Marktwirtschaft zu schaffen, scheiterte in Russland und Osteuropa bereits nach wenigen Jahrzehnten.

Das muss nun nicht das letzte Wort der Geschichte gewesen sein. So setzen Anhänger des realen Sozialismus ihre Hoffnungen darauf, dass Planwirtschaft mit Computer und Internet doch deutlich besser funktionieren könnte als der Karteikarten-Sozialismus noch während der achtziger Jahre.

Doch auch Marktwirtschaft ist nicht gleich Marktwirtschaft. So hat es Versuche gegeben, Planungselemente in die Volkswirtschaft einzubeziehen (jeder Konzern tut dies). Aber vor allem unterscheiden sich die Ordnungen in Hinsicht auf die Rolle des Staates. Lange vor Corona.

Unterschiede zeigen sich schon im Alltag: In Norwegen sind Eltern sehr jung; in Großbritannien gibt es keine duale berufliche Ausbildung, und in Ungarn werden ausländische Unternehmen besonders reguliert. Zuletzt untermalte die Corona-Krise, dass es mit der Angleichung der EU-Staaten nicht so weit her ist, wie es viele Euro-Parteigänger, klassische Kapitalismuskritiker und Anhänger der Theorie des Empire-Imperiums meinen. Selbst in dem weltweit am dichtesten regulierten Wirtschaftsraum driften die Länder bei grundlegenden Kennziffern weit auseinander. So variiert beispielsweise der Anteil der Staatsaugaben am Bruttoinlandsprodukt (BIP) zwischen Schlusslicht Irland mit unter 26 Prozent und Frankreich mit über 55 Prozent exorbitant. Die Zahlen stammen vom Bundesfinanzministerium und stehen für 2019.

Sind dies lediglich statistische Unterschiede, die das Wesentliche übertünchen? Nein. So wirkte ein höherer Staatsanteil bereits in der Großen Krise 2007/10 stabilisierend. Bezeichnenderweise traten vorrangig die «nationalen» Regierungen als Retter in der Not auf und wurden als solche von der Wirtschaft gesucht. Und dass für eine nachholende Modernisierung ein extrem hoher Staatsanteil (und ein Plan) eine notwendige Voraussetzung ist, haben vor China bereits «Tigerstaaten» wie Südkorea und Malaysia belegt.

Selbst in der überwiegend sozialstaatlich geprägten EU macht es einen erheblichen Unterschied in den Produktions- und damit Lebensverhältnissen aus, ob die Arbeitslosenrate unter 3 Prozent (Tschechien) oder über 15 Prozent (Spanien) liegt. Gleiches gilt, wenn die Wachstumsraten langfristig auseinanderdriften, der Anteil von Frauen in Wirtschaft und Gesellschaft sich um den Faktor zwei unterscheidet oder wenn die soziale Kluft, der Gini-Koeffizient, zu- oder abnimmt. Und wenn in Dänemark kaum Kinder in Armut aufwachsen, in Deutschland aber ein größerer Teil der Kinder, spricht dies für die Variationstheorie, die vor allem von amerikanischen «Neuen» Wirtschaftssoziologen wie Peter A. Hall und in Deutschland vom Max-Planck-Institut für Gesellschaftsforschung in Köln verfolgt wird.

Dass Marktwirtschaft nicht gleich Marktwirtschaft, Kapitalismus nicht gleich Kapitalismus ist, wussten freilich schon Marx, Max Weber und ihre ungezählten Schülerinnen und Schüler. In der Diskussion dominiert jedoch die historische Chronologie vom Vor-, Früh- bis zum Postpostkapitalismus, mit und ohne lange Wellen. Doch diesen vertikalen, aufeinander aufbauenden Phasen fehlt die horizontale Differenzierung, wie sie die «Varieties of Capitalism» bieten.

Im real existierenden Kapitalismus vermischen sich heute

unterschiedliche Phasen mit jeweils mehreren Variationen zu einem Gesamtensemble.

Ade Deutschland AG

Richtig Bewegung kam in diese grundlegende Diskussion erst durch eine wirtschaftsliberale Umgestaltung. Die Regierungen von Ronald Reagan in den USA und Margaret Thatcher in Großbritannien stehen für diesen radikalen Wandel. Nach dem Untergang des real existierenden Sozialismus wurde die diskursive Trennung in den korporatistischen Kapitalismus (etwa der rheinischen «Deutschland AG») und den marktradikalen, «neoliberalen» angelsächsischen Kapitalismus ansatzweise populär. Der Franzose Michel Albert hatte 1991 mit seinem Buch «Kapitalismus contra Kapitalismus» den zeitweise geläufigen Begriff «Rheinischer Kapitalismus» geprägt.

Das Duopol Rheinisch/Angelsächsisch kommt allerdings ein wenig grobschlächtig daher. Schweden, Norwegen und Finnland bewegen sich weiterhin in einem anderen, eigenen Modellrahmen. Die jungen Marktwirtschaften in Osteuropa ließen sich zwar auch als Frühphasen verstehen, doch ihr besonderer Hintergrund als ex-sozialistische Länder und die Entwicklungshilfe aus dem Westen machen sie zu einer speziellen Variante, die in sich wieder unterschiedliche Entwicklungen kennt, etwa bei der Rolle des Staates in der Wirtschaft.

Der Kapitalismus in China wiederum ist anders gebaut als der in Osteuropa. Jener hat wiederum einen anderen Charakter und eine andere Gestalt als der Kapitalismus im muslimisch-buddhistisch geprägten Malaysia oder im Königreich Thailand. Der Politikwissenschaftler Hans-Jürgen Bieling hält es denn auch für einen gegebenen «Sachverhalt», dass sich ungeachtet der Globalisierung nach wie vor unterschiedliche nationale Kapitalismusmodelle reproduzieren.

Die Wurzeln dieser Variationen reichen tief in die Vergangenheit zurück, zu Herrscherdynastien und 100-jährigen Kriegen, ursprünglicher Akkumulation und dem mittelalterlichen Warenhandel der Hanse. Jüngere Eckpunkte sind die Industrialisierung und die politisch-institutionellen Konflikte, die das 19. Jahrhundert prägten. So sind die Variationen auch Ergebnis von gewerkschaftlichen und politischen Kämpfen. Länder wandeln daher, frei nach Karl Polanyi («The Great Transformation»), auf spezifischen historischen Pfaden.

Diese Pfade wurden und werden entlang bestimmter Leitlinien ausgetreten. Bereits die Größe in Quadratkilometern oder die Einwohnerzahl schaffen unterschiedliche Rahmenbedingungen: «Irland ist ein kleines Land», beharrte einmal der damalige irische Außenminister Micheál Martin in einem Interview. Und zog aus diesem trivialen Befund eine keineswegs triviale Schlussfolgerung: «Durch Inlandsnachfrage können wir kein Wachstum generieren. Auch auf dem Höhepunkt des keltischen Tigers hat uns allein der Export starkgemacht.»

Alternativ könnte beispielsweise Export(vize)weltmeister Deutschland, wie es Gewerkschaften fordern, aufgrund der großen Zahl seiner Konsumenten eigentlich vergleichsweise leicht über die Binnennachfrage seine heimische Wirtschaft beflügeln.

Neben solchen «natürlichen» Unterschieden prägt die traditionelle nationale Regulierung die Gegenwart: Markt oder Staat, öffentlich oder privat? Werden gesellschaftliche Kooperationen eher informell oder formell geschlossen? Welche Bedeutung haben Finanzwirtschaft und Mittelstand? Sind die Arbeitsbeziehungen institutionell oder individuell geregelt, zentral oder betrieblich? Und was derlei Unterscheidungen mehr sind.

Variationen sind jedoch nicht alles. Kapitalismus ist immer auch durch sein Verhältnis zu Nationalstaat und Weltmarkt sowie zu Regionalität und freier Kapitalzirkulation, wie es der Geograph David Harvey nennt, in ständiger Bewegung. Unbeantwortet bleibt auch die Frage von Bernhard Ebbinghaus, Uni Mannheim: Werden diese institutionellen Unterschiede durch den Konvergenzdruck der Globalisierung eingeebnet, oder werden sie aufgrund von Pfadabhängigkeiten bestehen bleiben?

Für beide Annahmen gibt es gute Belege. So hatte die direkte Bedeutung des Staates für die Volkswirtschaften in der Dekade vor der Finanzkrise in vielen Ländern insgesamt abgenommen – und der «Wohlfahrtsstaat» wurde geschwächt. Verschwunden ist er jedoch nirgends. Gravierende Abweichungen zwischen den Länderpfaden blieben erhalten, und in einigen Staaten Osteuropas und Asiens wird der «Wohlfahrtsstaat» bzw. Sozialstaat gerade erst geschaffen.

Eine «gelbe Gefahr»?

Eine neue Variante des Kapitalismus bietet die spezielle Marktwirtschaft Chinas. «Eines Tages» werde das Land in geoökonomischer Hinsicht zum Nachbarn der Europäischen Union, stimmte der Politikberater und General a.D. Erich Vad einmal in den Chor der Bedenkenträger ein. Ganz nah ist die Volksrepublik heute bereits – in Hamburg. Deutschlands größter Seehafen fertigt pro Jahr etwa drei Millionen Standardcontainer (TEU) im China-Verkehr ab. Jede dritte Box kommt aus dem Reich der Mitte.

Dabei ist es erst zwei Jahrzehnte her, da rangierte die Volksrepublik noch unter ferner liefen. 2020 war China dann bereits zum fünften Mal in Folge Deutschlands wichtigster Geschäftspartner: Waren im Wert von mehr als 100 Milliarden Euro wurden aus China nach Deutschland exportiert – fast doppelt so viel wie aus den Vereinigten Staaten.

Dabei nutzt Peking die Freie und Hansestadt als Tor zum europäischen Markt. Mittlerweile haben sich laut Handelskammer mehr als 500 chinesische Unternehmen an der Elbe angesiedelt; Chinas Generalkonsulat in Hamburg betreut neben Abertausenden Touristen über 40 000 Landsleute, die im Norden arbeiten. Und nun baut sich neben dem klassischen Seeweg eine weitere enge Verbindung zwischen Hamburg und China auf: die Neue Seidenstraße.

Präsident Xi Jinping hatte in Peking bereits 2013 seine Initiative «One Belt, One Road» vorgestellt: An die 1000 Milliarden Euro will er in Häfen, Straßen und Bahnstrecken investieren lassen, um mehr als 60 Länder in Asien, Afrika und Europa miteinander zu vernetzen. Für viele Entwicklungs- und Schwellenländer kann dies eine große Chance sein. Je nach Sichtweise soll die Neue Seidenstraße dann einmal in London, Hamburg oder Duisburg enden.

Hunderte Projekte wurden bereits angeschoben. So haben Chinas Konzerne über 40 Häfen in drei Dutzend Ländern gebaut. Chinesische Experten managen heute auch Hafenanlagen in Abu Dhabi, Antwerpen oder Rotterdam. Und Cosco – eine der weltweit größten Reedereien und in Hamburgs Partnerstadt Shanghai zu Hause – hat den griechischen Hafen Piräus übernommen. Cosco fährt ebenfalls Hamburg an.

Kontrolle über Hafen-Terminals garantiert, dass die Waren schnell und billig in Europas Großstädte weitertransportiert werden. Was die Wettbewerbsfähigkeit chinesischer Produkte erhöht – und andere Hafenbetreiber an der Nordseeküste unter Druck setzt.

Dabei denken der Kommunist Xi und seine Planer strategisch – und agieren lokal. Bis hinein in die deutsche Provinz: Schon vor mehreren Jahren besuchte eine hochrangige Delegation aus der Millionenmetropole Guang'an den Landkreis Dithmarschen an der Nordseeküste. In Anwesenheit des Landrates wurde ein Memorandum über die zukünftige Zusammenarbeit unterzeichnet.

Als Chinas Vizestaatspräsident Wang Qishan im Mai 2019 Hamburg besuchte, zeigte sich auch Bürgermeister Peter Tschentscher (SPD) begeistert. Und der teilstaatliche Hafenkonzern HHLA will die neue Seidenstraße «unternehmerisch mitgestalten», so Vorstandsvorsitzende Angela Titzrath.

Im Unterschied zu seinen großen Konkurrenten Rotterdam und Antwerpen sieht sich Hamburgs Hafen als «Bahnhafen». Politik und Wirtschaft setzen daher auf den Ausbau der Zugverbindungen nach China. Auf der Bahn wurden schon 2018 laut Hamburg Hafen Marketing (HHM) 120 000 Container zwischen Hamburg und China transportiert – 2027 sollen jedes Jahr fast 700 000 TEU (Standard-Container) über die eurasischen Bahnkorridore fahren. Ein Großteil davon soll dann in Hamburg landen.

Darauf hofft allerdings auch Duisburg. Der weltweit größte Binnenhafen setzt ebenfalls auf die rote Karte und baut zusammen mit Cosco einen neuen Containerterminal am Rhein. Geplantes Investitionsvolumen: 100 Millionen Euro. Dabei gehört die Volksrepublik zu den wenigen Ländern, mit denen der Exportweltmeister Deutschland eine negative Handelsbilanz hat, also weniger exportiert als importiert.

China bleibt Chance und Risiko zugleich. Mehr als 700 Hamburger Unternehmen sind in der Volksrepublik bereits aktiv. Volkswagen, der nach dem Hamburger Hafen zweitgrößte Arbeitgeber im Norden und wichtiger Kunde der Logistikwirtschaft, setzt mittlerweile mehr Autos in China ab als in Europa. Der Großteil davon wird in der Volksrepublik selbst produziert.

Unterm Strich birgt die Neue Seidenstraße «enorme Gefahren für unsere Zukunft», so der Präsident des Kieler Instituts für Weltwirtschaft, Gabriel Felbermayr. Er warnte vor der «gelben Gefahr» ausgerechnet in dem China-Magazin des Hamburger Hafens. Eine Dominanz Chinas via Seidenstraße müsse verhindert werden. «Denn wer diesen Raum wirtschaftlich dominiert, beherrscht die Weltwirtschaft der Zukunft.»

Ob das dann noch eine Marktwirtschaft sein wird?

Hermannus Pfeiffer

Literaturtipps

Anthony B. Atkinson, *Ungleichheit – Was wir dagegen tun können*, Stuttgart 2016.

Jens Beckert, *Imaginierte Zukunft – Fiktionale Erwartungen und die Dynamik des Kapitalismus*, Berlin 2018.

Karl Polanyi, *The Great Transformation – Politische und ökonomische Ursprünge von Gesellschaften und Wirtschaftssystemen*, Wien 1977.

Gewinn ist nicht genug!

Profite – sichern Wohlstand für alle

Streben nach Gewinn ist der Motor der Marktwirtschaft. Ihr Gewinnstreben motiviert Unternehmer dazu, Bedürfnisse möglicher Kunden zu befriedigen und sich im Wettbewerb den sich ändernden Verhältnissen anzupassen, kurzum, wettbewerbsfähig zu bleiben. Vermittelt werden Angebot und Nachfrage über den Preis. Daher steht das Gewinnstreben im Gegensatz zu einer Planwirtschaft, die nicht über den Preis reguliert wird. Schon an diesem Gegensatz wird deutlich: Gewinne sichern Wohlstand für alle.

Aber stimmt das auch: wirklich für ALLE? Jedenfalls nicht für alle gleichermaßen.

Wie an den meisten Mythen, ist auch an dem vom Gewinn als Heiligem Gral der Marktwirtschaft etwas dran. Dabei klingt in diesem an sich profanen Mythos eine merkwürdige Gerechtigkeitsvorstellung an. Doch Gewinne sind nicht immer gerecht verteilt; Gewinne werden mit unnützen, sogar schädlichen Produkten erzielt; aus dem Gewinn des Einzelnen wird nicht automatisch ein Gewinn («Wohlstand») für alle. «Gewinn» heißt üblicherweise das Ziel, welches Unternehmen anstreben. Gewinn ist die positive Differenz zwischen Ertrag und Aufwand einer Abrechnungsperiode. So oder ähnlich steht es in gängigen Lehrbüchern.

Es soll hier nicht um die Frage gehen, wie Profit entsteht, etwa durch Ausbeutung oder, mit Karl Marx gesprochen, als Teil des Mehrwerts. Der Geschäftsführung eines Unternehmens wird es normalerweise nicht genügen, «ein wenig Gewinn» zu erzielen. Sie wird versuchen, das Maximum zu erwirtschaften.

Das Unternehmensziel «Gewinnmaximierung» wird gesellschaftspolitisch seit langem durchaus kontrovers diskutiert. Dennoch durchzieht der Begriff auch den aktuellen «Wöhe», den Klassiker der betriebswirtschaftlichen Literatur, von vorne bis hinten. «Ich garantiere, dass sich dies nicht ändern wird, solange mein Name für den ‹Wöhe› mit steht», versicherte Co-Autor Gerrit Brösel in einem Interview. Brösel arbeitet als Ordinarius an der Fernuniversität Hagen.

Kürzlich ist die 27. Auflage erschienen. «Betriebliche Entscheidungen müssen in erster Linie am Ziel der langfristigen Gewinn- und nicht an der Gemeinwohlmaximierung ausgerichtet werden, auch weil Letztere sich nicht allgemeingültig fixieren lässt.» Fragen zum ethischen Verhalten ließen sich nun mal nicht allgemeingültig beantworten. Wann ist betriebliches Handeln unmoralisch? Wann moralisch? Hierfür hätten andere wissenschaftliche Disziplinen besseres Rüstzeug. Der «Wöhe» folgt, vermeintlich im Sinne von Adam Smith, dem Motto: «Gemeinnutz kommt von Eigennutz.» Ein Satz, der sich nicht allein im «Wöhe» findet.

Kurzfristig ist nicht langfristig

Immerhin setzt der «Wöhe» mit seinem Konzept in diesem Zusammenhang auf Langfristigkeit und reagiert damit auf die Kritik am kurzfristigen Denken, zu dem vor allem börsennotierte Aktiengesellschaften mit ihren Quartalsberichten neigen. Tatsächlich könnten Vorstände, deren Einkommen sich maßgeblich am Börsenkurs ausrichtet und deren Verweildauer an der Spitze nur wenige Jahre beträgt, versucht sein, kurzfristig einen betriebswirtschaftlichen Push zu inszenieren, um die Profitrate nach oben zu treiben.

Solche Exzesse, einschließlich extrem hoher Gewinnziele, waren bis zur Finanzkrise durchaus üblich. Inspiriert wurden sie von dem wirtschaftsliberalen US-Ökonomen Milton Friedman, der Unternehmer allein dadurch verantwortlich handeln sieht, dass sie den Profit erhöhen. Deutsche-Bank-Chef Josef Ackermann verewigte sich entsprechend mit dem Ziel einer «Eigenkapitalrendite von 25 Prozent». Aus 100 Euro Kapital sollten Jahr für Jahr 25 Euro Gewinn sprudeln. Doch Ackermanns extremer Shareholder-Value-Ansatz frei nach Friedman geriet bald in die Defensive. Wegen seiner Kurzsichtigkeit und wegen seiner ausschließlichen Orientierung am Interesse der Aktionäre.

Nach der Finanzkrise hat der wiederholt überarbeitete «Deutsche Corporate Governance Kodex» ein neues Leitbild geschaffen. Die damalige Bundesjustizministerin Herta Däubler-Gmelin (SPD) hatte dazu bereits im September 2001, also kurz nach dem Platzen der Dotcom-Blase an den Börsen, eine Regierungskommission eingesetzt, die bis heute mit Spitzenmanagern aus Industrie und Banken besetzt wird.

Der Kodex empfiehlt Vorständen und Aufsichtsräten, neben den Belangen der Aktionäre auch die der Belegschaft und der sonstigen mit dem Unternehmen verbundenen Gruppen («Stakeholder») zu berücksichtigen und so für eine «nachhaltige Wertschöpfung» zu sorgen. Man folge, so der Kodex, dem Leitbild des Ehrbaren Kaufmanns. In der Sache entspricht dieser hanseatische Mythos des Ehrbaren Kaufmanns der «langfristigen Gewinnmaximierung», wie sie der «Wöhe» anmahnt.

Die Deichmannisierung

Dass nicht jeder Vorstand wie ein Ehrbarer Kaufmann handelt, ist offensichtlich. Drastisch hat das der Fall Wirecard offenbart. Trotz Testaten führender Wirtschaftsprüfer konnte der Zahlungsdienstleister im Sommer 2020 plötzlich 1,9 Milliarden Euro nicht mehr auffinden. Es folgten die Insolvenz des DAX-Konzerns und peinliche Ermittlungsverfahren, die sogar die Bundesregierung erfassten.

Heute gehören selbst Umweltschutzthemen zum Zielkanon vieler Firmen. Und der Governance-Kodex sieht, wenngleich letztlich unverbindlich, «nachhaltige Wertschöpfung» vor. Interne Konflikte zwischen finanziellen und gesellschaftlichen Zielen sind damit programmiert und werden häufig oberflächlich durch «Greenwashing» kaschiert. Doch für Energiekonzerne wie BP oder Versicherer wie die Münchner Rück sind tragfähige Antworten auf Klimafragen für die «langfristige Gewinnmaximierung» tatsächlich existenziell. Eine sinkende Nachfrage nach Treibstoffen beschädigt das Geschäftsmodell von Erdölkonzernen; Industriekunden, die Fabriken in Risikozonen betreiben, können Versicherer teuer zu stehen kommen.

Ob Greenwashing oder nicht, faktisch wird hier die reine monetäre Orientierung («Gewinn») auf eine stoffliche Ebene gehoben, die Nützlichkeit, den Gebrauchswert eines Produktes! Das kratzt am Mythos. Die reine Warenzirkulation, auch «Supply Chain» oder Wertschöpfungskette genannt, die eigentlich um einen Selbstzweck kreist, wird um den Gebrauchswert erweitert. Das heißt freilich noch lange nicht, dass Waren, die dem Käufer wohl nützlich erscheinen mögen, auch tatsächlich nützlich sind.

So hat auch die «langfristige», also nachhaltige Gewinnmaximierung Nebenwirkungen. Eine, vielleicht die unangenehmste, ist die Deichmannisierung. Deichmann ist heute der größte Schuhhändler in Europa. Hervor ging er aus einer Schusterwerkstatt, die Heinrich Deichmann in Essen gründete, 1936 wurde dann der erste Laden eröffnet. Die Gewinnmaximierung folgte dann einer einfachen Logik: Aus zwei Betrieben ist mehr Gewinn herauszuholen als aus einem. Mittlerweile betreibt die weiterhin familiengeführte Deichmann SE über 4000 Filialen in zwei Dutzend Ländern.

Die Deichmanns dürfen durchaus als soziale Kapitalisten gelten. Dennoch sind einige Wirkungen ihres Tuns unerfreulich:

- Schuhe wurden in Deutschland zum billigen Wegwerfprodukt.
- Um die Preise niedrig zu halten, wurde die Produktion in asiatische Billiglohnländer verlegt (das schafft dort Arbeitsplätze, verstopft aber zugleich alternative Entwicklungswege).
- Dort, wo die Deichmann-Läden auftauchten, verdrängten sie alteingesessene Händler.
- Wegwerfprodukte brachten vielen Schustern das Aus.

Kritiker werfen an dieser Stelle ein: Die Kaufkraft der unteren Schichten ist heute dank Deichmannisierung weit höher als früher: Fernseher, Kühlschrank und Handy gehören zur Grundausstattung auch der finanziell Schwachen. Tatsächlich, viele Konsumgüter kosten in Europa und Amerika so wenig, dass sie sich (fast) jeder leisten kann. Andererseits, Wohnen und Alltag sind für viele, auch in den reichen Ländern, (zu) kostspielig geworden.

In diesem Zusammenhang wird auf die Trickle-down-Theorie verwiesen, wonach der Wohlstand der Reichen nach und nach durch deren Konsum und Investitionen in die unteren Schichten der Gesellschaft durchsickern würde. Ein Wunschbild, das die Geschichte der Wirtschaftswissenschaft wie der Politologie durchzieht. Kritiker sprechen lieber von Pferdeäpfel-Theorie: Wenn man den Pferden genug Hafer zu fressen gibt, wird auch etwas auf der Straße landen, um die Spatzen zu füttern.

In Großbritannien machte daher ein Projekt mehrerer Hochschulen Furore, das dieses harmonisierende Bild auseinandernimmt. Es lautet «Armut und soziale Ausgrenzung», stammt aus dem Umfeld des Sozialforschers David Gordon und erinnert an Friedrich Engels' bahnbrechende soziologische Arbeit «Die Lage der arbeitenden Klasse in England» aus dem Jahr 1845.

Obwohl Wirtschaft und Wohlstand auf den Britischen Inseln seit den 1980er Jahren brutto gewachsen sind, nahm die Armut drastisch zu. Und zwar nicht relativ (50 oder 60 Prozent des Durchschnittseinkommens), wie sie Europas Statistikbehörden oder die Bundesregierung definieren, sondern existenziell: Einem Drittel der Menschen fehlt das Nötigste zum Leben, es mangelt an Kleidung, Eltern hungern für ihre Kinder, und Rentner frieren, weil sie sich die Heizkosten nicht leisten können. Von den moralischen und kulturellen Folgen schweigen wir an dieser Stelle.

Eigennutz, hier die Gewinnmaximierung, schafft also nur bedingt Gemeinnutz. Was unter Ökonomikern öffentlich kaum noch umstritten scheint: Von Adam Smith und Karl Marx über die Ordoliberalisten der Freiburger Schule bis zu moderaten Neoklassikern und Pluralen Ökonomikern heute. Damit die Eigennutzmaximierung nicht übermäßig zu Lasten des Allgemeinwohls geht und um in bestimmten Bereichen ein Marktversagen zu vermeiden, musste der Staat Rahmenbedingungen und Spielregeln festlegen. Er tat es. So mangelt es nun nicht an Spielregeln. Ralf Dahrendorf oder John Kenneth Galbraith haben diese Verrechtlichung als Bürokratisierung des Kapitalismus beschrieben.

Es geht auch ohne

Alternativlos ist die Gewinnmaximierung allerdings nicht. So versuchten Konsumgenossenschaften schon im 19. Jahrhundert, ihren Mitgliedern günstig Lebensmittel zu verschaffen. 1844 gründeten 28 arme Flanellweber bei Manchester den ersten Genossenschaftsladen. Die «ehrbaren Pioniere von Rochdale» führten nur Mehl, Zucker, Butter und Hafergrütze. Überschüsse wurden nicht nach Kapitalbeteiligung der Genossen, sondern nach dem Umfang der Einkäufe in der Genossenschaft verteilt.

Diesem Non-Profit-Ansatz folgten weltweit viele Konsum- und Produktionsgenossenschaften und auch Banken. Obwohl in Deutschland mit dem Skandal um den Wohnungsbaukonzern Neue Heimat die Genossenschaftsidee einen schweren Tiefschlag erhielt, organisiert allein der Zentralverband deutscher Konsumgenossenschaften (ZdK) heute über 400 Genossenschaften mit etwa 350 000 Einzelmitgliedern. Allerdings sind diese nicht unbedingt direkt dem Allgemeinwohl verpflichtet, sondern dem Wohl ihrer Mitglieder. Gleiches gilt für Volks- und Raiffeisenbanken sowie eingeschränkt für Wohnungsbaugenossenschaften.

Die meist im kommunalen Eigentum befindlichen Sparkassen sind sogar ausdrücklich dem Gemeinnutz verpflichtet. Dies schreiben die Sparkassengesetze der Bundesländer für die allgemeine Geschäftstätigkeit vor. Außerdem wird ein Teil des Jahresüberschusses («Gewinn») für gemeinnützige, kulturelle, wissenschaftliche oder soziale Zwecke ausgegeben und dient der Allgemeinheit. Sparkasse wie Genossenschaft sind dennoch oder gerade deswegen erfolgreiche Unternehmensformen.

Gewinnmaximierung spielt auch für staatliche Unternehmen wie Wasserwerke oder öffentliche Verwaltungen keine Rolle. Ob sie deswegen weniger effizient arbeiten als private Firmen, ist immer wieder Gegenstand von Kontroversen unter Wirtschaftsexperten und Politikern. Die Staatsquote in Deutschland sank laut Finanzministerium von rund 55 Prozent (1995) auf immerhin noch knapp 45 Prozent in 2015 (Frankreich: 57 Prozent). Seither ist die Quote recht stabil.

Nachdem bis in dieses Jahrhundert hinein Privatisierungen und Liberalisierungen die Oberhand zu gewinnen schienen, hat mittlerweile in weiten Teilen der Gesellschaft ein Umdenken stattgefunden. So haben viele Kommunen die Daseinsvorsorge vom Strom bis zum Müll wieder selbst in die Hand genommen oder stoppten die Veräußerung ihres Tafelsilbers.

Spätestens Corona hat auch dezentrale, kleinere Krankenhäuser rehabilitiert. Die Qualität der privaten oder, wie Bahn und Post, teilprivatisierten Versorger wird vielerorts als mangelhaft kritisiert. Außerdem sind die niedrigen Kampfpreise vieler privater Anbieter nur auf Kosten ihrer schlecht bezahlten Beschäftigten möglich. Corona dürfte die Staatsquote weiter ansteigen lassen.

Sozialer Nutzen statt private Gewinnmaximierung galt auch im realen Sozialismus mit seiner Planwirtschaft als Ziel. Bis auf Kuba hat kein Land dieses Experiment durchgehalten. Ob China mit seinem Mix aus gesellschaftlicher Planung, gesellschaftlicher Nutzenorientierung staatlicher Unternehmen und privater Gewinnmaximierung auf seinem «Dritten Weg» bleibt, wird man sehen, wenn die nachholende Modernisierung des Schwellenlandes abgeschlossen ist. Aller berechtigten Kritik zum Trotz, der Mythos «Gewinn» lebt.

Hermannus Pfeiffer

Literaturtipps

Klaus Müller, *Profit – Basiswissen Politik/Geschichte/Ökonomie, Köln 2016.*

Hermann Simon, *Am Gewinn ist noch keine Firma kaputtgegangen, Frankfurt/M. 2020.*

Wöhe – Einführung in die Allgemeine Betriebswirtschaftslehre, von Günter Wöhe, Ulrich Döring und Gerrit Brösel, 27. Auflage, München 2020.

Topmanager: Tausendmal kassiert, bis endlich was passiert

Manager, die viel leisten, müssen auch gut verdienen, sonst wandern sie ab

Die Vorsitzenden des Vorstands der größten Aktienunternehmen im DAX verdienen in einem Jahr durchschnittlich mehr als das Sechzigfache ihrer Mitarbeiterinnen und Mitarbeiter und die anderen Vorstände gut das Fünfzigfache. Kritikwürdig finden sie das nicht. «Unser Gehalt ist gerecht. Wir verdienen nicht zu viel!», bekräftigen sie immer dann möglichst öffentlichkeitswirksam, wenn die hohen Managergehälter und Abfindungen wieder einmal in die Schlagzeilen geraten sind. In einschlägigen Zeitschriften wie dem *Manager Magazin* gehören Berichte über Vorstandsgehälter gleichsam zum guten Ton, und flott formuliert lautet dann der naheliegende Befund: «Deutsche Top-Manager gegen Deckelung ihrer Bezüge». Ex-VW-Chef Matthias Müller kommentierte bezeichnenderweise einen Vorschlag zur Regulierung von Managergehältern auf maximal 5 Millionen Euro jährlich mit dem Hinweis: «In Deutschland besteht der Drang, alles politisch regeln zu wollen. Aber wo soll das enden? Wir hatten so was bereits einmal in Form der DDR. Da ist auch alles geregelt worden.»

Es verging vor der Corona-Krise kaum ein Jahr, in dem die Vorstände der im Deutschen Aktienindex (DAX) gelisteten Unternehmen so viel verdient hatten «wie noch nie». Einer Studie der Hans-Böckler-Stiftung zufolge vergrößerte sich der Abstand zu den durchschnittlichen Beschäftigten in ihren Firmen zwischen 2014 und 2017 deutlich. So reichte 2017 die Bandbreite der sogenannten «Manager to Worker Pay Ratio» vom 20- bis zum 160fachen – im Durchschnitt verdienten die Vorstände mehr als 70-mal so viel. Laut der Deutschen Schutzvereinigung für Wertpapierbesitz erhielten sie 2019 einschließlich Boni bzw. Vergütungsprogrammen durchschnittlich 3,4 Euro Millionen im Jahr.

Nun findet es laut repräsentativen Umfragen zwar über die Hälfte der Befragten in Deutschland unangemessen, wenn ein Vorstand extrem mehr verdient als «normale» Beschäftigte. Da es aber in fast allen Firmen nach wie vor eine stark gespreizte Lohn- und Gehaltsstruktur und zudem einen riesigen Gehaltssprung in die oberste Hierarchieebene gibt, kann von einem Widerstand gegen astronomisch hohe Managervergütungen offenbar keine Rede sein. Vor allem aber mangelt es in der zumeist durch skandalisierte Begebenheiten angeheizten öffentlichen Diskussion an Vorschlägen für eine sinnvolle, menschen- und arbeitsgerechte Entlohnung und Vergütung.

Bekanntlich reagieren Vorstände auf Habgier-Vorwürfe in aller Regel mit der Aussage, ihre Gehälter seien angemessen. Unternehmensberater und nicht wenige Wirtschaftsjournalisten stimmen ihnen ebenso zu wie einflussreiche Politiker, indem sie die exzessiven Gehälter als marktwirtschaftlich gerecht darstellen. Im Übrigen gilt die schwammige Maxime: Wer mehr leistet, soll auch mehr verdienen! Fehlt noch das beliebte Argument des «Wettbewerbs um die besten Köpfe». Angeblich werden Vorstände bei der Konkurrenz im Ausland generell deutlich besser bezahlt und müssen ebendeshalb hierzulande immer mehr Geld erhalten, damit sie nicht ab- und auswandern. Zum einen stimmt das nicht, weil sie zum Beispiel in Schweden deutlich weniger verdienen. Zum anderen kam Michael Hartmann nach der Analyse der 1000 weltgrößten Unternehmen und 1000 weltweit reichsten Personen zu dem Ergebnis, dass Vorstände ohnehin zumeist im eigenen Land bleiben. Laut dem Soziologen ist der gern beschworene «globale Markt für Topmanager» schlicht eine Legende.

Etwas ist faul im Vergütungssystem

Eine Grundschullehrerin oder ein Grundschullehrer, die in einer Klasse bis zu 25 Schülerinnen und Schüler mit den unterschiedlichsten Hintergründen unterrichten und diese mit ihrem Fachwissen und pädagogischem und psychologischem Einfühlungsvermögen zu neuen Entwicklungen und Wissensschritten motivieren, verdienen im Jahr bestenfalls ein Hundertstel einer Vorstandsvergütung. Das Werte-, Wirtschafts- und Aushandlungssystem unserer Gesellschaft will es so. Und weil das so ist, erhält eine engagierte und beliebte Lehrkraft, die vorzeitig aus dem Dienst ausscheiden muss, auch keine Abfindung in Höhe von einigen Millionen Euro und schon gar keine zusätzliche monatliche Rente in Höhe von einigen tausend Euro. Diese goldenen Handschläge sind bezeichnenderweise für ohnehin finanziell gut gebettete Topmanager fester Bestandteil des Arbeitsvertrages, für Toplehrkräfte hingegen nie und nimmer. Von einer Betriebsrente in Höhe von 3160 Euro pro Tag ganz zu schweigen – sie erhält ein übrigens unlängst entlassener VW-Vorstand.

Die Vergütung vieler Topmanager wird an alles Mögliche geknüpft, nicht zuletzt an die Eigenkapitalrendite und den Aktienkurs. Über die Vertragsgestaltung und damit auch Abfindungsbeträge entscheiden – im Auftrag der Eigentümer bzw. Aktionäre – die Aufsichtsräte. Da die Aufsichtsratschefs in ihrem Vorleben zumeist selber Topmanager gewesen sind, stören sie sich nicht an exorbitant hohen Vorstandsvergütungen. Schon deshalb ist der Befund «Viel Geld für viel Leistung» ein Mythos. Hinzu kommt, dass ein als mächtig eingeschätzter Vorstandsvorsitzender alles tun wird, um sein Gehalt in noch höhere Höhen zu treiben. Nur zur Erinnerung: Der langjährige SAP-Vorstandschef Bill McDermott erhielt für das Jahr 2019 mehr als 15 Millionen Euro überwiesen – rund 10 Millionen davon ergaben sich aus einem mehrjährigen Vergütungsprogramm. (In seiner achtjährigen Amtszeit verdreifachte sich der Aktienkurs des Walldorfer Softwarekonzerns.)

Und was wird die inzwischen in Kraft getretene zweite EU-Aktionärsrecterichtlinie bewirken? Ihr zufolge muss der Aufsichtsrat eines börsennotierten Unternehmens der Aktionärsversammlung ein Vorstandsvergütungssystem mit einer verpflichtenden Maximalvergütung für Vorstandsmitglieder vorlegen. Einen «detaillierten, jährlichen Vergütungsbericht über tatsächlich geleistete Zahlungen» inbegriffen. Die Aktionäre können seitdem diese Obergrenze per Abstimmung auf der Hauptversammlung herabsetzen, wenn sie ihnen zu hoch ist.

Da Aktionäre bislang jedoch selten etwas gegen enorm hohe Managergehälter einzuwenden hatten – insbesondere wenn wie im Falle von SAP der Aktienkurs fast stetig steigt –, ist im Zweifelsfall davon auszugehen, dass das Gehaltsniveau der Vorstände tendenziell weiter steigen wird. Im Übrigen kann der Aufsichtsrat nach wie vor frei über die Höhe der Vergütungen entscheiden – und auch darüber, ob die Obergrenze für jeden Vorstand einzeln oder für alle zusammen gilt. Frage am Rande: Warum protestieren eigentlich die Gewerkschafter in den Aufsichtsräten (bei VW zudem Vertreter der niedersächsischen Landesregierung) nicht für alle Welt hörbar gegen Arbeitsverträge mit absurd hohen Vergütungen und Betriebsrenten?

Ernst Abbe macht Ernst

Nun gibt es eine gar nicht komplizierte und frei von gesetzlichen Zwängen praktizierbare Möglichkeit, den exzessiven Managervergütungen und -abfindungen gleichsam die Millionen zu ziehen und das enorme Missverhältnis zwischen der Vergütung eines Vorstands und etwa der eines Lehrers aufzuheben. Schon einmal vom Unternehmer und Sozialreformer Ernst Abbe (1840-1905) gehört? Er arbeitete ab 1866 mit dem Feinmechaniker und Optiker Carl Zeiss (1816-1888) in dessen Firma für Mikroskopebau zusammen und wurde 1875 stiller Teilhaber. Ab 1882 gedieh zudem die Zusammenarbeit mit dem Chemiker Otto Schott (1851-1935). Dessen Entwicklung spezieller optischer Glassorten ermöglichte ab 1883 den Bau damals phänomenaler Mikroskopobjektive – fortan wurden die Firmen Carl Zeiss und Schott & Genossen zu einem weltweiten Begriff und sehr erfolgreich.

1889 gründete Ernst Abbe die Carl-Zeiss-Stiftung, die er dann mit Otto Schott zur Alleineigentümerin der beiden Unternehmen machte, um seine bahnbrechenden sozial- und unternehmensreformerischen Prinzipien umsetzen zu können. Niedergelegt wurden sie im Zeiss-Stiftungsstatut von 1896/1906, das alle Beschäftigten als interne Unternehmensverfassung ausgehändigt bekamen. Es schrieb fest, was in anderen Unternehmen zu jener Zeit noch mühsam erkämpft werden musste: eine eigenständige Mitarbeitervertretung, Kündigungsschutz, eine Kranken- und

Pensionskasse, bezahlten Urlaub, die Vergütung von Überstunden. Hinzu kam ab 1900 der Achtstundentag.

Angemessener Lohn

Darüber hinaus hielt Ernst Abbe noch einen weiteren Trumpf in der Hinterhand – den des «angemessenen» Lohns. «In den Stiftungsbetrieben», verdeutlichte er, «soll die Ungebühr nicht einreißen, die in der Großindustrie vielfach zu finden ist, dass eine exorbitante Dotierung der leitenden Personen, außer allem Verhältnis zum objektiven wirtschaftlichen Wert ihrer Arbeitsleistung, in groben Kontrast tritt zu der notwendigerweise bescheidenen Entlohnung der Tätigkeit der großen Mehrzahl.» Abbes Erkenntnis wurde im Zeiss-Stiftungsstatut durch die Regel verankert, der «angemessene Lohn des Leitungspersonals» dürfe «maximal das 10fache des Jahresdurchschnittslohnes eines Arbeiters» betragen. Des Weiteren war die Geschäftsleitung nicht am Gewinn beteiligt, damit ihr «das Ansehen völliger Uninteressiertheit gewahrt bleibe».

Natürlich war dem volks- und betriebswirtschaftlich beschlagenen Ernst Abbe durchaus bewusst, dass es Manager geben würde, die den in anderen Unternehmen weiterhin ausufernden Vergütungen den Vorzug geben würden. Wie formulierte er nicht gleich? «Mag immerhin infolge solcher Beschränkung gelegentlich einmal eine sonst wertvolle Kraft dem Dienst der Stiftung verloren gehen, weil sie wegen des Beispiels anderer nur gegen Gewährung ganz ungewöhnlicher Vorteile zu haben wäre; die Stiftung wird doch immer auf solche Personen angewiesen bleiben, für welche die eigentliche Triebfeder des Handelns nicht in der Aussicht auf ganz besonderen materiellen Gewinn, sondern in den inneren Antrieben zur Betätigung in einem tüchtigen Wirkungskreis liegt. [...] Infolgedessen muß unsere Organisation auf Kräfte und Eigenschaften der Menschen zählen, an deren genügende Häufigkeit nicht alle glauben wollen: weniger Selbstsucht, mehr Gemeinsinn – weniger äußerer Ehrgeiz, mehr Sinn für den inneren Wert menschlicher Arbeit – weniger Gehorsam, mehr freie bewußte Pflichterfüllung und einiges mehr ...»

Die einst von Ernst Abbe erfolgreich initiierte Praxis, ein Unternehmen mit Weltgeltung durch Führungskräfte managen zu lassen, deren «eigentliche Triebfeder des Handelns nicht in der Aussicht auf ganz besonderen materiellen Gewinn» liegt und die «maximal das 10fache des Jahresdurchschnittslohnes eines Arbeiters» akzeptieren, ist hierzulande offenbar verdrängt und vergessen worden. Bezeichnenderweise wurde das Statut der Carl-Zeiss-Stiftung 2004 grundlegend reformiert, und zugleich erfolgte die Umwandlung der beiden Stiftungsunternehmen Zeiss und Schott in Aktiengesellschaften. Seitdem gibt es für die Führungskräfte keine Gehaltsbegrenzungen mehr.

Leere Empfehlungen

Schon einmal vom Deutschen Corporate Governance Kodex gehört? Er soll laut der Regierungskommission «das Vertrauen der internationalen und nationalen Anleger, der Kunden, der Mitarbeiter und der Öffentlichkeit in die Leitung und Überwachung deutscher börsennotierter Gesellschaften fördern». Der Kodex besteht aus den gesetzlichen Vorschriften zu ihrer Leitung und Überwachung, enthält Empfehlungen national und international anerkannter Standards «guter und verantwortungsvoller Unternehmensführung» und nicht zuletzt Ausführungen über die «Vergütung des Vorstands». In der Fassung vom 16. Dezember 2019 heißt es: «Zur Beurteilung der Üblichkeit der konkreten Gesamtvergütung der Vorstandsmitglieder im Vergleich zu anderen Unternehmen soll der Aufsichtsrat eine geeignete Vergleichsgruppe anderer Unternehmen heranziehen, deren Zusammensetzung er offenlegt. Der Peer Group-Vergleich ist mit Bedacht zu nutzen, damit es nicht zu einer automatischen Aufwärtsentwicklung kommt. Zur Beurteilung der Üblichkeit innerhalb des Unternehmens soll der Aufsichtsrat das Verhältnis der Vorstandsvergütung zur Vergütung des oberen Führungskreises und der Belegschaft insgesamt und dieses auch in der zeitlichen Entwicklung berücksichtigen.»

Nehmen wir einmal an, es gäbe die nachdrückliche Empfehlung, Vorständen höchstens das 10fache des durchschnittlichen Bruttoarbeitsentgelts eines vollbeschäftigten Arbeitskraftanbieters zu gewähren. Das liefe gegenwärtig auf eine maximale Brutto-Vorstandsvergütung von durchaus noch sagenhaften 480 000 Euro per anno hinaus. Alternativ wäre auch das Bruttojahresgehalt von Bundeskanzlerin oder Bundeskanzler in Höhe von rund 350 000 Euro eine Maximalvergütungsalternative – diese Person muss immerhin wichtige Entscheidungen für Deutschland treffen und trägt die Verantwortung für mehr als 82 Millionen Bundesbürgerinnen und -bürger.

Aber wird es angesichts der heutigen Realitäten nicht höchste Zeit für die nachdrückliche Empfehlung der Gewerkschaftsvertreter im Aufsichtsrat, Vorständen höchstens das 10fache des jeweils gültigen gesetzlichen Mindestlohns für eine vollbeschäftige Arbeitskraft zu gewähren? Das liefe für das Jahr 2021 auf eine Bruttovergütung von 185 000 Euro hinaus – und das ist doch auch nicht schlecht, oder?

Johann-Günther König

Literaturtipps

Michael Hartmann, *Die Abgehobenen: Wie die Eliten die Demokratie gefährden*, Frankfurt/New York 2018.

Ernst Abbe, *Gesammelte Abhandlungen, 5 Bde.*, Hildesheim 1989 (Erstausgaben: Jena 1904 – 1940). Hier besonders *Bd. 3: Vorträge, Reden und Schriften sozialpolitischen und verwandten Inhalts; Bd. 5: Werden und Wesen der Carl-Zeiss-Stiftung.*

Sebastian Demel, *Auf dem Weg zur Verantwortungsgesellschaft: Ernst Abbe und die Carl-Zeiss-Stiftung im deutschen Kaiserreich*, Göttingen 2014.

Abgeben schafft Wohlstand

Steuern bremsen das Wirtschaftswachstum

Hohe Steuern, vor allem hohe Unternehmenssteuern, schaden letztlich allen. Wenn der Staat sich ein großes Stück vom Kuchen abschneidet, schränkt dies die Möglichkeiten der Wirtschaft ein. Da private Unternehmen generell besser wirtschaften als der Staat, bremsen Steuern das wirtschaftliche Wachstum. Hohe Steuern gefährden zudem die internationale Wettbewerbsfähigkeit einer Volkswirtschaft und ihrer Unternehmen. Umgekehrt beflügeln niedrige Unternehmenssteuern das Wachstum einer Volkswirtschaft.

So lautet das Credo der neoliberalen Wirtschaftslehre. Stellen wir es auf den Prüfstand.

Irlands Premierminister Mícheál Ó Máirtín und seine Vorgänger wollten diese 13 Milliarden Euro partout nicht haben. Denn die Grüne Insel lockt seit langem multinationale Konzerne aus aller Welt mit extrem niedrigen Steuern an. Vor einigen Jahren wurde es der Europäischen Kommission dann zu bunt, und sie wagte einen spektakulären Vorstoß gegen Steuernachlässe, mit denen Mitgliedsstaaten Großkonzerne ins eigene Land locken. Der Bann traf Apple. Mit einem Börsenwert von mehr als 1 Billion Euro eine der teuersten Aktiengesellschaften.

Der amerikanische Computerkonzern betreibt einen großen Teil seines Europa-Geschäftes vom irischen Cork aus. Wettbewerbskommissarin Margrethe Vestager hatte Apple im August 2016 aufgefordert, die Milliardensumme in Irland nachzuzahlen, weil das Land dem Konzern eine unzulässige Sonderbehandlung bei den Steuerkonditionen gewährt habe. Apple wehrte sich dagegen mit juristischen Mitteln. Doch es überraschte nicht wenige, als sich die irische Regierung in dem Streit demonstrativ hinter Apple stellte.

Vor Gericht erlitt die EU-Kommission dann im Sommer 2020 eine Schlappe: Der Europäische Gerichtshof in Luxemburg annullierte das Nachzahlungs-Dekret der Kommission. Die Kommission habe keine Grundlage dafür nennen können, dass die vom irischen Staat gewährten Steuervergünstigungen für den iPhone-Verkäufer ein unangemessener Vorteil nach dem Wettbewerbsrecht seien, entschied das Gericht.

Die Crux: Frau Vestager musste das Wettbewerbsrecht als Vehikel bemühen, um eine offene, politische Steuerfrage zu klären. Über die Höhe der Steuern entscheiden nämlich die jeweiligen nationalen Regierungen (und ihre Parlamentsmehrheiten) – und zwar im Alleingang. Eine offene Flanke der Union, die nicht allein das kleine, agrarisch geprägte Irland für Steuersparmodelle nutzt, sondern auch ökonomische Größen wie beispielsweise die Niederlande oder, schon vor seinem Ausscheiden aus der EU, Großbritannien.

Wie viele Steuern zahlen sie eigentlich?

Wie hoch die tatsächliche Steuerlast ausfällt oder ausfallen müsste, ist eigentlich in jedem Fall unter Experten umstritten. Unternehmen haben zudem kaum ein Interesse daran, ihre Steuerzahlungen transparent zu machen. Diese verschwinden bestenfalls unter «ferner liefen» in den Geschäftsberichten.

Gleichzeitig bietet das Steuerrecht international das Bild eines Flickenteppichs. So zahlen beispielsweise Firmen allein in Deutschland üblicherweise Einkommen- oder Körperschaftsteuer, Umsatzsteuer sowie Gewerbesteuer. Hinzu kommen noch zwei Dutzend weiterer Abgaben, bis hin zur «Zwischenerzeugnissteuer».

Unternehmen, die in mehreren Ländern tätig sind, haben außerdem die Möglichkeit, Erträge konzernintern zu verschieben. Was den Steuerwirrwarr noch komplizierter macht. Dazu tragen interne Lieferungen von Halbfertigprodukten ebenso bei wie Patente, die eine Tochtergesellschaft in Italien für viel Geld von der Muttergesellschaft in Irland erwirbt.

Angesichts dieser grenzüberschreitenden Gemengelage hat es – bislang nahezu vergeblich – immer wieder Versuche von Regierungen und internationalen Organisationen gegeben, in einem ersten Schritt wenigstens Transparenz über die tatsächlichen Steuerzahlungen von multinational aktiven Konzernen herzustellen. Einen Schritt weitergekommen ist man zumindest im Hinblick auf die einzelnen Länder.

Die Bundesrepublik bewerten Lobbyverbände der Wirtschaft daher als «Höchststeuerland». Zur Begründung verweisen sie gerne auf den Spitzensteuersatz. Aber auch die Bundeszentrale für politische Bildung (BpB) tut dies. In einer Grafik ist zu sehen, dass Deutschland mit einem Unternehmenssteuersatz von 30 Prozent nur von der Inselrepublik Malta übertroffen wird.

Doch das ist weniger als die halbe Wahrheit. Der «Steuersatz» von so und so viel Prozent sagt wenig über die tatsächlichen Steuerzahlungen aus, die ein Unternehmen oder sonstiger Steuerpflichtiger an das Finanzamt überweist. In der Praxis liegt der Satz der tatsächlich entrichteten Steuern schon im Normalfall bis zu einem Drittel niedriger. Dafür sorgt die «Bemessungsgrundlage», auf die dann der gesetzliche Steuersatz angewendet wird. Nun kann die Bemessungsgrundlage verkleinert werden, indem etwa Teile des Gewinns davon abgezogen werden dürfen. Ein Unternehmen muss dann im Ergebnis weniger Steuern zahlen.

Solche Abweichungen zwischen nominalen und effektiven Steuersätzen sind durchaus von Politik, Gewerkschaften und Wissenschaft erwünscht. Damit soll beispielsweise eine Doppelbesteuerung von Gewinnausschüttungen an Aktionäre vermieden werden. In anderen Fällen sollen Branchen gegenüber ausländischen Konkurrenten abgeschirmt oder es sollen umweltbezogene Forschungsausgaben gefördert werden.

Ein Begriff, den es gar nicht gibt

Die «eine» Unternehmenssteuer gibt es gar nicht. Jedenfalls im Steuerrecht. Wenn von «der» Unternehmenssteuer die Rede ist, sind verschiedene Steuerarten summiert, die je nach Gesellschaftsform eines Unternehmens und seiner Größe anfallen. «Unternehmenssteuer» ist also ein Sammelbegriff, in dem verschiedene Steuerarten zusammengefasst werden. In Deutschland sind dies vor allem die erwähnten Umsatzsteuer, Einkommenoder Körperschaftsteuer und die Gewerbesteuer.

«Unternehmenssteuer» umfasst damit alle steuerlichen Abgaben, die ein Unternehmen an Bund, Länder und Gemeinden entrichten muss. Jede dieser Abgaben folgt speziellen, im Zweifel kniffligen Regeln. Die gesamte Steuerbelastung für Unternehmen ergibt sich aus den Steuern auf den Verbrauch, Steuern auf den Ertrag und Steuern auf die Substanz.

Dieser Flickenteppich aus nationalen, regionalen und lokalen Sonderregelungen erschwert naturgemäß den Vergleich zwischen verschiedenen Staaten und ihren Steuersystemen. Keineswegs an der Spitze, sondern im oberen Mittelfeld verortete 2020 das Bundesfinanzministerium im internationalen Vergleich die «maximale Besteuerung» der Unternehmen hierzulande. Das gilt ebenfalls, wenn zusätzlich die Anteilseigner der Unternehmen berücksichtigt werden. Aus der Übersicht des Ministeriums lässt sich immerhin ein Trend herauslesen: Kleinere oder wirtschaftliche schwache Länder verlangen von der Wirtschaft geringe Steuerleistungen, wirtschaftliche stärkere Länder verlangen viel. Wobei die Unterschiede zwischen den Topländern gering sind.

Nun ist das Bundesfinanzministerium gewissermaßen parteiisch. Zum ersten Mal, so die Industriestaatenorganisation OECD, lieferte der Bericht «Corporate Tax Statistics» weltweit vergleichbare Zahlen. Die zweite Ausgabe erschien 2020. Auch aus diesem Blickwinkel liegt die Bundesrepublik im oberen Mittelfeld, gleichauf mit wichtigen Konkurrenten wie Japan oder Südkorea. In Frankreich zahlen Unternehmen mehr Steuern, in den Niederlanden und den USA weniger. Ein Steuerparadies sind die Vereinigten Staaten, laut OECD, für Unternehmen dennoch nicht: weil nicht allein der Zentralstaat, sondern viele Bundesstaaten und Kommunen eigene (hohe) Steuern erheben.

Steueroase Deutschland

Wie macht die Deutsche Bank auf Malta 171 Millionen Euro Gewinn – ohne einen einzigen Angestellten? Dies fragte sich der *Tagesspiegel*. Die Antwort kennen wir nicht. Aber sicherlich ist Malta kein Hochsteuerland, sodass es sich lohnen dürfte, Gewinne von irgendwoher dort zu verbuchen.

Die rund 400 000 Einwohner der drei kleinen Inseln im Mittelmeer leben vom Tourismus und von ausländischen Investitionen. Als Anreiz bietet das rohstoffarme Land enge Kontakte ins benachbarte Nordafrika sowie eine gut ausgebaute IT-Infrastruktur. Doch unterm Strich schneidet das Geschäftsumfeld international nur im unteren Mittelfeld ab. Im Doing-Business-Index der Weltbank reicht es gerade mal für Platz 88 unter 190 Ländern.

Es dürfte also weniger die Wirtschaft als das Steuersystem sein, welches deutsche Unternehmen wie BMW, Deutsche Bank oder Lufthansa nach Malta lockte. Seit einer umfassenden Unternehmenssteuerreform der konservativen Regierung Lawrence Gonzi im Jahr 2008 verfügt Malta über die niedrigsten europarechtskonformen Ertragsteuern für Kapitalgesellschaften in der EU. Und ist damit auch für Mittelständler «ein sehr attraktiver Investitionsstandort», heißt es in einer Studie der Industrie- und Handelskammern Bayerns.

Der Trick: Die bei Unternehmen erhobenen Steuern werden dem Anteilseigner bei der Ausschüttung von Dividenden vergütet. Hierbei kommt es weder darauf an, ob der Eigentümer eine natürliche oder juristische Person ist, noch darauf, ob der Anteilseigner in- oder ausländisch ist.

Daher können auf Malta registrierte Zweigniederlassungen ausländischer Konzerne abkassieren. Vergütet werden grundsätzlich sechs Siebtel der erhobenen Steuer von 35 Prozent. Dadurch sinkt die tatsächliche Gewinnbelastung häufig auf 5 Prozent. Selbst Profite, die außerhalb Maltas erzielt wurden, werden zu fünf Siebtel erstattet. Der effektive Steuersatz beträgt dadurch 10 Prozent – und ist dann immer noch etwa zwei Drittel niedriger als in Deutschland oder Schweden.

Doch die Regierung in der maltesischen Kleinstadt Valletta setzt nicht allein auf steuerminimierende Briefkastenfirmen. Wichtige Wirtschaftssektoren wie Pharmaindustrie, IT-Branche oder Dienstleistungen werden vom Staat in jeder Beziehung hofiert: So ist Malta viertwichtigster Flaggenstaat der deutschen Handelsflotte. Und ein Dutzend internationaler Anbieter von Sportwetten, wie die «deutschen» Bet-at-home und Interwetten, haben dort ihre nominellen Firmenzentralen.

Attraktiv machen den Mini-Staat obendrein weiche Faktoren wie eine überforderte staatliche Aufsicht. So warnen öffentliche Wirtschaftsförderer in Deutschland vor der blühenden Korruption auf Malta und empfehlen deutschen Firmen eine «Antikorruptionspolitik» und die Schulung ihrer Beschäftigten.

Die günstigen Bedingungen für ausländische Unternehmen und Millionäre aus aller Welt zahlen sich für Malta aus. Angesichts des BIP von rund 10 Milliarden Euro ist der nominelle Bestand an Auslands-«investitionen» von 150 Milliarden Euro geradezu gigantisch.

Das Geschäftsmodell Malta ist kein Einzelfall. Mit ähnlichen Steueroptimierungsmodellen locken andere kleine oder wirtschaftlich schwächere Länder Konzerne, Banken, Fonds und Reiche an, kurzum «Investoren» aus aller Herren Länder.

Aber auch wirtschaftlich starke Volkswirtschaften gönnen sich kleine Steuer-Eilande. Etwa die exportstarken Niederlande: So hat der deutsch-französische Luft- und Raumfahrtkonzern Airbus seinen Sitz in Leiden, und das italienische Traditionsunternehmen Fiat wanderte nach Amsterdam aus. Auch in den Vereinigten Staaten gibt es Steuerwüsten für Reiche in einigen Bundesstaaten.

Als unlautere, wenngleich legale Trutzburgen gelten unter Steuerexperten ebenfalls die britischen Kanalinseln Jersey und Guernsey – sie gehörten zwar wirtschaftlich zur EU, sind aber Eigentum der britischen Krone, also Privatbesitz. Das Königshaus in London verzichtet großzügig auf Mehrwert- und Körperschaftsteuer, wenn Unternehmen wenigstens eine kleine Geschäftsführung in den Kronländern unterhalten.

Schlecht schneidet auch Deutschland ab. «Die problematischsten Schattenfinanzplätze der Welt sind nicht kleine Inselstaaten, sondern große und reiche Staaten.» Zu diesem Schluss gelangt das Tax Justice Network (TJN) in seinem Jahresbericht 2020. Deutschland wird mangelnde Transparenz, ein fehlendes Immobilienregister – Immobilien werden gerne mit Schwarzgeld bar bezahlt – und eine laxe Steuerfahndung angekreidet. Noch schlechter als Deutschland (Rang 14 von 133) schneiden die Schweiz, die Vereinigten Arabischen Emirate und die USA ab. Alle liegen in den Top Ten der größten Schattenfinanzplätze.

Trumps Rollback

Bereits seit den 1990er Jahren bestand international (wieder) ein Trend zu sinkenden Unternehmenssteuersätzen. In Deutschland fielen diese laut der Unternehmensberatung KPMG in den Jahren 1999 bis 2011 von 52,3 auf 29,4 Prozent und damit noch stärker als im Durchschnitt der EU. Seither ist der Steuersatz in Deutschland minimal auf 30 Prozent gestiegen.

Die Steuerrallye schien beendet. Seit der Finanzkrise drehte sich die Diskussion international um das Thema Transparenz und die geringen Steuerzahlungen von Digitalkonzernen. Weltweit führt die fortschreitende Digitalisierung zu neuen Formen der Wertschöpfung. Darin sind sich Ökonomiker ausnahmsweise einig. Dies ermöglicht es international aufgestellten Digitalunternehmen wie Amazon, Google oder Facebook, ihre Steuerleistungen in ein beliebiges Land zu verschieben und unterm Strich extrem zu minimieren. Um dem einen Riegel vorzuschieben, planen viele Staaten die Einführung nationaler Digitalsteuern.

Damit es dazu nicht kommt, hat die OECD im Herbst 2019 eigene Vorschläge für eine umfassende Reform der weltweiten Unternehmensbesteuerung vorgelegt. Eine weitere OECD-Empfehlung zielt auf alle Unternehmen, die Gewinne in Niedrigsteuerländer verlagern. Was bekanntermaßen auch deutsche Konzerne praktizieren. Um einen neuen Pfad einzuschlagen, sollen die G20-Staaten und damit vier Fünftel der Weltwirtschaft eine globale Mindeststeuer und ein sogenanntes Abzugsverbot für Gewinne einführen. Internet-Umsätze in Deutschland müssten dann in Deutschland versteuert werden, nicht etwa in der Niedrigsteuer-Wüste Irland.

Warum treiben das politische Berlin aber an diesem Punkt andere Sorgen um? Die Bundesregierung sorgt sich um die exportstarke Industrie, die bislang vor allem in Deutschland Steuern entrichtet – und nicht in den «Marktländern», in denen die Produkte von Daimler, Siemens oder SAP gekauft werden. Die OECD-Pläne könnten also Löcher in den Steuersack des Bundesfinanzministeriums reißen.

So haben Frankreich, Spanien und andere Länder mittlerweile nationale Lösungen vorangetrieben. Die sind allerdings weit weniger engagiert als die OECD-Pläne, die das Gewinnsteuersystem gewissermaßen auf den Kopf stellen würden. Stattdessen soll eine bescheidene Abgabe auf Internet-Umsätze im jeweiligen Land erhoben werden.

Zurück zum handfesten Leben: Erst US-Präsident Donald Trump startete wieder die klassische Steuerrallye, wie sie lange Zeit über das Themenfeld gerast war: 2018 senkte Trump den landesweiten Unternehmensgewinnsteuersatz von 35 auf 21 Prozent und damit um stolze 14 Prozentpunkte. Trump versprach sich davon, so äußerte er, höhere Investitionen und neue Jobs. Kritiker sahen vor allem eine Begünstigung von Aktionären, Reichen und Unternehmen. Auch Nachfolger Joseph «Joe» Biden versprach im Wahlkampf lediglich, den Körperschaftsteuersatz auf 28 Prozent anzuheben.

International stieß Trump damit den harten Steuerwettbewerb wieder an, der mittlerweile auch in Deutschland angekommen ist. Bundeskanzlerin Angela Merkel setzte sich für eine Steuerentlastung für Unternehmen ein. «Ich freue mich, dass Wirtschaftsminister Peter Altmaier eine Unternehmenssteuerreform vorgeschlagen hat», sagte sie schon im November 2019 auf dem Deutschen Arbeitgebertag in Berlin.

Seither steht das Thema auf der politischen Agenda der Unternehmensverbände wieder weit oben. Auch in Corona-Zeiten verstummte, trotz üppigster Subventionen durch den Staat, die Forderung nach «steuerlicher Entlastung» nicht. Versprochen werden von den Befürwortern höhere Investitionen und neue Jobs; der Standort Deutschland würde durch eine niedrigere Besteuerung von Unternehmen und Mittelstand attraktiver.

Das muss man nicht so sehen. Die Steuerlast ist schließlich nur eine unter vielen Standortfaktoren. Und, anders als von Wirtschaftslobbyisten gerne behauptet, «in den seltensten Fällen ausschlaggebend», schreibt Johanna Hey, Direktorin des Instituts für Steuerrecht an der Universität Köln. Auch würden in Deutschland ansässige Unternehmen nicht wegen der Steuerlast abwandern. Zu einem Entscheidungsfaktor werden Steuern allerdings dann, wenn es um zusätzliche Investitionen geht, für die international mehrere gleichberechtigte Standorte eines Unternehmens in Frage kommen.

Politisch und moralisch würde eine weitere Senkung der Unternehmenssteuern – die einst unter Rot-Grün schon drastisch gesenkt worden waren – in Deutschland auf erheblichen Widerstand stoßen. Volkswirtschaftlich ständen dem geringen Nutzen erhebliche Kosten gegenüber. Der gewerkschaftsnahe Wirtschaftsweise Achim Truger hält es denn auch für den «falschen Weg», die Unternehmenssteuern zu senken. Ein Vorschlag, der im Sachverständigenrat diskutiert wurde, nämlich den Körperschaftsteuersatz von 15 auf 10 Prozent zu senken, führe dauerhaft zu niedrigeren Einnahmen des Staates. Dieses Geld fehle dann auf der Ausgabenseite.

Ein gewichtiges Argument in Corona-Zeiten. Denn den Steuern und Abgaben in Deutschland stehen umfangreiche öffentliche Leistungen und ausgebaute soziale Sicherungssysteme gegenüber. Auch dies sind Wettbewerbsfaktoren. In der Corona-Krise zeigte sich die Leistungsfähigkeit des Steuersystems an einem gut ausgestatteten Gesundheitswesen, einem verlässlichen Sozialstaat und umfassenden Unterstützungsmaßnahmen für Selbständige, Unternehmen und Beschäftigte. Selbst in Irland braucht der, zugegeben, eher schwachbrüstige Staat Milliardeneinnahmen. Statt von Konzernen wie Apple kassiert Dublin Steuern bei den inländischen Anteilseignern von Unternehmen und von den irischen Verbrauchern. Bei der Mehrwertsteuer ist Irland spitze.

Ein neuer Ansatz

Noch nie kassierten die Staaten so viele Steuerbillionen wie heute. Corona dürfte an diesem Trend nichts ändern, legen wir den OECD-Bericht zu Steuerreformen «Tax Policy Reforms 2020» zugrunde. Danach stieg der Anteil der Steuern am Bruttoinlandsprodukt (BIP) der wichtigsten Volkswirtschaften seit 1965 von durchschnittlich 24,9 auf 34,3 Prozent. Da das BIP heute weit größer ist als ehedem, ist die tatsächliche Steuersumme größer denn je.

Gleichzeitig wurde die Spanne zwischen Niedrig- und Hochsteuerländern eher größer. Das bedeutet, im Kern geht es um zwei Aspekte: Wer bringt diese Steuern auf? Und wo, in welchem Land, wird an den Fiskus gezahlt?

Die Europäische Kommission begann im Jahr 2016, Länder zu überprüfen. Die EU nutzte dabei einen bestehenden Peer-Review-Prozess, in dem Steuerfachleute verschiedene Steuersysteme mit Hilfe vordefinierter Kriterien beurteilten. Lediglich 20 von 92 ausgewählten Ländern wurden als zufriedenstellend eingestuft.

Der Rest wurde weiter befragt und zu Steuerreformen ermutigt. Die EU hielt bilaterale Treffen mit Vertretern dieser Länder ab, darunter die Schweiz und Liechtenstein, um sie über die Ergebnisse zu informieren und ihnen die Gelegenheit zu Gegendarstellungen oder zur Präsentation von Reformplänen zu geben. Letztlich drohte unwilligen Ländern, dass der Zugang zum EU-Binnenmarkt gesperrt werde. Aus EU-Sicht lief der Koordinierungsprozess dann zufriedenstellend. Zuletzt verblieben auf der Schwarzen Liste nur noch (oder immerhin):

— American Samoa
— Cayman Islands
— Fiji

- Guam
- Oman
- Palau
- Panama
- Samoa
- Trinidad and Tobago
- US Virgin Islands
- Vanuatu
- Seychelles.

Die OECD folgte einem anderen Steuergerechtigkeitsplan. Mitglieder der G20 hatten im Jahr 2012 auf die Organisation für wirtschaftliche Zusammenarbeit und Entwicklung (OECD) eingewirkt, einen Plan zur Bekämpfung schädlicher Steuerpraktiken zu entwickeln. Die jährlichen Steuerverluste dadurch werden von der OECD auf bis zu 200 Milliarden Euro geschätzt.

2015 präsentierte die in Paris angesiedelte Organisation ihren ersten Aktionsplan gegen unfaire Gewinnkürzungen und Gewinnverlagerungen, kurz BEPS («Base Erosion and Profit Shifting»). Der Plan schlägt ein gutes Dutzend Punkte vor, um nationale Steuerlücken zu schließen.

Insgesamt 135 Staaten verpflichteten sich, zumindest einige oder alle genannten Reformen umzusetzen. Das Bundesfinanzministerium spricht von einem «Meilenstein». Zu den Reformen gehören: substanzielle wirtschaftliche Aktivitätsnachweise für Unternehmen, die Gewinne in «Niedrigsteuerumgebungen» verlagern; die Beseitigung anderer schädigender Steuerpraktiken und die Umsetzung des BEPS-Plans und die Erhöhung der «Transparenz» durch ein weiteres OECD-Programm, in dem Informationen über Steuerzahler zwischen den Ländern ausgetauscht werden. Internationale Finanzbehörden begannen dann 2017, nach und nach umfangreichere Steuerdaten miteinander auszutauschen. Inzwischen umfasst die «Staatenaustauschliste» des Bundesfinanzministeriums 100 Länder.

Aus dem Aktionsplan der OECD wurde «eine globale Bewegung», jubelt die Unternehmensberatung EY (früher Ernst & Young). Kritiker wie das Tax Justice Network, das allerdings seinerseits ein gewisses Interesse an der Erzählung über löchrige Steuersysteme hat, halten eine solch positive Einschätzung für überzogen. Und ob der Datenaustausch «nur» Frau Mustermann und andere Privatpersonen ins Steuermark treffen wird oder letztlich auch Konzerne, scheint fraglich. Die OECD selber sieht sich, wie bei der Digitalsteuer, mitten in einem Prozess. Es wird sich um einen Prozess handeln, der wohl nie endet. Wie beim Doping im Sport finden sich immer neue Schlupflöcher, oder die Verantwortlichen schauen lieber nicht ganz genau hin.

Ob damit der traditionsreiche Steuersparsport wirklich «nur» Vergangenheit ist? Und das in allen 195 Staaten auf dieser Erde? Schließlich ist der Kampf gegen die Steuerflucht alt. Und er war nur zeitweise wirklich erfolgreich. Im globalen Süden bremst Steuerflucht der Eliten die Entwicklung der Wirtschaft. Die wirtschaftliche Entwicklung der reichen Bundesrepublik hat Steuerflucht dagegen nicht gestört. Zu gering sind die Summen, die dem Fiskus entzogen wurden. Die kräftig sprudelnden Steuereinnahmen von Bund und Ländern ermöglichten dagegen den Aufbau einer Infrastruktur, die Wirtschaftswachstum erst möglich machte.

Hermannus Pfeiffer

Literaturtipps

Hermann Adam, *Steuerpolitik in 60 Minuten, Wiesbaden* 2013.

Bundesministerium der Finanzen, *Steuern von A bis Z*, Berlin 2019.

Hans-Lothar Merten, *Vertreibung aus dem Paradies –
100 Jahre Steueroasen zwischen Nummernkonten, Briefkastenfirmen und Karibikinseln, München 2017.*

Das Netzwerk der fünften Gewalt

Lobbyismus ist legitim

Die Kunst der Beeinflussung von Entscheidungsträgern in Legislative und Exekutive ist die Domäne der Lobbyisten. Lobbying durch Information und Überzeugungsarbeit und zuweilen auch Druck gilt als erwünschtes politisches Gestaltungsmittel. So statuiert die EU-Kommission: «In einem demokratischen System hat Lobbyarbeit durchaus ihre Berechtigung. Dabei spielt es keine Rolle, wer diese Lobbyarbeit betreibt: einzelne Bürger bzw. Unternehmen, Organisationen der Zivilgesellschaft oder andere Interessengruppen bzw. Firmen, die Dritte vertreten (Berater für öffentliche Angelegenheiten, Denkfabriken und Rechtsanwälte).»

Lobbyismus, so meinen selbst kritische Aktivisten etwa von *LobbyControl*, sei legitim. Er sei Ausdruck unserer pluralistischen Meinungsbildung und somit wichtig für die Politik, die sich aufgrund der immer komplexeren Regelungsbedarfe Expertise und Folgenabschätzungen von außen heranholen müsse. Allerdings müsse es eine viel höhere «Lobbytransparenz» und «klare Schranken der Einflussnahme» geben. Fragt sich nur, wo die Grenzen liegen, jenseits deren Lobbyismus seine Legitimität verliert.

Lobbying findet heutzutage auf nationaler und übernationaler Ebene statt, zum Beispiel auf dem Feld der Europäischen Union. Seine Akteure verfolgen das Ziel, indirekten und möglichst nachhaltigen Einfluss auf Gesetzgebungen und die Vergabe öffentlicher Aufträge zu nehmen. Hinzu kommt die Beeinflussung der öffentlichen Meinung in Form von offenen Kampagnen sowie direkter und indirekter Einflussnahme durch Denkfabriken und auf Public Affairs bzw. das strategische Management von Entscheidungsprozessen spezialisierte PR-Agenturen. «Lobbying ist konstitutiver Bestandteil demokratischer Willensbildung», wirbt zum Beispiel die *Miller & Meier Consulting GmbH* auf ihrer Website, die sich «zu den größten inhabergeführten Beratungen für Strategie und Lobbying in Deutschland» zählt. Die Firma rühmt ihr tiefgehendes Verständnis «politischer Strukturen und Prozesse» und verspricht potenziellen Kunden – sei es ein Global Player, ein mittelständisches Unternehmen oder ein nationaler Verband –, deren Interessen so «in die Sprache der Politik» zu übersetzen, dass sie Politik «aktiv» mitgestalten können.

Professionelle Lobbyisten I

Vor dem Hintergrund der zunehmend komplexer werdenden gesellschaftlichen Herausforderungen – von A wie Arbeitsmarkt über D wie Digitalisierung, K wie Klimaschutz bis zu Z wie Zuwanderung – steigt der Regelungsbedarf durch die Politik stetig. Das hat Folgen für die Handlungsmöglichkeiten und -spielräume der Wirtschaftsakteure, und daher investieren sie zunehmend in das Lobbying, um die Rahmenbedingungen möglichst weitgehend mitgestalten zu können. Professionelle Lobbyisten und deren

Mitarbeiter dienen ihren Auftraggebern als Informationsbeschaffer, Strategie- und Kampagnenberater, politische Netzwerker, Gesetzgebungsexperten und diplomatisch versierte Sprachrohre. Sie verfügen in der Regel über eine hervorragende Ausbildung (ein politikwissenschaftliches Studium häufig inbegriffen), haben zumeist in politischen Apparaten Erfahrungen gesammelt und kennen sich in der Materie der Gesetzgebung bestens aus. Sie wirken an all den Orten, an denen Regierungen, Ministerien, EU-Agenturen, Parlamente und Politiker zu finden sind.

An jeweils zuständigen Ansprechpartnern fehlt es ihnen schon deshalb nicht, weil Ministerien, Parlamentsausschüsse und EU-Institutionen ihre Mitarbeit aktiv suchen und einfordern. So sieht die Gemeinsame Geschäftsordnung der Bundesministerien (GGO) vor, Fachkreise und Experten der Bundesverbände zu Rate zu ziehen. Zudem können Bundesministerien Fachausschüsse und -beiräte sowie Beratungsgremien einrichten, die professionelle Lobbyisten magisch anziehen. Und in Artikel 11 des *Vertrags über die Europäische Union* heißt es: «(2) Die Organe pflegen einen offenen, transparenten und regelmäßigen Dialog mit den repräsentativen Verbänden und der Zivilgesellschaft. (3) Um die Kohärenz und die Transparenz des Handelns der Union zu gewährleisten, führt die Europäische Kommission umfangreiche Anhörungen der Betroffenen durch.»

Professionelle Lobbyisten II

Ein für die Beeinflussung der öffentlichen Meinung wichtiger Akteur auf dem Lobby-Markt in Deutschland ist die *Initiative Neue Soziale Marktwirtschaft*. Diese auf Betreiben des Arbeitgeberverbandes Gesamtmetall gegründete und mit erheblichen Finanzmitteln ausgestattete Einrichtung versucht die Bevölkerung mit ihren Kampagnen quasi unauffällig auf ein marktradikales Gesellschaftsmodell einzuschwören. Sie nutzt dazu geschickt aufbereitete «wissenschaftliche» Befunde, die zumeist in der neutral wirkenden Berichterstattung der privaten und öffentlich-rechtlichen Medien untergebracht werden.

Nicht alle Lobbyisten dienen den Zielen mächtiger (transnationaler) Konzerne oder generell den wachstums- und gewinnfixierten Kapitalinteressen. Immer mehr zumeist wissenschaftlich ausgebildete Lobbyistinnen und Lobbyisten setzen sich für den Schutz der Umwelt, des Klimas, der Bürger-, Mieter- und Beschäftigtenrechte, des Friedens, der Chancengleichheit für Frauen und weitere soziale Ziele ein. Sie arbeiten für die Gewerkschaften, Initiativen wie FidAR (Frauen in die Aufsichtsräte) und Nichtregierungsorganisationen wie Ärzte ohne Grenzen, Greenpeace, Amnesty International, Foodwatch, Naturschutzbund Deutschland (NABU) etc. Die Lobbyisten namhafter NGOs sind heute als Experten bzw. Organisatoren von spezifischem Fach- und Sachverstand eine feste Größe in den Planungs- und Beschlussfassungsapparaten der Bundesrepublik, der EU und internationaler Organisationen wie der UN. Sie werden bei ihrem Lobbying zum Teil durch anerkannte Forschungsinstitute unterstützt. Allerdings gibt es im wachsenden Feld der NGOs zahlreiche Organisationen, deren tatsächliche Ziele, Geldgeber und Mitglieder dem künstlich erweckten Eindruck einer kritischen Bürgerbewegung nicht entsprechen. Zudem werden von den Eliten kooperationswillige Mitglieder der NGOs gezielt «befördert» – etwa auf Verwaltungsposten in der Weltbank und in EU-Institutionen.

Lobbyistischer Alltag

Professionelle Lobbyisten pflegen ein dichtes Kontaktnetzwerk – zumal zu anderen Lobbyisten, die als Verbündete in Frage kommen – und arbeiten mit umfangreichen Datenbanken, in denen alle relevanten Adressaten, politischen Entscheidungsstrukturen, Gesetzgebungsvorhaben und Termine etc. miteinander verknüpft sind. Professionelle Lobbyisten wissen, wo sie am erfolgversprechendsten ansetzen können. In der Bundesrepublik ist das die Referentenebene in den Ministerien, wo sich Beschlussvorlagen im Stadium der Entstehung befinden und noch gut veränderbar sind. Wenn sie die Ausschüsse und das Plenum des Bundestages oder Bundesrates erreicht haben, gestaltet sich das «Mitschreiben» viel schwieriger. Vielversprechend sind exzellente Kontakte zu genau den Fraktionsvertretern, die dafür bekannt sind, dass sie parlamentarische Initiativen – vor allem Gesetzesnovellen – anstoßen. Öffentliche Anhörungen der Regierung und des Bundestages sind Pflichttermine für thematisch davon berührte Lobbyisten.

Es ist und bleibt aber die informelle Einflussnahme auf der Arbeitsebene der Ministerien, die den – für die Öffentlichkeit nicht einsehbaren – lobbyistischen Alltag prägt. Es gibt heutzutage so gut wie keinen Referentenentwurf, an dem Lobbyisten nicht mitgewirkt haben. Sie nehmen in aller Regel zu einem Zeitpunkt Einfluss auf einen Gesetzentwurf, da die Abgeordneten des Bundestages noch keine Kenntnis vom Stand der inhaltlichen Ausgestaltung haben. Da sie sachverständig sind und zudem sehr wohl wissen, dass kostenwirksame Gesetzentwürfe grundsätzlich dem Finanzministerium vorgelegt werden müssen und anschließend vom Bundesjustizministerium auf die Vereinbarkeit mit geltendem Recht geprüft werden, liefern sie zusätzlich

Vorformulierungen oder Änderungsvorschläge, die zumeist mit Hilfe von darauf spezialisierten Kanzleien abgesichert worden sind. Professionelle Lobbyisten bereiten nicht zuletzt umgehend Gegenmaßnahmen und Verschleppungstaktiken vor, wenn ein Gesetzentwurf nicht im Sinne ihrer Auftraggeber ausfällt. Ein Beispiel ist die Androhung von betrieblichen Standortschließungen bei geplanten Steuererhöhungen.

Die Grenze zwischen professionellen Lobbyisten und professionellen Beratern ist fließend. Jedenfalls gibt es kaum einen staatlichen und kommunalen (Verwaltungs-)Bereich, keine «Reform»-Kommission und kein Bundesunternehmen, in dem Lobbyisten die privatwirtschaftliche Beratung nicht mitinitiiert hätten. Im Spannungsfeld von Politik und Verwaltung, in zahlreichen Beiräten und Kommissionen sind Berater, Beratungsgremien und Sachverständige ein integraler Bestandteil der Entscheidungs- und Politikgestaltungsprozesse. Beratungskonzerne wie McKinsey, Bain & Company, Roland Berger, Boston Consulting Group und andere entwerfen Pläne für Haushaltssanierungen und Kosteneinsparungen, begleiten E-Government-Projekte, kommunale Managementprogramme und Verwaltungsreformen, entwickeln Privatisierungs- und Finanzierungskonzepte, installieren Fachverfahren für Gerichte und schreiben Politikkonzepte sowie Teile von Parteiprogrammen. Ohne die Einbeziehung von externen Beratern wird in der deutschen Politik keine mit komplexen Planungsfragen und hohen Realisierungskosten verbundene Entscheidung getroffen. Lobbyisten sind dabei immer mit von der Partie, denn ohne die Einbindung jeweils tangierter Interessenverbände und zuweilen auch NGOs und Gewerkschaften bereits im Vorfeld kämen geplante Reformen und Projekte so schnell nicht in einen konsensfähigen Zustand. Darüber hinaus «kennt man sich» auf dem politischen Parkett. Seminare, Kolloquien,

Das Netzwerk der fünften Gewalt

Konferenzen, Parlamentarische Abende, politische Salons und unzählige formelle und informelle Arbeitsessen finden täglich in den Regierungshochburgen statt.

Bislang ungebrochen ist das sehr ungleiche Kräfteverhältnis im Lobbyismus. Denn über die großen finanziellen und vielfältigen anderen Mittel, die Banken und Konzerne nutzen, um ihre Interessen möglichst weitgehend durchzusetzen, verfügen kleinere Verbände und NGOs sowie auch die Gewerkschaften zweifellos nicht.

Lobbyparadiese

In Berlin agieren mehr als 5000 oder sogar mehr als 6000 Lobbyisten, so genau weiß das niemand. Laut einer Liste, die der NGO *abgeordnetenwatch.de* von der Bundestagsverwaltung übergeben wurde, hatten 2020 genau 778 Interessenvertreterinnen und -vertreter einen Hausausweis und damit einen weitgehend unbegrenzten Zugang zum Bundestag. Als Lobbyistin oder Lobbyist registriert zu sein heißt allerdings nicht, dass sie sich selbst so nennen. Bevorzugte Umschreibungen sind z. B. «Leiterin der Abteilung Politik», «Hauptgeschäftsführer», «Public Policy Manager» oder «Directrice External Liaison». Während in der Bonner Republik die Verbände den lobbyistischen Ton angaben, sind es in der Berliner heute die sogenannten Inhouse-Lobbyisten von Konzernen und Großunternehmen. Sie sitzen in politischen Repräsentanzen, die nicht zuletzt an der von Spöttern «Unter den Lobbyisten» genannten alten Prachtstraße Unter den Linden liegen. Hinzu gesellen sich zahlreiche Public-Affairs- und Kommunikationsagenturen mit ihren ausgefeilten Dienstleistungen sowie auf Gesetzgebungsfragen spezialisierte Anwaltskanzleien.

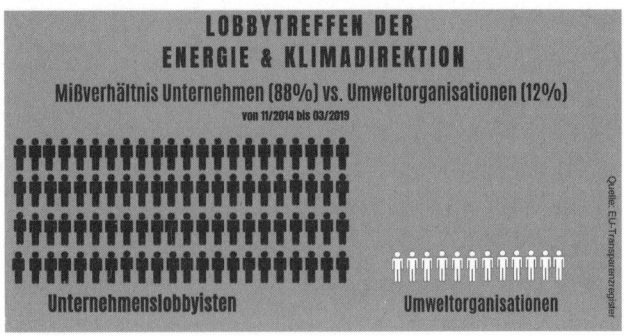

LOBBYTREFFEN DER ENERGIE & KLIMADIREKTION

Mißverhältnis Unternehmen (88%) vs. Umweltorganisationen (12%)

von 11/2014 bis 03/2019

Unternehmenslobbyisten

Umweltorganisationen

Quelle: EU-Transparenzregister

In Brüssel kämpfen mehr als 12 000 Verbände, Unternehmen und andere Interessengruppen um politischen Einfluss. Die Zahl der professionellen Lobbyistinnen und Lobbyisten dürfte im Bereich von 25 000 bis 30 000 Personen liegen. Hinzu kommen rund 40 000 Fachleute von Unternehmen und NGOs, die neben weiteren 40 000 zusätzlich eingebundenen Vertretern von Behörden der Mitgliedsstaaten in einem der von der EU-Kommission zusammengestellten rund zweitausend Expertinnen- und Expertenausschüsse (Komitologie) und weiteren Gremien mitwirken. Die Ausschüsse sind in aller Regel so besetzt, dass bestimmte Wirtschafts- und Unternehmensinteressen bei der Vorbereitung von Richtlinien und Verordnungen gezielt und vor allem wirkungsvoll eingebracht werden können. Nicht zu vergessen die zu «bearbeitenden» 705 EU-Parlamentarier der unterschiedlichsten Fraktionen, deren 23 Parlamentsausschüsse sowie die Mitglieder des Ausschusses der Ständigen Vertreter der Mitgliedsstaaten-Regierungen.

Keine EU-Verordnung und -Richtlinie (und damit auch die Mehrzahl der deutschen Gesetze) kam und kommt ohne den von Lobbyisten gezielt eingebrachten technischen, wissenschaftlichen und rechtlichen Sachverstand zustande. Konzerne und große Verbände geben für diesen «Service» sehr viel Geld aus – 2019 wandten nach Angaben der Plattform *lobbyfacts.eu* immerhin 46 von ihnen jeweils mehr als drei und bis zu 20 Millionen Euro dafür auf. Unter ihnen sind zum Beispiel der Europaverband der chemischen Industrie (Cefic) sowie Konzerne wie BASF und Bayer, Shell und Exxon, Siemens, Google, Microsoft und Facebook. Sie können im Übrigen darauf bauen, dass die politischen Prozesse in Brüssel weit weg von den Zivilgesellschaften der Mitgliedsstaaten ablaufen und somit wichtige Vorgänge oft nur mit Verzögerung bekannt werden. Das Fehlen einer klassischen Opposition mit ihrer Kontrollfunktion im EU-Parlament sowie die schwach ausgeprägte europäische Öffentlichkeit erleichtern zweifellos die Lobbyarbeit.

Die EU-Kommission wie auch der Europäische Rat verfolgen seit Jahrzehnten ausgeprägt marktliberale Ziele. Der EU kommt aus dieser wirtschafts- und sozialphilosophischen Sicht vor allem die Aufgabe zu, über angebotsorientierte Maßnahmen das Privateigentum, die Privatinitiative, Vertragsfreiheit, Marktfreiheit und den ungehemmten Wettbewerb zu garantieren. Nicht zufällig formierte sich 1983 der mit hohem Pressure-Potenzial ausgestattete *European Round Table of Industrialists* (ERT). Diese «Lobby der anderen Art», wie sich die Runde treffend selbst nennt, besteht aus den Chefs aller namhaften Konzerne der EU-Mitgliedsstaaten und wirkt gezielt und offenbar erfolgreich auf die Politik ein.

Drehtür, öffne dich

Die Grundvoraussetzung für eine Berufslaufbahn als professioneller Lobbyist in der Wirtschaft ist die Fähigkeit zum Aufbau eines Beziehungsnetzwerkes, das möglichst Politik, Verwaltung,

Unternehmen, Verbände, Kammern und Medien abdecken sollte. Passt!, sagen sich Politikerinnen und Politiker, die auf solch eine lukrativere Tätigkeit erpicht sind. Immer mehr von ihnen verdingen sich bei Verbänden, Großunternehmen oder auf das Lobbying spezialisierten Firmen und Agenturen. Hochrangige Leute aus den Ministerien und Mitarbeiterinnen und Mitarbeiter von Abgeordneten werden wegen ihres «unbezahlbaren» Insiderwissens besonders gern von Unternehmen und Interessengruppen übernommen, ehemalige Regierungschefs und Minister nicht minder: Ex-Kanzler Gerhard Schröder ist für die Nordstream AG und den Ölkonzern Rosneft tätig, Ex-Außenminister Joschka Fischer berät Siemens, RWE und BMW, Ex-Außenminister Sigmar Gabriel berät und wirkt in den Aufsichtsräten der Deutschen Bank und von Siemens mit, der von Kanzlerin Merkel geschätzte Ex-Staatssekretär Bernd Pfaffenbach wechselte zur US-Bank JPMorgan Chase, Ex-Entwicklungshilfeminister Dirk Niebel wirkt als «Leiter Internationale Strategieentwicklung und Regierungsbeziehungen der Rheinmetall AG». Und so weiter und so fort.

Auf der EU-Ebene sieht es nicht anders aus. Die Sozialdemokratin Erika Mann war von 1994 bis 2009 Mitglied des EU-Parlaments. Zu jener Zeit lautete ihre Maxime: «Ich will meine Freiheit. Aber ich will auch kluges Lobbying. Wenn die Unternehmen nicht zu mir kommen würden, ginge ich zu ihnen. Da liegt so viel Wissen.» Nach ihrem Abschied aus dem Parlament wechselte Mann gleichsam den Hut und leitete von 2011 bis Ende 2015 das Brüsseler Lobbybüro von Facebook; 2016 wurde sie Politik-Beraterin bzw. «Senior Policy Advisor» bei der internationalen Wirtschaftskanzlei Covinton & Burling LLP. Laut der NGO *Transparency International* sind gut 30 Prozent aller ehemaligen Europaabgeordneten inzwischen Lobbyisten, von den einstmaligen EU-Kommissarinnen und -Kommissaren sogar mehr als die Hälfte. Der frühere

Kommissionspräsident Manuel Barroso etwa versilberte nach seiner 2014 ausgelaufenen zweiten Amtszeit sein Insiderwissen ab 2016 als Berater der US-Investmentbank Goldman Sachs. Eine «aggressive Abwerbepolitik durch die Drehtür» betreibt nicht zuletzt Google. Mehr als die Hälfte der für den Konzern in Brüssel tätigen Lobbyisten haben zuvor für EU-Behörden gearbeitet.

Transparenz als Lösung des Problems?

Seit längerem und durchaus erfolgreich wird von einigen NGOs die Forderung nach mehr Demokratie und Transparenz erhoben: vor allem von Transparency International, Corporate Europe Observatory, Lobbyplag, Finance Watch Lobbycontrol, Mehr Demokratie e. V., Abgeordnetenwatch und die Allianz ALTER-EU. So haben die EU-Kommission und das EU-Parlament mit mehreren Maßnahmen die Transparenz erhöht. Inzwischen gibt es ein Lobbyregister, und die EU-Kommission veröffentlicht ihre Treffen mit Lobbyistinnen und Lobbyisten. Ob das von ihr verkündete Ziel, ein verpflichtendes Lobbyregister auch für den Rat der EU einzuführen, in dem die Mitgliedsstaaten ihre Positionen abstimmen, wohl je zur Umsetzung kommt? Wahrscheinlich nicht.

Im Deutschen Bundestag wehrten CDU und CSU die Einführung eines Lobbyregisters bis zur Lobbyaffäre des CDU-Hoffnungsträgers Philipp Amthor im Frühjahr 2020 erfolgreich ab. Der Bundestag führte lediglich eine Verbändeliste, in die sich von den rund 15 000 Verbänden hierzulande etwas mehr als 2300 Wirtschafts-, Kultur-, Sozial- und Berufsverbände freiwillig eingetragen hatten. Nach langen Diskussionen einigte sich die Große Koalition schließlich darauf, zum 1. April 2021 ein Lobbyregister einzuführen. Laut dem vom Bundestag für die weiteren Beratungen angenommenen Gesetzentwurf soll das Register ausschließlich die Interessenvertretung gegenüber dem Deutschen Bundestag (mit Abgeordneten, Fraktionen oder Gruppen), aber nicht die gegenüber der Bundesregierung erfassen. Eintragen lassen sollen sich – unabhängig von ihrer Rechts- oder Organisationsform – alle diejenigen, die Interessenvertretung regelmäßig betreiben, sie auf Dauer angelegt haben und sie für Dritte erbringen. Der im Gesetzentwurf enthaltene umfangreiche Ausnahmekatalog mit seinen Freistellungs- und Bagatellregelungen und einigen gravierenden Unklarheiten wird höchstwahrscheinlich noch Veränderungen erfahren (wenn dieses Buch bereits im Druck ist). Wünschenswert wäre, dass das hinsichtlich der registerpflichtigen Tätigkeiten vorbildliche EU-Transparenzregister stärker bei den Beratungen berücksichtigt wird – zumal im Sinne des Gleichlaufs von nationaler und europäischer Regelung.

Die demokratischen Prinzipien werden durch die Transparenzinstrumente auf nationaler wie unionseuropäischer Ebene sicherlich gestärkt. Einstweilen jedoch eher auf dem geduldigen Papier: Bislang gibt es keine belastbaren Anhaltspunkte dafür, dass sich an regierungspolitischen Entscheidungen etwas ändert, weil für Interessierte nachvollziehbar geworden ist, wie viele Millionen Euro einzelne Konzerne, Wirtschaftsverbände und Public-Affairs-Firmen für das Lobbying in einem Jahr investiert haben und welche Lobbyisten zu welchem Zeitpunkt in einem Ministerium oder in einer Kommission zugegen waren.

Machtübernahme

Ohne vielfältigen Lobbyismus ist der Interessenausgleich in einer liberalen Demokratie nicht denkbar. Was aber passiert, wenn der absolut perfektionierte Lobbyismus der Konzerne und der Finanzwirtschaft eine immer ungleichere Verteilung materieller und immaterieller Ressourcen in den unionseuropäischen Gesellschaften bewirkt? Ein Blick auf die Realitäten unserer Tage verrät viel: Die Reichen werden reicher, die Armen ärmer, Großunternehmen können – legal – pro Jahr in der EU Steuerzahlungen von gut 70 Milliarden Euro vermeiden, Rettungsschirme der Regierungen gibt es für Banken, aber nicht für Kulturschaffende und Migranten. Die der Wirtschaft verbundenen Verbände, Beratungsunternehmen, Anwaltskanzleien, Denkfabriken, Unternehmenslobbyisten und Medien nutzen sämtliche formellen und informellen Teamarbeits- und Gestaltungsmöglichkeiten, um das Regierungshandeln erstens in ihrem jeweils spezifischen einzelnen Sinne (was natürlich nicht friktionslos abläuft und Kompromisse erfordert) und zweitens generell auf dem markt- und wachstumsfundamentalistischen Kurs zu halten.

Vor allem aber sind sie immer erfolgreicher dabei, sich genau die Köpfe für ihre Macht erheischenden Zwecke dienstbar zu machen, an die die Bürgerinnen und Bürger einmal Macht delegiert hatten, um für sie bessere Lebensbedingungen zu schaffen: Abgeordnete und Regierungsmitglieder. Thilo Bode – bekannt durch sein Engagement für Greenpeace und als Gründer von Foodwatch – befindet ernüchtert: «Es hat sich ein industriell-politischer Komplex herausgebildet, in dem Konzerne und Politik zum gegenseitigen Nutzen eine Zweckgemeinschaft bilden, die keine Entscheidungen mehr *gegen* Konzerne trifft.» Und er fragt: «Wenn es für EU-Kommissare und EU-Abgeordnete völlig selbstverständlich geworden ist, ihre politischen Karrieren mit lukrativen Anschlussposten in der Wirtschaft zu versilbern, wer wollte dann noch behaupten, dass zuvor das Gemeinwohl ihr zentrales Anliegen war?»

Legal ist, was gegen kein geschriebenes Gesetz oder Recht verstößt. Legitim hingegen ist, was moralischen und sittlichen Gesetzen und Normen entspricht. Lobbyismus ist grundsätzlich legal. Den Lobbyismus in seiner heute dominierenden Form – in der die politische Elite durch die Drehtüreffekte mit der finanzstarken Unternehmens- und Bankenlobby immer fester verschmolzen ist und gemeinsame Sache macht – aber für legitim zu halten, empfiehlt sich nicht.

Johann-Günther König

Literaturtipps

LobbyControl, EU-Lobbyreport 2019. Lobbyismus in der EU: Eine Bilanz. Was Europa gegen die Macht der Konzerne tun müsste, Köln o. J.

Thilo Bode, Die Diktatur der Konzerne: Wie globale Unternehmen uns schaden und die Demokratie zerstören, Frankfurt/M. 2018.

Johann-Günther König, Die Lobbyisten. Wer regiert uns wirklich?, Düsseldorf 2007.

Digitaler Kapitalismus – Fortschritt mit Risiken und Nebenwirkungen

Digitalisierung – macht uns alle reicher und klüger

Die Werbekampagnen einschlägiger Konzerne und die Aussagen vieler Journalisten, Publizisten und Politiker aller Parteien preisen die mit immer neuen Innovationen aufwartende Digitalisierung unermüdlich als größten Fortschritt, den es je gab. Ganz gleich, ob Industrie 4.0 und selbstlernende Roboter, ob autonomes Fahren und Künstliche Intelligenz – die Digitalisierung gebiert scheinbar zwangsläufig eine vielversprechende Zukunft und macht uns Bürgerinnen und Bürger in jeder Hinsicht reicher. Das Bundesministerium für Wirtschaft und Energie statuiert: «Der digitale Wandel ist in vollem Gange. Die technologischen Entwicklungen sind rasant und verändern die Art, wie wir uns informieren, wie wir kommunizieren, wie wir konsumieren – kurz: wie wir leben. Diesen Wandel wollen wir als Chance begreifen, mehr Wohlstand und mehr Lebensqualität für die Bürgerinnen und Bürger zu schaffen, und ihn gleichzeitig sozialverträglich und im Einklang mit unseren Grundwerten gestalten.» (*bmwi.de*; 2020)

Zu Beginn der Corona-Krise wurde in deutschen Landen der mangelhafte Breitbandausbau vor allem im ländlichen Raum deutlich spürbar. Die von der Bundesregierung ausgerufene «Gigabit-Gesellschaft» erwies sich als Phantasterei. Neben dem nach wie vor schleppenden Ausbau des flächendeckend schnellen Internets mangelte es im Frühjahr 2020 im Zuge des Lockdowns vielen kleinen und mittleren Unternehmen sowie dem öffentlichen Dienst an nützlichen digitalen Lösungen. Sowohl das Gesundheits- wie auch das Bildungswesen wurden gar als digitale Wüsten verspottet. Was Wunder, im Homeoffice oder digital gestützten Schulunterricht via Video zu kommunizieren klappt ohne Breitband und gute Software und Hardwareausstattung schlecht, und auch beim mit Smartphones ansteuerbaren Online-Handel machten zunächst vor allem jene Unternehmen das Geschäft, die wie etwa Amazon bereits vor Ausbruch der Pandemie exzellent aufgestellt waren.

Digitale Technologien bedürfen einer leistungsfähigen Infrastruktur. An schnellen (Glasfaser- und Mobilfunk-)Netzen hapert es hierzulande vor allem abseits der Großstädte jedoch nach wie vor. Der nach einigen Verzögerungen vor der Einführung stehende 5G-Mobilfunkstandard ist bis zu 100-mal schneller als der bisherige, er ermöglicht erstmals die zuverlässige Übertragung riesiger Datenmengen und damit die Umsetzung vieler Industrie-4.0-Anwendungen wie etwa die drahtlose Steuerung fahrerloser Transportsysteme und die «vorausschauende Wartung». Im Corona-Konjunkturprogramm von 2020 hat sich die Bundesregierung auf ein «flächendeckendes 5G-Netz» bis 2025 verpflichtet. Es fehlt nicht zuletzt an einer sicheren Cloud-Infrastruktur für die Speicherung und Bearbeitung von Daten, die eben nicht dem US-amerikanischen, sondern dem europäischen Rechtsrahmen unterliegt. Immerhin: Mit *Gaia-X* entwickeln unionseuropäische Vertreter aus Politik, Wirtschaft und Wissenschaft derzeit einen Vorschlag zur Gestaltung der nächsten Generation einer Dateninfrastruktur für Europa.

Schöne neue digitale Welt

Die Digitalisierung verändert die Art, wie wir kommunizieren, reisen, arbeiten, produzieren, wie wir Bankgeschäfte erledigen, im Haushalt und beim Sport agieren. Wearable Technology, Smartphone, Smartboard, Smart Home und teilautonome Fahrzeuge gehören heute wie selbstverständlich dazu. Für Videokonferenzsysteme, Virtual-Reality- und Augmented-Reality-Anwendungen, digitalisierte Arbeitsprozesse nebst selbsttätig arbeitenden technischen Systemen gilt das nicht minder.

Seit dem Beginn des 21. Jahrhunderts beschleunigt sich der wirtschaftliche und gesellschaftliche Wandel – ausgelöst durch die sich wechselseitig verstärkenden Treiber computerbasierte Automation, Internet und Digitalisierung. Die im Großen und Ganzen für unser Wohl und Wehe zuständige EU-Kommission legte deshalb im Februar 2020 das *Weißbuch zur Künstlichen Intelligenz* – «ein europäisches Konzept für Exzellenz und Vertrauen» vor. Es postuliert:

«Die Künstliche Intelligenz entwickelt sich schnell. Sie wird unser Leben verändern, indem sie die Gesundheitsfürsorge verbessert (z. B. durch präzisere Diagnostik und bessere Prävention von Krankheiten), die Effizienz der Landwirtschaft erhöht, zum Klimaschutz und zur Anpassung an den Klimawandel beiträgt, die Effizienz von Produktionsanlagen durch vorausschauende Wartung steigert, die Sicherheit der Europäerinnen und Europäer erhöht und noch auf viele andere Arten und Weisen, die derzeit gar nicht völlig absehbar sind. Gleichzeitig birgt die Künstliche Intelligenz eine Reihe potenzieller Gefahren z. B. wegen undurchsichtiger Entscheidungsprozesse oder wegen Diskriminierung aufgrund des Geschlechts oder anderer Faktoren, durch Eingriffe in unser Privatleben oder Missbrauch zu kriminellen Zwecken.»

Aus der Sicht der EU-Kommission und der Staats- und Regierungschefs der EU-Mitgliedsstaaten kann und soll die Digitalisierung offenbar alle Probleme lösen, die bisher kaum lösbar waren – nicht zuletzt die Klimakrise. Digitale Technologien werden als Innovationstreiber für Produktivitätswachstum und Wettbewerbsfähigkeit gerühmt, und ebendeshalb soll ihr künftiger Einsatz aufgrund des «harten weltweiten Wettbewerbs» auf einem «soliden europäischen Konzept» beruhen. Gefordert wird, die «Förderung der Entwicklung und Nutzung von KI» auf «der Grundlage europäischer Werte» gezielt voranzutreiben. Die Bundesregierung hat Deutschland bereits zum «Innovationsland» erklärt.

Nur zur Erinnerung: Bereits mit der Lissabon-Strategie verabschiedeten die unionseuropäischen Staats- und Regierungschefs im Jahr 2000 ein Programm, das die EU bis 2010 zum «wettbewerbsfähigsten», «dynamischsten» und «wissensgestützten» Wirtschaftsraum der Welt machen sollte. Ist sie das?

Bezeichnenderweise kann von der vielbeschworenen Künstlichen Intelligenz ernsthaft ohnedies (noch?) keine Rede sein. Zwar können Maschinen heutzutage viel und immer mehr und nicht zuletzt mittels aufwendig «antrainierter» Erkennungssysteme Muster und Details erkennen, die Homo sapiens entgehen. Für Situationen, die vorhersehbar sind oder Routinecharakter haben, sind die – auch «selbstlernenden» – Algorithmen in der Tat bestens geeignet, um der Maschine die Arbeit zu überlassen. Für alle anderen denkbaren und sich ereignenden Situationen und zu verwirklichenden Ziele aber benötigt Homo sapiens, wenn er

denn überleben will, die menschliche Intelligenz. Denn die sogenannte KI kann weder Sinneseindrücke gewinnen noch Phänomene wie etwa «gefühlte» Eiseskälte erfassen. Im menschlichen
Sinne ist sie keinesfalls intelligent.

Die vom Finanzkapital durch enorme «Geldspritzen» ermöglichten Digitalisierungsprozesse werden überwiegend durch
informations- und ingenieurwissenschaftliche Eliten bzw. tech-
nikaffine junge Männer implementiert. Die digitalen Anwen-
dungen und Produkte sind nicht neutral. Inwieweit sie den
Bedürfnissen der Bevölkerungsmehrheit bzw. bestimmter gesellschaftlicher Gruppen tatsächlich entsprechen, ist eine nicht
unerhebliche Frage. Im Verlauf der Digitalisierung sind bereits
diverse Branchen ausgelöscht bzw. radikal umstrukturiert worden. Die Echtzeit-Vernetzung wird immer weiter vorangetrieben,
und generell kommen stetig ausgeklügeltere Algorithmen zum
Einsatz, die komplexe Steuerungsaufgaben und die gezielte Analyse enormer Datenbestände ermöglichen. Die Kriterien dafür
werden von Programmierern festgelegt, wobei zugleich deren
Überzeugungen und Vorurteile zementiert werden. Auch deshalb
gibt es wohl kein Entrinnen mehr vor der Masse von automatisierten Systemen, die von unserer finanziellen bis hin zur sozialen Bonität alles algorithmisch intransparent bewerten. Fragt
sich, welche Rolle wohl der Krankheitsverlauf und das Profil
der «Freunde» bei der nächsten Bewerbung oder beim Kreditan-
trag spielen.

«Derweil Politiker, Investoren und Manager von neuer Wertschöpfung durch künstliche Intelligenz reden», verdeutlicht
Richard David Precht, «ereignet sich zugleich die größte Wertver-
nichtung seit Menschengedenken. Doch während man mühselig
gelernt hat, Industrieproduktion, Kraftwerke, Flug-, Straßen- und
Schifffahrtsverkehr auf Kohlenstoffemissionen, Ressourcenver-

brauch und Umweltschäden zu befragen, ist es bei der Digitalisierung erstaunlich still.» Die Akkus und Batterien unserer digitalen Endgeräte zum Beispiel enthalten Lithium aus südamerikanischen Ländern wie Chile, dessen Abbau ungemein schädlich für die Umwelt, Arbeiter, Ureinwohner und Tiere ist. Sie enthalten Kobalt aus dem Kongo, das unter grausamen Bedingungen ans Tageslicht befördert wird. Precht erhellt: «Militärs und Geheimdienste schubsen die Arbeiter und Zwangsarbeiter durch die Minen, Kinder tragen schwere Erzsäcke ans Tageslicht für formschön designtes Digitalgerät.» Ganz zu schweigen von der gewaltig steigenden Energiemenge, die das Internet und die digitale Technik verbrauchen.

Mächtige neue Plattformökonomie

Eine immer massivere soziale, ökonomische und umweltbelastende Auswirkung haben die digitalen Plattformen – von Suchmaschinen bis hin zum Online-Shopping. Die Betreiber von Plattformen sind im Prinzip Vermittler, die den Zugang zu Waren, Dienstleistungen, Informationen und Daten bündeln bzw. Werbung, Angebot und Nachfrage extrem schneller und effektiver zusammenbringen als analoge Geschäftsmodelle. Die Plattformökonomie ermöglicht und bietet eine Vielzahl von Geschäftsmodellen. Es gibt Plattformen für andere Plattformen von Drittanbietern, wie etwa die Smartphone-Betriebssysteme Android und Apple iOS, sowie Plattformen, die gemeinschaftlich nutz- und weiterentwickelbare Werkzeuge bzw. Software bereitstellen.

Digitale Plattformen fungieren als Suchmaschinen, als soziale Netzwerke, als Handels-, Verkaufs- und Spielplattformen, als Vergleichsportale, als Musikstreaming-Dienste, als Carsharing-

Portale etc. Sie prosperieren wie etwa die Messenger-Dienste von Facebook umso mehr, je mehr User auf ihnen aktiv, also für Werbung erreichbar sind. Zudem können sie wahnsinnig schnell wachsen, weil ihr Investitions- und Herstellungsaufwand im Vergleich mit Produktionsunternehmen deutlich geringer ist. Und sie brauchen auch keine Rohstoffe und Vorprodukte einzukaufen.

Der Beweis dafür, dass internetbasierte digitale Plattformen wie geschaffen für ein schnelles und grandioses internationales Wachstum sind, ist längst erbracht. Amazon, Facebook, Google (Alphabet), Uber, Airbnb, Alibaba und nicht zuletzt Apple und Microsoft sind inzwischen zu festen Begriffen und in ihren jeweiligen Feldern zu Quasimonopolisten geworden. Der E-Commerce-Konzern Amazon kann heute weltweit mehr als 300 Millionen Menschen gleichzeitig beobachten, analysieren und vergleichen, ihr Nutzerverhalten steuern und ihre Daten abschöpfen. Er hat in kurzer Zeit mehr Daten als je ein Handelsunternehmen zuvor gesammelt – und zwar von Käufern und Händlern gleichermaßen, denn auf der Plattform können auch andere Händler ihre Waren offerieren – gegen Gebühr, versteht sich. Die EU-Kommission geht davon aus, dass Amazon spezifische «Verkäuferdaten» der als unfreiwillige Datenlieferanten behandelten Händler systematisch auswertet, um beispielsweise die eigenen Angebote zielgerichtet auf diejenigen Waren zu konzentrieren, die gerade im Trend liegen und am besten verkauft werden. Die Kommission hat inzwischen einen Vorschlag für ein Gesetz über digitale Dienste (Digital Services Act) vorgelegt, der Plattformen bzw. Pförtnern (Gatekeepern) wie Amazon das Ausnutzen von unabhängigen Händlern durch Verhaltensvorschriften austreiben soll. Welcher Gesetzestext schlussendlich in Kraft tritt, bleibt abzuwarten. Auch der Entwurf des Bundeswirtschaftsministeriums für ein «GWB-Digitalisierungsgesetz» sieht eine Verschärfung der Missbrauchsaufsicht für marktmächtige Digitalunternehmen und die Verbesserung des Markt- und Datenzugangs von Wettbewerbern vor.

Facebook ist mit knapp zweieinhalb Milliarden aktiven Nutzerinnen und Nutzern monatlich das derzeit weltgrößte Medienunternehmen bzw. «social network» (einschließlich WhatsApp und Instagram). Immerhin fast 1,8 Milliarden Menschen nutzen das Netzwerk täglich, und neun Millionen Unternehmen werben auf diesem siebtwertvollsten Konzern der Welt. Der Verfolger TikTok (Tochterfirma des chinesischen Internet-Konzerns Bytedance) kommt laut den erstmals im September 2020 veröffentlichten Zahlen auf – wohlgemerkt monatlich – gut 800 Millionen aktive Nutzer. In Europa nutzen bereits mehr als 100 Millionen meist junge Menschen dieses am schnellsten wachsende soziale Netzwerk der Welt. Über Google laufen rund 70 Prozent der weltweiten Suchanfragen auf dem Desktop und über 94 Prozent auf dem Smartphone. Nahezu jede Webseite ist heutzutage, da die User direkt nach einer Information oder einem Produkt suchen, von Google (bzw. der Alphabet Holding) abhängig. Ganz zu schweigen von YouTube, der dominanten Onlinevideoplattform, von Maps, Streetview und anderen Apps mehr. Google nutzt seine sekündlich wachsende, vielfältige und keinem Konkurrenten etwa aus der «alten» Autoindustrie so zur Verfügung stehende Datenfülle zumal für die profitträchtige Entwicklung und Gestaltung des automatisierten Verkehrs.

Im digitalen Kapitalismus verfolgen die Konzerne zum Zwecke der Kommerzialisierung aller noch unerschlossenen Geschäftsfelder nicht zuletzt die Ausbeutung des menschlichen Körpers und der persönlichen Gefühlswelten. Zur möglichst kostenlosen Gewinnung von Daten kommen deshalb immer mehr am Körper tragbare sowie zunehmend auch unter die Haut pflanzbare Sen-

soren unauffällig als Lifestyle-Produkte aller Art auf den Mark,
die zum Beispiel menschliche Emotionen und Verhaltensimpulse
scannen und vermessen können.

Reich, ungleicher und ärmer

Die digitalisierte Gesellschaft und der digitale Kapitalismus sind
inzwischen Status quo. Merkwürdigerweise ist die politisch ver-
sprochene gesellschaftliche Wohlstandsmehrung bislang ausge-
blieben. Denn zum einen bestehen die herkömmlichen sozialen
Ungleichheiten fort, und zum anderen weiten sie sich tendenziell
aus. Jedenfalls ist seit dem Beginn des Siegeszuges der Digitalisierung die Ungleichheit bei den Einkommen nicht gesunken, sondern gestiegen, hat sich wissenschaftlichen Studien zufolge die
Schere zwischen den Wohlhabenden und den unteren Einkommensgruppen weiter geöffnet. Vor allem die Lücke zwischen den
ganz Armen und den ganz Reichen wächst stetig, weil die hohen
Einkommensgruppen von Aktienbesitz und kräftig wachsenden
Vermögens- und Unternehmenseinkommen profitieren.

Um es plakativ darzustellen: 2020 gehörten auf den Plätzen
zwei bis fünf der wertvollsten börsennotierten Unternehmen
der Welt die US-Digitalgiganten Microsoft, Apple, Amazon und
Alphabet (Muttergesellschaft von Google). Zu den allerreichsten
Menschen der Welt gehörten im Oktober 2020 quasi entsprechend
Jeff Bezos (Amazon) mit 189,5 Milliarden Dollar, Bill Gates (Microsoft) mit 115,4 Milliarden Dollar und Mark Zuckerberg (Facebook)
mit 98 Milliarden Dollar.

Zu einer Verschiebung von Lohn- zu Kapitaleinkommen tragen
hierzulande vor allem die schnell wachsenden Technologieunter-
nehmen mit ihrer starken Finanzmarktorientierung bei. Da die

mit hohen spekulativen Erwartungen agierenden privaten Risiko-
kapitalgeber auch mit höheren Gewinnausschüttungen «belohnt»
werden, verschärft sich auch in Deutschland die soziale Ungleichheit weiter. Schließlich fließen die höheren Ausschüttungen und
hochgepuschten Bewertungsgewinne ganz überwiegend den
reichsten Haushalten zu.

Dem Faktor Arbeit bekommt die Digitalisierung auch nicht
gut, denn sie trägt zu einer weiteren Abwertung und Verbilligung
menschlicher Arbeit bei. Abgesehen von all den Arbeitskraftanbieterinnen und -anbietern, die als IT- und KI-Entwickler und
-Fachkräfte gesucht und gut entlohnt werden, fördern die Platt-
formunternehmen die Segmentierung des Arbeitsmarktes durch
die Ausweitung der atypischen Beschäftigungsmodelle – die
Bandbreite reicht von Minijobs bis zur Scheinselbständigkeit.
Zwar bringt die Digitalisierung neue Jobs mit sich, etwa auf Strea-
ming- und Musik-Plattformen, bei Liefer- und Fahrdiensten usw.
In der Regel sind diese Jobs jedoch unsicher und werden schlecht
bezahlt, bieten kaum Aufstiegsmöglichkeiten und schon gar keinen angemessenen Sozialversicherungsschutz. Auch die Crowd-
und Gig-Plattformen gewähren ihrem überwiegend mit einem
Abitur oder Hochschulabschluss aufwartenden Arbeitskräftean-
gebot keine tarifliche Absicherung.

Die weltweit realisierte Vernetzung auf allen digitalen Kanälen
erleichtert die Verlagerung der Produktions- und Dienstleistungs-
arbeit (das sogenannte Offshoring und Outsourcing) an die
jeweils am besten geeigneten und möglichst kostengünstigsten
Standorte auf dem Globus – durchaus ein Problem für in Deutschland auf Beschäftigung angewiesene Arbeitskraftanbieterinnen
und -anbieter. Hinzu kommt, dass die Digitalisierung laufend
Berufsbilder überflüssig macht. Studien zufolge sind hierzulande
problemlos mindestens 15 Prozent der sozialversicherungspflich-

tig Beschäftigten durch computergesteuerte Maschinen ersetzbar. Und zwar vor allem auf den Feldern, deren fehlende Stofflichkeit die Potenziale autonom arbeitender technischer Systeme nachgerade einlädt – etwa gut bezahlte Verwaltungs- und Managementfunktionen. Der massive Stellenabbau im Bankensektor kommt gewiss nicht von ungefähr. Nicht dass unserer Gesellschaft die Arbeit ausginge. Allerdings sind bislang selbst in Bereichen mit eklatantem Personalmangel wie zum Beispiel der Pflege weder deutlich bessere Arbeitsbedingungen noch angemessene Löhne zustande gekommen.

Macht der DigitalPakt reicher?

Rund 5,5 Milliarden Euro lassen sich Bund und Länder den bis 2024 laufenden «DigitalPakt Schule» kosten. Umgerechnet können pro Schüler rund 500 Euro ausgegeben werden. Spätestens seit den während der Corona-Pandemie erfolgten Schließungen sind die 40 000 deutschen Schulen mit politischer Nachhilfe ein enorm vielversprechendes Feld für die Absatz-, Lizenz-, Wartungs- und Gewinninteressen von Apple, Google, Microsoft, Samsung & Co. sowie einiger mittelständischer Plattform-Anbieter wie iServe, digionline und AixConcept geworden.

An den für die Schülerinnen und Schüler bestellten Tablets und iPads können die Unternehmen zwar nur einmal verdienen, von der stetig ausgeweiteten Digitalisierung der Schulwelten und Lernsysteme aber werden sie noch lange profitieren. So «unterstützt Apple Lehrerinnen und Lehrer» gewiss nicht ohne Gewinnabsichten großzügig dabei, «das kreative Potenzial jedes einzelnen Schülers» auf «mehr Arten als je zuvor» freizusetzen. Auch Google lädt bestimmt nicht selbstlos Lehrkräfte und

Lehramtsstudierende zu Fortbildungen und der Mitarbeit an der Entwicklung lernunterstützender Programme ein. Fungiert die Videoplattform YouTube nicht bereits als digitales Leitmedium für schulisches Lernen? Microsoft wiederum hat von einigen Kultusministerien die Schulfreigabe für das auf Office 365 basierende MNSpro Cloud erhalten, obwohl Datenschützer vor dem Zugriff auf die gespeicherten Daten durch US-Behörden warnen. Nachgerade verführerisch sind angesichts der vielerorts bestehenden kommunalen Geldnöte die von den Konzernen offerierten Finanzierungsmöglichkeiten, die – wie es heißt – auf die «Budgetierungsweise» staatlicher Institutionen «zugeschnitten» sind.

Für die herrschende Politik hat Bildung offenbar die vornehmliche Aufgabe, zur Stärkung des Wirtschaftsstandorts Deutschland rasch für die Entwicklung digitaler Kompetenzen zu sorgen. Dabei gerät aus dem Blick, dass die Länder grundlegend viel zu wenig in das Bildungssystem investieren. Die Realität besteht aus zu großen Klassen, heruntergekommenen Schulgebäuden und eine bei weitem nicht ausreichende Zahl von pädagogisch und sozialpädagogisch gut ausgebildeten Kräften. Online-Tutorials in allen Ehren – sie machen in sozialer und emotionaler Hinsicht wohl kaum reicher. Mimik, Gestik, Ton, Schweigen, Stimmung und Emotion können am besten im direkten Kontakt in kleinen Klassen zur Geltung kommen. Dass ans Tippen auf der Tastatur gewöhnte Kinder zunehmend nicht mehr leserlich und ausdauernd schreiben können, bleibt der Gehirnforschung zufolge auch nicht ohne bedenkliche Folgen. Beim frühzeitigen ausgiebigen Tippen oder Druckschrift-Schreiben können Verknüpfungen im Gehirn ausbleiben, die für die Entwicklung von Phantasiepotenzialen und die Stimulanz des Denkens wichtig sind.

Dass die chronisch klammen kommunalen Kassen immer mehr als Ausrede dafür herhalten müssen, durch profitgetriebene

Unternehmen die im staatlichen Schutzraum Schule gewachsenen Leerstellen füllen zu lassen, spricht Bände. Im Übrigen ist der Bildungserfolg in Deutschland immer noch stark von der sozialen Herkunft abhängig und besteht die Gefahr, dass der zunehmende Einsatz digitaler Lernformate die Spaltungslinien zu verschärfen droht, vom Lernkulturwandel also wiederum nur die akademisch geprägten Bildungsbürgerkinder profitieren. Ob es als wohlstandsfördernd gelten kann, dass der Anteil derjenigen, die ohne Schulabschluss die Schulen verlassen, nicht kleiner, sondern größer wird, ist sehr die Frage. Laut dem «Nationalen Bildungsbericht 2020» lag dieser Anteil 2018 bereits bei 6,9 Prozent.

Was tun?

Mythos und Realität sind im digitalen Kapitalismus und bei den IKT-Technologien alles andere als deckungsgleich. Gewiss, die Digitalisierung bietet diverse Vorteile im Berufs-, Alltags- und Freizeitleben; ihre sozialen, kulturellen und zivilisatorischen Auswirkungen aber sind alles andere als frei von Nebenwirkungen. Die bei unseren Netzaktivitäten immer noch fast allseits akzeptierte systematische Überwachung nebst Beeinflussung und Desinformation durch die Quasimonopolisten aus dem Silicon Valley spricht für sich. Um die Ungleichheitsdynamiken im digitalen Kapitalismus zu verstehen, empfiehlt der Soziologe Philipp Staab, weniger über die potenziellen Effekte von Künstlicher Intelligenz zu fabulieren, als vielmehr die Ausrichtung der kurzfristigen Spekulationen des Kapitals in den Blick zu nehmen.

«Künstliche Intelligenz hat das Potenzial, arbeitende Menschen zu ‹Sklaven der Prozesse› zu machen, aber ebenso ein gewaltiges Freiheitspotenzial, indem sie Menschen von wenig sinnstiftender Arbeit befreit», vermerkt Richard David Precht. «Ob ihr Einsatz die Spaltung von Arm und Reich forciert und Millionen Abgehängte produziert oder ob sie eine völlig neue Tätigkeitsgesellschaft mit anderen sozialen Sicherungssystemen und mehr sozialer Anerkennung hervorbringt – diese Frage entscheiden keine Programmierer, sondern Politiker.»

Bislang nimmt die Politik auf die Leitbranchen der Digitalisierung so gut wie keinen Einfluss, lässt dem digitalen Kapitalismus freien Lauf. Es wird in der Tat höchste Zeit, die Digitalisierung politisch nicht nur als Chance zu verklären, sondern sie durch Regulierungen und Gesetze zu gestalten. Inwieweit die von der EU-Kommission geplanten Gesetze über die digitalen Dienste und die digitalen Märkte eines Tages die Marktmacht der Internetgiganten beschneiden kann, bleibt abzuwarten. Wie es scheint, wird die herrschende Politik – zumal auf EU-Ebene – die monopolisierte Macht und Steuerflucht der digitalen Konzerne und ihrer Investoren ohne ganz erheblichen Druck aus der Zivilgesellschaft aber wohl kaum entschieden unterbinden.

Johann-Günther König

Literaturtipps

Richard David Precht, *Künstliche Intelligenz und der Sinn des Lebens,* München 2020.

Philipp Staab, *Digitaler Kapitalismus. Markt und Herrschaft in der Ökonomie der Unknappheit,* Berlin 2019.

Christoph Türcke, *Digitale Gefolgschaft. Auf dem Weg in eine neue Stammesgesellschaft,* München 2019.

Die Spur des Geldes

Finanzmärkte retten den Kapitalismus

Banken und besonders Zentralbanken wurden während der Corona-Pandemie zum wichtigsten wirtschaftspolitischen Akteur. Allen voran die Europäische Zentralbank verhinderte mit ihrer expansiven Geldpolitik Schlimmeres. Auf dem Höhepunkt der ersten Krise von März bis Mai 2020 wuchs die Bilanzsumme der EZB um eine Billion Euro. Banken und Finanzdienstleister konnten dadurch die Wirtschaft weiterhin mit frischem Geld versorgen. Trotz des Einbruchs der Wirtschaftsleistung blieben Unternehmen liquide. Das Finanzkapital rettete den Kapitalismus. Doch wo kommt das ganze Geld eigentlich her? Und wie wichtig sind Banken und Finanzdienstleister wirklich?

Computer und Internet, Künstliche Intelligenz und Industrie 4.0 – viele Experten sprechen von einer neuen industriellen Revolution. Doch ein Push für die Produktivität blieb aus (siehe Kapitel «Das gute Leben»). Ein vielleicht entscheidender Grund für die alles in allem lahmende Produktivität sind fehlende Investitionen. Vorhandene technische Möglichkeiten können nur ausgeschöpft werden, wenn auch in neue Maschinen und Arbeitsprozesse investiert wird.

Seit der Finanz- und Wirtschaftskrise 2007–2010 hat die globale Investitionstätigkeit zwar nach den Zahlen des Instituts der deutschen Wirtschaft (IW) in Köln insgesamt kräftig zugenommen. Das gilt allerdings vornehmlich für Schwellen- und

Entwicklungsländer. Zudem war das Vorkrisenniveau vielerorts gerade oder noch nicht wieder erreicht, als die Corona-Pandemie 2020 begann. Eine Ursache für die Schwäche der Investitionen in die Realwirtschaft ist die Stärke der Finanzwirtschaft. «Investitionen» auf den Finanzmärkten versprechen nämlich häufig höhere Renditen als Investitionen in Fabrikhallen und Büros.

Schaut man allein auf die entwickelten Volkswirtschaften, ist ein Megatrend zu monetären Investitionen auf den Finanzmärkten unverkennbar. Darauf hatte der Finanzmarktexperte Jörg Huffschmid bereits in den neunziger Jahren in seiner «Politischen Ökonomie der Finanzmärkte» hingewiesen. Mittlerweile erfährt Huffschmids Position, obwohl sie keine Mehrheitsposition sein dürfte, regen Zuspruch unter Experten. Beispielsweise konstatierte Jörg Zeuner, bis 2019 Chefökonomen der staatlichen KfW-Bankengruppe, eine «Verschiebung zu Gunsten der Geldkapitalbildung». Zwischen 2002 und 2015, so Zeuner, wurde in Firmen durchgängig netto mehr gespart (Geldkapital gebildet) als investiert (Realkapital gebildet). Dieser Trend wirkt fort.

Der «finanzmarktgetriebene Kapitalismus» (Huffschmid) dominiert seit dem Zusammenbruch des noch auf Gold basierenden Weltwährungssystems von Bretton Woods und der neoliberalen Wende unter der britischen Premierministerin Margaret Thatcher und dem US-amerikanischen Präsidenten Ronald Reagan die Ökonomie der Welt.

War um 1980 die weltweite Realwirtschaft der Finanzwirtschaft noch quantitativ mit 2:1 überlegen, so war sie drei Jahrzehnte später mit 1:3,5 deutlich unterlegen. Die monetarisierten Vermögenswerte (einschließlich Sachwerte) weltweit waren also inzwischen dreieinhalbmal so hoch wie das Bruttoinlandsprodukt der ganzen Welt. Dieses Verhältnis ermittelte der Gelsenkirchener Wirtschaftswissenschaftler Heinz-Josef Bontrup von der Arbeitsgruppe Alternative Wirtschaftspolitik.

Ein Äpfel-Birnen-Vergleich, der aber den historischen Trend verdeutlicht. Entsprechend lassen sich die quasioffiziellen Zahlen der Bank für Internationalen Zahlungsausgleich (BIZ) in Basel interpretieren. Die BIZ sammelt als Zentralbank der Zentralbanken globale Daten. Beispielsweise versechsfachte sich während der monetarischen Boomphase 1990 bis 2010 der Handel mit hochspekulativen «Derivaten». Und selbst in Krisenjahren vergaben die Banken mehr neue Kredite, als alte getilgt wurden.

Über Börsenkräche, kleine und große Finanzkrisen hinweg hat sich dieser Trend zur «Finanzialisierung» fortgesetzt. 2020 wäre, ohne Corona, das Welt-BIP, die weltweite Wirtschaftsleistung, auf rund 90 Billionen US-Dollar gestiegen. Dem stehen laut des «Global Wealth Report 2019» der Allianz-Versicherung immerhin an die 200 Billionen Dollar an Geldvermögen (ohne Sachwerte) gegenüber. Zu diesen privaten Vermögen kommen die eher unerheblichen Vermögen der Staaten und die erheblichen Vermögen der Unternehmen.

Doch dies ist nur der harte, gewissermaßen materielle Kern der Finanzmärkte. Aus den Vermögen werden nämlich Bankeinlagen, daraus Kredite. Solche Geldschöpfung betreiben private Banken und staatliche Zentralbanken. Aus den Vermögen werden auch Geldanlagen, beispielsweise in Investmentfonds. Solche Anlagen werden «gehebelt» durch preiswerte Kredite – aus 5 Euro eigenem Geld werden dann schnell 100 Euro.

Zur Finanzialisierung der Wirtschaft tragen auch Derivate bei. Derivate sind «abgeleitete Produkte», also beispielsweise eine Wette auf den Dollarkurs in drei Monaten. Genauso kann auf zukünftige Zinssätze oder den Preis von Schweinefleisch im kommenden Jahr gewettet werden.

Solche Derivate können freilich auch genutzt werden, um sich gegen zukünftig fallende Preise abzusichern. Ein Großteil wird aber eingesetzt, um zusätzliche Profite zu erzielen. Auch hier wird die eigene Finanzinvestition gehebelt. Der Handel mit Zinsderivaten beträgt an manchen Tagen 6 Billionen Dollar und mehr. Macht für das Jahr 2021 einen Umsatz von mehr als 2000 Billionen Dollar.

Der globalisierte Devisenhandel bläht die Finanzmärkte noch zusätzlich auf. Laut BIZ werden vor allem Euro, Dollar und Yen im Wert von etwa 5 Billionen Dollar gehandelt. Täglich. Rund um die Uhr. «Damit man sich ein Bild davon machen kann, wie groß diese Zahlen sind», verwies der südkoreanische BIZ-Chefökonom Hyun Song Shin auf die weltweiten Waren- und Dienstleistungsexporte. Denen sollte der Devisenhandel eigentlich dienen: Doch der reale Handel belief sich 2018 auf weniger als 100 Milliarden Dollar pro Tag. Ein Verhältnis von 1:50.

Ein Teil der Finanzmärkte, ein Teil der Bankgeschäfte hat sich offenbar «verselbständigt» und führt ein Eigenleben. Ein Eigenleben, das außerdem im Krisenfall sehr schnell auf die Realwirtschaft durchschlägt. Denn zu dem Eigenleben gesellt sich eine Dominanz der «Finanzmärkte» über die Realwirtschaft, teilweise über die Politik. Wie konnte es so weit kommen?

Reiche treiben Spekulation an

Werden die Reichen immer reicher? Ja. Diese Lieblingsthese der Sozialisten seit dem 19. Jahrhundert belegen inzwischen selbst Studien der Nutznießer des Reichtums, wie der amerikanischen Investmentbank Merrill Lynch, wie der Credit Suisse oder der Allianz.

Wichtiger als die etwa 50 Millionen Millionäre und Milliardäre wie Bill Gates, Nicky Oppenheimer oder die Familienstämme Flick und Quandt – deren Vermögen teilweise in Stiftungen ruhen oder als Stiftungen Großkonzerne wie Thyssen-Krupp lenken – sind für Finanzakteure die Unternehmen. Angesichts grundsätzlich gesättigter Märkte investieren diese oft nur einen Teil ihrer Gewinne neu. Der andere Teil wird auf den Finanzmärkten angelegt.

Ökonomiker diskutieren dies auch als «Liquiditätsfalle». Laut John Maynard Keynes wird Geld nur investiert, wenn es im Jahr einen Gewinn von etwa 3 Prozent abwirft. Fällt die Rendite von Sachkapital unter diese magische Grenze, wird Geld nicht investiert, sondern im Sparstrumpf oder auf den Finanzmärkten als flüssige (liquide) Geldanlage gehortet. Die klassische Kreditpolitik steckt dann in einer Liquiditätsfalle. Selbst wenn der Leitzins immer weiter sinkt, wird nicht mehr Kapital investiert.

Keynes' These trifft offenbar auch auf extreme Niedrigzinsphasen zu, wie wir sie seit der Finanzkrise 2007/08 erleben und die ja konventionelle Geldanlagen ziemlich unattraktiv machen. So liegt der EZB-Leitzins seit Jahren bei 0,00 Prozent. Allein der amerikanische Konzern Alphabet verfügt über Cash-Reserven von mehr als 120 Milliarden Dollar. Das hielt den daher im Geld schwimmenden Google-Konzern aber nicht davon ab, sich zu dem Zeitpunkt, an dem ich diese Zeilen schreibe, zusätzlich 10 Milliarden Dollar mit fünf- bis vierzigjährigen Schuldverschreibungen zu besorgen. Zu rekordniedrigen Zinssätzen. Alphabet/Google zapft wie etliche andere Firmen, die es eigentlich nicht nötig haben, die Kapitalmärkte an, um mit dem preiswert geliehenen Geld besser dotierte Finanz-Deals abzuschließen.

Gewiss, das ist nicht die ganze Wahrheit. Der große Kapitaldurst dient in der Corona-Krise auch der Sicherung von Liquidität. Doch die Google-Gier steht hier als signifikantes Beispiel für eine teilweise Verselbständigung des Finanzmarktes. Dieser ist sich selbst genug, frei von Produktion und Arbeit, die reale Werte schaffen könnten.

Und ist es nicht selbst aus Sicht von wirtschaftsliberalen Ökonomikern ein Menetekel, dass in einer gesundheitlich und sozial beängstigenden Krise die Börsen boomen? Aktien, entsprechende Fondsprodukte und sogenannte Zertifikate, andere spekulative Produkte, die allesamt bestenfalls mittelbar nützlich zur Finanzierung von wirtschaftlichem Tun sind, schießen in bislang nie erreichte Kurshöhen, während die Wirtschaft, Abermillionen Betriebe und viele Menschen, deren Arbeitsplätze davon abhängen, um ihre Zukunft bangen. Wie man heute so sagt: «Wie krank ist das denn?»

Schon werden Milliardenbeträge in börsennotierten Zweckgesellschaften, sogenannten Spacs, angelegt, die noch gar keinen Zweck haben. Anleger vertrauen darauf, dass die «Finanzmagiere» (FAZ) eines Tages ein attraktives Unternehmen entdecken und kaufen werden. Was auf den Finanzmärkten geschieht, habe ich ausführlich in «Der profitable Irrsinn: Was auf den Finanzmärkten geschieht und wer dabei gewinnt» dargelegt.

Wie es zu Krisen kommt

Hinter dem wachsenden institutionellen und privaten Reichtum einiger weniger stecken mehrere Phänomene. So neigt Reichtum durch den Zinseszinseffekt in der Praxis dazu, noch mehr Reichtum zu «produzieren». Davon profitiert nur, wer bereits wohlhabend ist. Größere Beträge sind auch Voraussetzung dafür, in höher rentierliche Geldanlagen «investieren» zu können. Seit

den 1990er Jahren wurden in vielen Ländern zudem Steuer-
sätze und Bemessungsgrundlagen für Reiche und Unternehmen
nach unten verschoben. Auch Schwächen im Kontrollsystem der
Finanzbehörden trugen zur Reichtumsbildung bei. Dann wird der
Reichtum auch durch die ungleiche gesellschaftliche Verteilung
der Einkommen und Gewinne befördert.

Dieses Cash-Phänomen tauchte in der Vergangenheit immer
wieder auf. Es führte zu Krisen. Das überflüssige Geldkapital, das
nicht konsumiert wird und keine realen Investitionsmöglichkei-
ten in Fabriken und Büros sieht, flieht auf die Finanzmärkte. Trotz
des Überangebots an Geld, was in der Tendenz den Preis für Geldkapital senkt, orientiert sich das Finanzkapital zu allem Überfluss
auch noch an den hohen Renditezielen «erfolgreicher» Spekulationen.

Eine negative Folge des finanzmarktgetriebenen Kapitalismus
sind daher überbordende Erwartungen an die Rendite. Die Folge
sind riskantere Geldanlagen. Und da viele in die wenigen lukrativen Geldanlagen drängen, kommt es leicht zu einer Clusterbil-
dung, zu einer Blase. Platzt diese Blase, kann es wie 1997, 2000
oder 2007 zum Crash kommen.

Dabei werden nicht nur finanzielle Vermögen zerstört, die
ohnehin lediglich Zahlen auf einem virtuellen Konto darstellen,
sondern es gibt auch reale Auswirkungen. So führen hohe Ren-
diteerwartungen dazu, dass an sich profitable Firmen und an sich
profitable Wirtschaftszweige ruiniert werden. Und da auch die
modernen Finanzmärkte noch mit der Realwirtschaft verknüpft
sind – etwa über Aktien und Börsen – kommt es leicht zu krisen-
haften Rückkoppelungen.

Zwei Krisen im Vergleich

Am 2. Februar 2007 wurde eine kleine Hypothekenbank in Pittsburgh von der Finanzaufsicht geschlossen. Was niemand ahnte: Die Pleite der Metropolitan Savings Bank war der Anfang der «Großen Krise», der größten weltweiten Finanz- und Wirtschaftskrise seit jener in den 1930er Jahren.

Die «Große Krise» 2007/10 war Folge eines spekulativ aufgeblähten Immobilienmarktes in den USA. Begünstigt durch die Regierungen in Washington, hatten Banken millionenfach Kredite an finanzschwache Häuslebauer vergeben. Eine lahmende Konjunktur und steigende Zinssätze ließen dann das Kartenhaus in sich zusammenfallen.

Da die «Subprime»-Kredite von den US-Banken gebündelt und in Form von Wertpapieren in alle Welt verkauft worden waren, steckte die US-Immobilienkrise bald Institute auch in Deutschland an. Eine der ersten Pleitiers hierzulande wurde die öffentliche Landesbank Sachsen. Der teuerste Pleitier wurde Hypo Real Estate (HRE), für die der Steuerzahler mehr als 100 Milliarden Euro an Hilfen und Bürgschaften aufbrachte.

Aus der Finanzkrise, auf deren Höhepunkt die New Yorker Investmentbank Lehman Brothers Insolvenz anmeldete, erwuchs eine weltweite Wirtschaftskrise, folgten Firmenpleiten, Massenarbeitslosigkeit und eine verlorene Generation junger Menschen. In Europa spitzte sich die Lage in einer Staatsschulden- und Euro-Krise noch weiter zu. Und als ein Jahrzehnt später Corona ausbrach, hatten noch immer nicht alle betroffenen Volkswirtschaften ihr Vorkrisenniveau wieder erreicht. So lautet der unerbauliche Befund.

Lösten Banken und andere Finanzdienstleister, die zu risikofreudig operiert hatten, also im Jahr 2007 eine realwirtschaftliche

Krise aus, verlief die Corona-Wirtschaftskrise anders: Hier wurden die Banken von vielen zum Retter erklärt. Der Mythos lebt also.

Die Europäische Zentralbank stellte (noch) mehr Liquidität bereit. Ihre Bilanzsumme wuchs in der Corona-Krise 2020 von unter 5 auf rund 7 Billionen Euro und damit auf die Hälfte des Bruttoinlandsproduktes der Eurozone. Ähnlich agierten alle größeren Zentralbanken.

Öffentliche Banken verteilten die Soforthilfen für Unternehmen und Freiberufler; private Banken reichten die Liquiditätskredite aus den staatlichen Hilfsprogrammen an die Unternehmen weiter. Dabei versuchten sie den Spagat zwischen schnellstmöglicher Bearbeitung der Anfragen und einer individuellen Risikoprüfung. «Die Institute sind dabei per Gesetz dazu verpflichtet», so der deutsche Bankenverband BdB, «die Finanzierungsanfrage auch vor dem Hintergrund der Tragfähigkeit des Geschäftsmodells zu prüfen.» Dahinter steht die durchaus begründete Annahme, dass eine zu großzügige, quasi freihändige Vergabe von Geldern an Unternehmen, die bereits vor Corona marode waren oder es durch Corona wurden, solchen nicht nachhaltig helfen würde.

Um die Ecke lugt hier Joseph Schumpeter. Die Theorie des österreichischen Sozialwissenschaftlers erklärt die erfolgreiche wirtschaftliche Entwicklung des kapitalistischen Wirtschaftssystems aus einem Prozess «schöpferischer Zerstörung». Die Zerstörung überlebter Unternehmen ermögliche technischen Fortschritt und Wachstum.

Ob Corona Fortschritt ermöglicht? Oder doch nur zerstört? Die Antwort wird erst im Laufe der zwanziger Jahre erfolgen. Zunächst fielen die Bruttoinlandsprodukte in vielen Ländern schneller und deutlicher als in der Finanzkrise. Und auch die Zahlen der

Erwerbstätigen sanken schneller als 2008/09, auf dem Höhepunkt der Großen Krise. Die Corona-Pandemie bremste auch die deutsche Wirtschaft abrupt ab: Das BIP fiel im zweiten Quartal 2020 preis-, saison- und kalenderbereinigt um 9,8 Prozent gegenüber dem Vorquartal zurück. Negativrekord.

Nullzinsen forever?

Zentralbanken spielen eine elementare Rolle auf den Finanzmärkten. Sie stellen das «Fiatgeld» bereit, das die Maschine am Laufen hält. Der Begriff ist aus dem Lateinischen abgeleitet und bedeutet so viel wie «Geschaffen aus sich heraus», also ohne inneren Wert. Die früher übliche Golddeckung verschwand in den siebziger Jahren mit dem Zusammenbruch des Bretton-Woods-Systems. Fed-Chef Powell kündigte im Spätsommer 2020 an, die US-Notenbank auf einen neuen Kurs zu steuern. Was in den Ohren der Devisenhändlerinnen und -händler nach «Nullzinsen forever» klingt.

Die amerikanische Federal Reserve (Fed) orientiert sich, wie nahezu alle Zentralbanken, an einem Inflationsziel von 2 Prozent. Danach soll der Preis eines Korbs mit ausgewählten Waren und Dienstleistungen ziemlich genau um 2 Prozent im Jahr steigen. Wie bei der Berechnung des BIP lässt sich auch über die Zusammenstellung dieses Warenkorbes trefflich streiten. In der wissenschaftlichen Diskussion gilt eine solche Preissteigerungsrate dennoch als der optimale Wert, um eine Volkswirtschaft auf Kurs zu halten. Doch die Wirklichkeit sieht anders aus: Seit der Finanzkrise wird das Ziel häufig verfehlt.

Jerome Powell reagierte auf die Fehlschüsse seiner Geldpolitik mit einer breit angelegten Überprüfung der eigenen Strategie.

Sie begann im November 2018. Powell nutzte dann seine Rede auf der Zentralbanken-Konferenz in Jackson Hole, die erstmals virtuell stattfand, um im August 2020 die wichtigsten geplanten Änderungen der Finanzwelt vorzustellen.

«Nach Perioden, in denen die Inflation unter 2 Prozent liegt, wird eine angemessene Geldpolitik wahrscheinlich darauf abzielen, eine Inflation zu erreichen, die für einige Zeit moderat über 2 Prozent liegt.» Die Fed werde daher zukünftig anstreben, eine Inflationsrate von «durchschnittlich» 2 Prozent zu erreichen. Die Fed will sich dabei freilich nicht an eine «mathematische Formel» binden, so Powell.

«Eine flexible Form der durchschnittlichen Inflationssteuerung» klingt vielleicht harmlos, beinhaltet aber geldpolitischen Sprengstoff. Sollten zukünftig die Preise rasant steigen, würde die Fed nicht wie in der Vergangenheit eingreifen, sondern stoisch an ihrer Nullzinspolitik festhalten. Zurzeit sind die Leitzinssätze extrem niedrig. Das soll die Wirtschaft beflügeln, weil Kredite günstig sind. Es treibt aber zugleich die Vermögenspreise für Aktien und Immobilien in nie gekannte Höhen.

Neu ist auch, dass die Fed das «höchstmögliche Beschäftigungsniveau» zulassen will. Bislang bremste sie die Konjunktur – und damit die Beschäftigung –, wenn diese heiß zu laufen drohte.

Im Gegensatz zur Fed ist der Europäischen Zentralbank das Ziel fremd, viele Arbeitsplätze zu erhalten oder zu schaffen. Sie setzt allein auf Preisstabilität. Doch auch EZB-Präsidentin Christine Lagarde möchte jeden Stein umdrehen. Erstmals seit 2003 stellte die Notenbank ab Januar 2020 ihre Strategie auf den Prüfstand. Im Zentrum steht die Inflationsrate, die bislang «unter, aber nahe 2 Prozent» liegen soll – doch dieses Ziel wird seit Jahren noch weiter verfehlt als in den USA.

Es sind allerdings nicht Corona- und andere Krisen, welche die Notenbanken in eine Sackgasse geführt haben. Es sind langfristige Trends, die im Hintergrund wirken. So wird das Potenzialwachstum geringer eingeschätzt. Dieses bezeichnet das mögliche Wachstum einer Volkswirtschaft, wenn alles rundläuft. Das allgemeine Zinsniveau ist gesunken – eine Folge des überbordenden Reichtums in Teilen der Wirtschaft. Und noch eine Lehrbuchweisheit scheint nicht mehr zu stimmen: Der rekordlange Aufschwung der Beschäftigung in vielen Ländern löste keinen deutlichen Anstieg der Inflation aus.

Blackrock verdrängt Banken?

Nun mögen private Banken als Retter in der Corona-Not erscheinen. Und in Maßen sind sie das wohl. Vergessen sei aber nicht, dass sie vor allem die öffentlichen Gelder der Regierungen und Zentralbanken verteilen. Festzuhalten bleibt zudem, dass sie sich vom Diener (und zeitweilig Herrscher) der Industrie zum «Sich selbst genug sein» gewandelt haben. Das Wirtschaftssystem hat sich von einem von Banken dominierten hin zu einem von Kapitalmärkten und Börsen dominierten entwickelt. So eine gängige Sicht in der Wissenschaft.

Dann machte es wenig Sinn, im Internet-Zeitalter von Banken als Zentren der Finanzmärkte auszugehen. Immerhin haben sich neue Märkte entwickelt, die erst durch die Digitalisierung möglich wurden. Beispielsweise emittieren Unternehmen neue Anleihen außerhalb des Finanzsektors, gewissermaßen auf eigene Faust. Werden Banken also von technisch innovativen «Fintechs», digitalen Währungen oder billionenschweren Fondsgesellschaften wie Vanguard, State Street und Blackrock verdrängt? Sind mit den «Big Three» wirklich neue globale Großmächte und zudem in den USA entstanden? Dagegen spricht einiges.

Da ist zunächst das «alte» Kapital der Fords, Siemens' und Rothschilds. Selbiges ist nicht spurlos verschwunden. So weisen Quartalsberichte von Blackrock aus, dass etwa 60 Prozent des verwalteten Vermögens von institutionellen Anlegern kommen, also von Banken und Unternehmen, Pensionsfonds, Versicherungen, Stiftungen und Reichen. Diese Institutionen und ihre Eigentümer bleiben Herren des Verfahrens. Blackrock hingegen muss sich als Dienstleister bewähren.

Lediglich ein Zehntel des von Blackrock verwalteten Vermögens stammt von «kleinen» Anlegern, die sich möglicherweise von Blackrock auf der Nase herumtanzen lassen. Der fehlende Rest geht auf marktübliche Finanzprodukte zurück, wie sie international zuhauf angeboten werden, börsengehandelte Indexfonds (ETF) beispielsweise oder, jüngster Trend, «grüne» Geldanlagen nach mehr oder weniger nachhaltigen ESG-Kriterien. Sie berücksichtigen Umwelt (Environment), Soziales (Social) und Führungsqualitäten (Governance).

Institutionelle Kunden suchen bei Blackrock-Gründer Fink und seinen mehr als zweitausend Anlagespezialisten weniger Machtprojektionen als Rendite. Und zwar relativ sichere Rendite. Entsprechend ist die Strategie, die Laurence Fink und seine Kollegen verfolgen: Sie setzen auf eine breite Streuung des eingesammelten Kapitals unter den führenden Aktiengesellschaften in aller Welt. Gleiches tun auch erfolgreiche öffentliche Vermögensverwalter wie die Staatsfonds von Norwegen oder Neuseeland, die für kommende Generationen «mündelsicher» ansparen wollen.

Üblicherweise schwanken Blackrock-Beteiligungen an einzelnen Aktiengesellschaften jeweils um die 5 Prozent. Das sichert einen direkten Draht in den Aufsichtsrat. Der Chemnitzer Finanzmarktexperte Friedrich Thießen sieht Blackrock denn auch in einer «Zwickmühle»: Ein Verwalter von Vermögen könne nicht völlig passiv sein. Wenn das Unternehmen aber zu aktiv eingreife, mache es sich wahrscheinlich Mandate kaputt. Professor Thießens Fazit: «Ob Blackrock Einfluss ausübt, ist noch nicht sicher.»

Neben Blackrock tummeln sich viele weitere Interessengruppen. So sind Deutschlands DAX-Konzerne mittlerweile mehrheitlich in fremden Händen. Ausländer hielten durchschnittlich 55 Prozent der Aktien, so die Unternehmensberatung Ernst & Young – rund 15 Prozentpunkte mehr als vor einem Jahrzehnt. Heute ist jede vierte Aktie Anlegern aus dem europäischen Ausland zuzuordnen, «nur» jede fünfte Aktie befindet sich im Besitz von Anlegern aus Nordamerika, einschließlich Blackrock.

Umgekehrt sind auch «deutsche» Konzerne im Ausland überaus aktiv. Der weltgrößte Autoproduzent Volkswagen setzt über 4 Millionen seiner 11 Millionen Pkw allein in China ab – mehr als in ganz Europa. Und bei der Deutschen Bank arbeiten 60 Prozent der Beschäftigten im Ausland.

Weltweit befinden sich Konzerne in einem Transformationsprozess, und das gilt auch für die «Macht der Banken». So spielen Kapitalbeteiligungen in der Industrie in diesem Jahrhundert kaum noch eine Rolle. Starken Einfluss haben Banken aber immer noch als Kreditgeber, in der Wahrnehmung von Depotstimmen ihrer Kunden auf Hauptversammlungen von Aktiengesellschaften («Vollmachtstimmrecht») und mit ihren weitverzweigten personellen Verflechtungen.

Ein neuer Einflusskanal erwuchs Banken, wie auch den Versicherern, durch hauseigene Fondsgesellschaften und ihre Produkte. Und wie im Fußball kommen nur wenige Institute für eine wirkliche Spitzenposition in Frage. So blieb von den traditionell drei Großbanken in Deutschland nur die Deutsche Bank groß. Allein hierzulande zählt sie etwa 20 Millionen Privatkunden.

Europas zehn größte Banken verfügen, wie auch die in den USA, über eine Bilanzsumme von rund 15 Billionen Euro. Dabei ging das Geschäftsvolumen der führenden EU-Banken in den vergangenen Jahren leicht zurück, während das der US-Banken deutlich zulegte. Durch den Aufstieg Chinas kam noch eine dritte Dimension hinzu: Die zehn größten chinesischen Geldinstitute verfügen über eine Feuerkraft von rund 20 Billionen Euro.

Weltweit ist die Bankwirtschaft also so groß geworden, wie sie niemals zuvor in der Geschichte war!

Und aufgrund ihrer vielfältigen Geschäftstätigkeit, ihre Tentakel reichen schließlich in alle Geld- und Kapitalströme, gelten zwei Dutzend Banken als «global systemrelevant». Wer auf dieser ständig aktualisierten Liste des Finanzstabilitätsrats FSB in Basel steht, muss deutlich höhere Eigenkapitalanforderungen erfüllen als die harmlosere Konkurrenz. «Retter» sind weder Deutsche Bank noch Blackrock. Sie sind Teil des großen Spiels. Und das neigt sich zugunsten der Finanzmarktakteure.

Die Formel: r>g

Der harte Kern der Finanzmarktakteure sind die Reichen, und die werden immer reicher. Diese Binsenweisheit untermauerte Thomas Piketty mit seinem 685-Seiten-Wälzer über das «Kapital im 21. Jahrhundert». Doch Piketty traf bereits Mitte der 2010er Jahre nicht allein den linken Zeitgeist, sondern wurde auch in den Feuilletons von *New York Times* bis *FAZ* gefeiert.

Seine Kernthese: Die Renditen legen schneller zu als das

Wachstum (r>g). Was auch zukünftig auf eine Umverteilung des Geldes zugunsten der Vermögenden hinausläuft.

Angesichts der historischen Niedrigstzinsphase, in der wir leben, ist das keine Banalität. Pikettys Kernthese stößt indessen durchaus auch auf Kritik: bei wirtschaftsliberalen Ökonomikern wie dem «Wirtschaftsweisen» Lars Feld, aber auch bei Peter Bofinger. Dagegen brechen Paul Krugman oder der Sprecher der Memorandums-Gruppe, Heinz-Josef Bontrup, eine Lanze für Piketty. Bontrup: «Das ist sein großes Verdienst: Er hat die Vermögensverteilung empirisch seziert. Mit einer langen Zeitreihe, die einmalig ist.» Daher wisse man nun, dass in den Vereinigten Staaten der Einkommensanteil, den das superreiche oberste eine Prozent besitzt, wieder so hoch wie vor der Weltwirtschaftskrise in den dreißiger Jahren ist. Vermögen basieren also auf früher erworbenen Vermögen.

«Alles Rechenspiele», wenden Kritiker ein. Tatsächlich wäre die Kaufkraft der unteren Schichten heute weit höher als früher. Piketty selber legte in dem Aufsatz «Ungleichheit auf lange Sicht», den er zusammen mit Emmanuel Saez schrieb, der an der Universität von Kalifornien lehrt, noch einmal nach. Zielten Piketty und seine Freunde bislang lediglich auf das superreiche eine Prozent ganz oben, legten sie nun für das obere Zehntel Daten seit 1870 nach: Auch dessen Anteil an Einkommen, Vermögen und Erbschaften wächst in den USA und in Europa seit den 1970er Jahren. Und wird weiter wachsen! So jedenfalls Pikettys Prognose. Diese Zentralisierung des Reichtums drohe den Kapitalismus zu zerreißen.

Doch Piketty ist kein Marx. «Es sind nicht nur Kuponschneider», kritisiert Bontrup das schräge Bild, das Piketty von den Reichen zeichnet. Schließlich beuteten Unternehmer ihre Beschäftigten aus, und Megagehälter verhelfen auch Managern zum Aufstieg in die Gruppe der Reichen. Ausbeutung und Mehrwert (der Teil des Arbeitsergebnisses, den sich das Unternehmen aneignet) spielen jedoch für Piketty keine Rolle, stattdessen aber die Umverteilung. Die wiederum kommt bei Marx zu kurz. Der finanzmarktgetriebene Kapitalismus hat ja unmittelbar nichts mit Ausbeutung und Mehrwert zu tun, sondern betreibt eine Umverteilung von der Realwirtschaft zum Finanzsystem. Und das ist nicht die Rettung, sondern Teil des Problems.

Hermannus Pfeiffer

Literaturtipps

Jörg Huffschmid, *Politische Ökonomie der Finanzmärkte, Aktualisierte und erweiterte Neuauflage, Hamburg 2002.*

Ann Pettifor, *Die Produktion des Geldes – Ein Plädoyer wider die Macht der Banken, Hamburg 2018.*

Werner Plumpe, Alexander Nützenadel, Catherine R. Schenk, *Deutsche Bank – Die globale Hausbank 1870 – 2020, Berlin 2020.*

Bares, Bitcoins, Bankengeld: Die Freiheit liegt in der Vielfalt

Die bargeldlose Welt und das Cybergeld schaffen den Wohlstand von morgen

Noch steht das Bargeld, dessen Nutzung keine Datenspur im Bankensystem hinterlässt, in Deutschland hoch im Kurs. Allerdings ist der Prozess der Verdrängung durch bargeldlose Bezahlmethoden voll im Gange. Nach Angaben der Deutschen Bundesbank wächst zwar der Bargeld-Umlauf immer noch jedes Jahr um durchschnittlich acht Prozent. 2019 wuchs der Bargeldbestand um 8,5 %. Seine Abschaffung kommt allerdings auf «leisen Sohlen» daher. Die Vorteile des digital-mobilen Payments werden vorwiegend durch junge Menschen genutzt. Diese Zahlungsinnovationen ergänzen jedoch das nach wie vor präferierte Bargeld. Dagegen konzentriert sich eine mittlerweile messianisch anmutende Bewegung auf die radikale Abschaffung des Bargelds mit dem Ziel, nur noch buchungstechnisch existierendes Bankengeld anzuerkennen.

An der Spitze der Bargeldkiller steht der immer wieder provozierende Wirtschaftswissenschaftler von der Harvard-Universität und ehemalige Chefökonom des Internationalen Währungsfonds, Kenneth Saul «Ken» Rogoff. Er wirbt mit seiner Kampfschrift «Fluch des Geldes – Warum das Bargeld verschwinden muss» (2016). Larry Summers, US-amerikanischer Ökonom, ehemaliger Chefökonom der Weltbank und US-Finanzminister von 1999–2001, der ehemalige EZB-Präsident Mario Draghi, aber auch der «Internationale Währungsfonds» treiben die «Anti-Bargeld-Connection» voran. Bargeld abschaffen heißt: Bezahlgeschäfte sind nicht mehr außerhalb der Regulierung und Kontrolle des Bankensystems möglich. Dabei gilt es, zwischen der Ausbreitung des digital-mobilen Payments gegenüber der totalen Abschaffung von Bargeld in Form von Münzen und Banknoten zu unterscheiden.

Ohne Bargeld: Totale Kontrolle durch das Bankensystem

Die Folgen der Abschaffung des Bargelds erschließen sich durch die Klärung, was **Geld** eigentlich ist. Das Phänomen Geld, das verfügbare Liquidität bietet, lässt sich am besten über seine Funktionen verstehen. Funktional ist Geld eine Recheneinheit, macht also die Vergleichbarkeit von Waren über die Preise möglich. Hinzu kommt die wichtige Funktion, damit Zahlungen zu ermöglichen (Zahlungsmittelfunktion). Ob das allerdings immer funktioniert, ist eine Frage des Vertrauens in die Währung. Schließlich ist das Geld ein eigenständiger, mit höchster Liquidität ausgestatteter Vermögenswert (Wertaufbewahrungsmittel). Die beiden Geldarten mit höchster Liquidität sind: zum einen das Bargeld in Form von Münzen und Banknoten, deren Ausgabenmonopol bei der Notenbank liegt, zum anderen das Buchgeld, generell auch als Bankengeld bezeichnet. Dieses Giralgeld erschaffen die

Banken über die Vergabe von Krediten innerhalb eines durch die Notenbank streng geregelten Rahmens. Nimmt ein Bankkunde einen Kredit auf, dann entsteht im Ausmaß des für Einlagen genutzten Teils Giralgeld. Die Zentralbank gibt den Geschäftsbanken allerdings für die Giralgeldschöpfung einen Spielraum vor. Weil dieses Giralgeld gleichsam aus dem Nichts entsteht, ist vom FIAT-Geldsystem die Rede («Es sei getan! Es geschehe! Es werde!»).

Der Gesamtbestand an Bargeld im Umlauf (also ohne Kassenbestände der Geschäftsbanken) plus Sichteinlagen der Nichtbanken wird in der Geldmenge M1 zusammengefasst. Nach dem Grad der Liquidität sortiert, weniger flüssige Geldvermögenswerte wie die Spar- und Termineinlagen werden zur Geldmenge M2 hinzugefügt. Schließlich gibt es M3: Hier kommen noch die Anteile an Geldmarktfonds, Repoverbindlichkeiten, Geldmarktpapier und Bankschuldverschreibungen mit einer Laufzeit von bis zu zwei Jahren dazu.

Die geldpolitische Steuerung durch die Europäische Zentralbank konzentriert sich auf die weit definierte Geldmenge M3. Bezogen auf diese Geldmengendefinitionen soll also das Bargeld, das über den höchsten Liquiditätsgrad verfügt, abgeschafft werden. In Deutschland belief sich die Summe des Jahr für Jahr wachsenden Bestands an Bargeld in Form von Münzen und Banknoten 2019 auf 749,5 Mrd. €. Das sind 32 % der engen Geldmenge M1 bzw. 68 % Anteil des Giralgelds. Bezogen auf diese Daten für 2019, würden durch die Bargeldabschaffung 749,5 Mrd. € zu Giralgeld und damit unter die Regie des Bankensystems genommen.

Durch die Abschaffung des Bargeldes würde die Bildung und Verfügung über dieses Geldvermögen der individuellen Entscheidung entzogen. Bargeld stellt einen Vermögenswert dar. Es lässt sich lagern bzw. speichern, um es später zu verwenden. Damit ist klar, dass ein Persönlichkeitsrecht ausgehebelt würde: unter Abwägung gesamtwirtschaftlicher Risiken über Bargeld individuell zu verfügen. Dabei nimmt gerade auch wegen der Unsicherheiten und Ängste durch die Corona-Krise und durch die Niedrigzinsen die Präferenz der Bargeldhaltung zu. Zu Recht wird auf F. M. Dostojewski («Aufzeichnungen aus dem Totenhaus», 1861) hingewiesen: Pathetisch, aber zutreffend, gilt die Feststellung: «Geld ist geprägte Freiheit.»

Eine Kosten-Nutzen-Analyse der Bargeldabschaffung zeigt schnell, dass die Vorteile des Bargeldes deutlich größer sind als die vielzitierten Nachteile:

— Bargeld sei, so die Befürworter der Abschaffung, die Währung krimineller Geschäfte wie Geldwäsche, Schwarzarbeit, Steuerhinterziehung und anderen mehr. Dazu gehört die Möglichkeit, mit gefälschten Banknoten Geschäfte zu betreiben. Kein Zweifel: Im Kampf gegen Kriminalität mit dem Bargeld müssen viele Instrumente eingesetzt werden. Dies betrifft vor allem die Fälschung sowie die Bekämpfung der Schwarzarbeit und der Steuerhinterziehung. Geradezu peinlich ist aber die Unterstellung, die vielen, auch international angelegten Betrugsaktivitäten seien auf den Einsatz von Bargeld angewiesen. Als ließen sich diese Zwecke mit dazu eingesetzten Stiftungskonstruktionen, Briefkastenfirmen und vielen anderen moralisch fragwürdigen Konstruktionen und Transaktionen nicht genauso gut erreichen.

— Bargeld sei, so der Vorwurf, zu schwerfällig und koste das Bankensystem etwa die Sicherung von Ausgabestellen bis hin zu den Automaten. Dabei werden die Risiken des bargeldlosen Zahlungsverkehrs durch die Störanfälligkeit infolge von Naturkatastrophen, den Ausfall von Kommunikationsnetzen und die soziale Exklusion völlig unterschätzt.

- Eine bargeldlose Welt schränkt die Privatsphäre massiv ein. Denn es wird das Recht abgeschafft, mit Bargeld der Bankenpolitik auszuweichen. Die Protagonisten der Bargeldabschaffung übersehen, dass das Halten von Geld außerhalb der Kontrolle des Bankensystems auch als Mittel der Flucht bei riskanten Finanzmärkten rational sein kann. Bargeld wird dann zum «sicheren Hafen» (John Maynard Keynes spricht vom Geld als «Vermögensspeicher»).
- Apropos Privatsphäre: Durch eine Reduktion auf das Bankengeld würden alle Daten zu den Zahlungsvorgängen erfasst. Es droht nicht nur der Datenmissbrauch, sondern deren legale Verwendung zur Ausforschung von individuellen Befindlichkeiten und Verhältnissen. So können Träger des Gesundheitswesens anhand von Medikamentenkäufen Rückschlüsse auf ihnen verheimlichte Belastungen ziehen. Ohne Bargeld wird ein weites Feld des Datenmissbrauchs geschaffen. Daten lassen sich auch legal zur Erstellung von umfassenden Bewegungs- und Persönlichkeitsprofilen missbrauchen.
- Die soziale Diskriminierung vor allem der Einkommenslosen bis hin zu den Obdachlosen würde durch fehlende Bankkonten und vor allem Münzen und nicht verfügbare digital-mobile Geräte verschärft. Es fällt auf, dass bei den Befürwortern der Bargeldabschaffung nirgendwo die Rede ist von einem Recht auf ein gebührenfreies Basiskonto.
- Das eigentliche Ziel der Koalition gegen das Bargeld ist es, die Steuerbarkeit der Geldversorgung von der «offenen Flanke» Bargeld zu befreien. Heute gibt es noch die Möglichkeit, etwa auf die Niedrigzinsen durch den Tausch von Bankeinlagen in Bargeld zu reagieren. Die Folgen des Zwangs zur Einlage zeigen sich, wenn im Zusammenspiel der Notenbank mit den Geschäftsbanken gezielt Negativzinsen oder, weniger vor-

nehm formuliert, Strafzinsen erhoben werden. Schon heute gibt es bei vielen Banken ab einer bestimmten Höhe der Einlagenbestände diese «Gebühren für die Aufbewahrung». Die sich verstärkende Flucht ins Bargeld, die die Geldpolitik der Notenbank konterkariert, soll durch das künftige, einzig zulässige Bankengeld verhindert werden. Die wichtigste Ressource eines funktionierenden Geldsystems, das Vertrauen, würde durch den Bankengeldzwang immer wieder bedroht.

Die Nachteile der Bargeldabschaffung widerlegen den Mythos vom Wohlstand sichernden, Vertrauen schaffenden Bankengeld. Die zusammenfassende Wertung des Leiters des Zentralbereichs Bargeld bei der Deutschen Bundesbank, Stefan Hardt, lässt den Mythos platzen: «Bargeld hat Vorteile, die aus Sicht der Verbraucher sehr überzeugend sind. Kein anderes Zahlungsmittel vereint alle diese Vorteile – eben, dass man es schnell einsetzen kann, dass es sicher ist, dass es sehr einfach zu handhaben ist, dass niemand ausgeschlossen wird. Vor allem aber auch, dass die informelle Selbstbestimmung gewährleistet ist. Das sind die Vorteile, die die Bürger sehen.»

Digitalwährungen boomen

Während die derzeit den Ton angebende Bewegung «Weg mit dem Bargeld» nur noch Bankengeld auf der Basis der Notenbank zulassen will, hat sich an ihnen vorbei längst ein anderer Trend etabliert, eine seit mehreren Jahren kometenhaft aufsteigende Fundamental-Revolution des Währungssystems: digitale Währungen, die oft allerdings weniger dem Zahlungsverkehr als der Spekulation dienen. Kryptowährung, Cybergeld und E-Money sind die weitverbreiteten Kürzel für ein digitales Zahlungsmittel, das auf kryptographischen Werkzeugen wie Blockchains und digitalen Signaturen basiert und über ein Netz gleichberechtigter Rechner abgewickelt wird (peer-to-peer).

Die gesamte über die Zentralbank unter Nutzung der gewinnwirtschaftlichen Interessen der Geschäftsbanken gesteuerte Geldversorgung wird in diesen Systemen abgeschafft. Ohne die autoritär ordnende Zentralbank und damit ohne ein zentrales Clearing der Geldbewegungen werden Zahlungen elektronisch von Punkt zu Punkt zwischen den teilnehmenden Personen direkt erledigt. Zahlungen im dezentral organisierten Buchungssystem werden durch kryptographische Techniken sichergestellt. Der Nachweis am Eigentum etwa an Bitcoins erfolgt in den persönlichen digitalen Brieftaschen («digital wallets»).

Die Fachwebsite *coinmarketcap.com* notiert mittlerweile über 1500 relevante digitale Zahlungssysteme. Sie verfügen allerdings über keinen eigenständigen Währungsstatus. Die top 100 Kryptowährungen repräsentieren indes einen totalen Marktwert von über 305,9 Mrd. € (Samstag, 29. August 2020, um 07:41:00 UTC). Allein der Spitzenreiter unter den Digitalwährungen, das Bitcoin-Geld, erzeugt mit einem grundsätzlich durch Spekulationen bedingten, erratisch schwankenden Kurs von 9721,40 € und einer Umlaufversorgung mit 18 473 918 BTC eine Marktkapitalisierung von 179,6 Mrd. €.

Die Einordnung von Cyberwährungen nach den drei klassischen Funktionen, die die Rolle des Geldes definieren, lässt schwere Defizite erkennen: Selbst die Funktion als Recheneinheit, die die Vergleichbarkeit der Waren über Preise herstellt, stößt auf Probleme: nämlich der Teilbarkeit der Zahlbeträge, beispielsweise beim Bitcoin-System. Für ein Pfund Butter, das zwei Euro kostet, müssen bei einem Kurs 1 Bitcoin für 9703,61 € (29. 8. 2020) insgesamt 0,000206 BTC bezahlt werden. Die Transparenz der Zahlungsvorgänge wird auf jeden Fall erschwert.

Dieses virtuelle Geld lässt sich auch als allerdings anonymes und damit staatlich unkontrolliertes Zahlungsmittel nutzen. Ob die Zahlungsmittelfunktion erfüllt wird, hängt vom Vertrauen in die Cyberwährung ab. Wegen des latent hohen Misstrauens wird sie indessen immer wieder angezweifelt. Schließlich erfüllen jedenfalls Bitcoins auch die Funktion als Mittel der Wertaufbewahrung. Mit dieser Art eines virtuellen Geldvermögens lässt sich vorzüglich spekulieren.

Ironischerweise erhält dieses als frei von staatlicher Regulierung gefeierte Cybergeld, das über eine innere Wertsubstanz nicht verfügt, seine Bewertung durch den Vergleich mit den Kursen von Währungen, hinter denen ein strenges Geldsystem mit Notenbank und Geschäftsbanken steht. Ein Digitalsystem, das sich nicht auf den realwirtschaftlichen Wert der dahinterstehenden Wirtschaft bezieht, ist insofern niemals eine Währung. Die Rede von der Bitcoin-Währung entlarvt sich als unzulässige Überschätzung dieser digitalen Geldkonstruktion. Denn der Preis dieses Assets hat aber auch gar nichts mit der Wertschöpfung einer Volkswirtschaft zu tun. Dieser orientiert sich an einem Devisenkurs, der beim Umtausch in offiziell-staatliche Währungen wie Euro oder US-Dollar fällig wird. Nur dieser Wechselkurs verleiht ihm einen Marktwert, mit dem sich auf Gewinne durch den späteren Verkauf des heute preiswert eingekauften Bitcoin-Assets spekulieren lässt. Digitalwährungen werden entgegen der Propaganda vom billigen und schnellen Zahlungsverkehr maßgeblich für Spekulationsgeschäfte eingesetzt.

Die Basis der Kryptowährung Bitcoin

Das Gründungspapier zur Übersicht über Ziele, Instrumente und Regeln (Whitepaper), das am 1.11.2008 unter dem Pseudonym Satoshi Nakamoto veröffentlicht wurde, fasst seinen Inhalt im treffenden Titel zusammen «Bitcoin: A Peer-to-Peer Electronic Cash System». Die Basis bildet ein weltweit verbreitetes dezentrales Netzwerk zur Erfassung und Abwicklung von Zahlungsvorgängen. Es handelt sich um eine Art digitales Buchführungssystem. Die Daten zu den Transaktionen werden in Blöcken abgepackt und in der Datenbank aufgelistet («Blockchain»). Dabei sichert die Verschlüsselung der elektronischen Datensätze mit Methoden der Kryptotechnik dem Eigentümer von Bitcoins sowie den Empfängern und den Zahlern Anonymität. Die Basis ist die entsprechende Bitcoin- Verschlüsselungssoftware, die zur Peer-to-Peer-Version von elektronischen Zahlungen von einer Partei an die andere ohne zwischengeschaltete Geschäftsbanken genutzt wird. Den Teilnehmern stehen anonymisierte Bitcoin-Wallets (elektronische Geldbörsen) zur Verfügung.

Allerdings lassen sich – mit viel Aufwand – in diesem System auch Bitcoins erzeugen. Dazu ist der Einsatz spezieller Hochleistungsrechner mit komplexen Grafikkarten erforderlich. Vergleichbar der Lösung eines aufwendigen Suchrätsels wird mit viel Zeit und dem massiven Einsatz von Strom Bitcoin-Geld durch «Miner» geschürft. Dabei ist die Kapazität der Geldschöpfung durch eine immer schwieriger zu beherrschenden Softwarekapazität beschränkt. So müssen heute spezielle, besonders leistungsstarke Grafikkarten eingesetzt werden. Ein Algorithmus sorgt dafür, dass die Zahl der neu erzeugbaren Bitcoins alle vier Jahre halbiert wird (seit 2019 in einem neu hinzugefügten Block nur noch 12,5 statt 25 Bitcoins). Die Gesamtsumme der im dezentralen

Netzwerk schürfbaren Bitcoins ist vom jeweils aktuellen Stand der Systemprogrammierung abhängig. Nach den derzeit verfügbaren Systemressourcen lassen sich bis Anfang 2030 insgesamt nur 21 Millionen schürfen. Nicht gesamtwirtschaftliche Anforderungen, sondern technologische Möglichkeiten ziehen die Grenze für die gesamte Geldmenge in Bitcoins.

In einer neueren Studie weisen Wissenschaftler des MIT (*Massachusetts Institute of Technology*) und der *Technischen Universität München* zum Schürfen der Bitcoins einen atemberaubenden Energiebedarf von 46 Terawattstunden (TWh) pro Jahr nach. Bei 46 TWh werden durch die erforderliche Energieerzeugung rund 22 Megatonnen Kohlendioxid ausgestoßen. Das ist so viel wie die Hansestadt Hamburg mit ihren rund 1,8 Millionen Einwohnern pro Jahr an die Luft abgibt. Der CO_2-Fußabdruck der Bitcoin-Miner vor allem in riesigen Hallen ist viel zu groß. Ein erster Schritt dagegen wäre, die Mining-Farmen zu verpflichten, Energie verstärkt aus erneuerbaren Quellen zu beziehen.

Bitcoin – billig, schnell, anonym

Die Vorteile der Verschlüsselung der Bits und Bytes scheinen auf der Hand zu liegen: billiger gegenüber den üblichen Bankgebühren, schneller und vor allem anonym für die Empfänger und die Zahler. Allerdings kommt es angesichts der Schnelligkeit immer wieder zur Überbelastung des dezentralen Systems und damit – zu deutlichen Verzögerungen. Und Zeitverlust ist hier eine Todsünde. Die im Transaktionssystem eingebaute Gebühr ist vergleichsweise niedrig. Die Mindestgebühr bei einem Kurs von 1000 € liegt etwa bei 1 Euro-Cent pro Kilobyte. Allerdings eröffnet eine freiwillige Zugabe den Zugang zu einer höheren Priorität beim Bestätigungsvorgang; wer mehr bezahlt, kommt schneller zum Zuge. Deshalb wird im Netz heftig über die Programmierung einer erhöhten Transaktionsgeschwindigkeit und die Senkung der Transaktionskosten gestritten. Die Transaktionsgebühr wiederum wird den «Minern» gutgeschrieben, also denjenigen, die mit dieser Transaktion durch die Blockbildung im Datensystem Bitcoins schürfen.

Den Vorteilen stehen allerdings massive Risiken gegenüber. Die Anonymität ermöglicht eben auch die Finanzierung wirtschaftskrimineller Geschäfte wie Drogen- und Waffenhandel sowie des Terrorismus. Heute sind die Bitcoins die wichtigste Kryptowährung des «Darknets». Erleichtert wird auch die Steuerhinterziehung. Dazu kommt das Risiko erfolgreicher Hackerangriffe. Und schließlich bietet das Bitcoin-System die Möglichkeit, massive nationalstaatliche Beschränkungen des Geldhandels über die Grenzen hinweg zu unterlaufen. Unter dem autoritären Kontrollsystem Chinas wird die Anonymität für Kapitalverschiebungen ins Ausland genutzt. Deshalb sind die Handelsplattformen für Bitcoins immer wieder geschlossen worden.

Die Protagonisten loben die Tatsache, dass im Unterschied zur Geldpolitik mit Notenbanken eine Vermehrung der Geldmenge mit der Folge einer Inflation nicht möglich sei. Allerdings wird nicht auf die digital-technologische Begrenzung der Geldmenge hingewiesen, die nichts mit den gesamtwirtschaftlichen Erfordernissen an eine Währung zu tun hat. Bis 2030 ist die durch das dezentral anonymisierte Netzwerk maximal mögliche Geldmenge auf 21 Millionen Bitcoins begrenzt. Ein modernes, leistungsfähiges Geldsystem aber muss heute die Geldnachfrage bedienen, die durch ein angemessenes Wirtschaftswachstum ohne Inflationsantrieb erforderlich ist. Müsste auf der Basis von Bitcoins heute die Geldmenge zur Stärkung der Gesamtwirtschaft ausgeweitet werden, dann ließe sich das notwendige Volumen nicht realisieren. Bei Bitcoins als Weltwährungssystem wären Deflation und ökonomischer Niedergang mangels ausreichendem Geldangebot die Folge. All dies belegt die makroökonomische Inkompetenz der Bitcoin-Comunity

Zur künftigen Entwicklung lässt sich feststellen: Digitalwährungen wie das Bitcoin-System werden für Zahlungsaktivitäten im Rahmen des Warentransfers in der Zukunft nicht viel an Bedeutung hinzugewinnen. Ihre Zukunft liegt in hochgradig riskanten Spekulationsgeschäften, die auf steigende Umtauschkurse der Bitcoins gegenüber den offiziell regulierten Staatswährungen setzen. Getrieben wird das Geschäft durch die Bitcoin-Broker, die am Ende satte Gewinne erzielen (aus der Differenz der Einkaufs- und Verkaufskurse, sog. Spreads).

Gefährlich für das gesamte Finanzsystem wird es, wenn die «institutionellen Investoren» in Bitcoins investieren. Heute schon boomen sogenannte Krypto-Hedgefonds. Die CMI in Chicago, die weltgrößte Terminbörse, bietet seit einigen Jahren Futures auf Bitcoins an. Je mehr allerdings die Finanzmärkte durch Bitcoin-Spekulationen bestimmt werden, umso größer ist die Gefahr einer sich schnell ausbreitenden neuen Finanzmarktkrise. Aus Sorge wegen der Folgen einer geplatzten Bitcoin-Blase werden die Notenbanken und Aufsichtsbehörden nach bereits verfügten Einschränkungen die Regulierungen der Cyber-Geldkonstruktionen auch gegen die Umgehungsstrategien verschärfen müssen.

Der Staat muss zusammen mit der Europäischen Zentralbank die Kryptowährungen als hochgefährliche Spekulationsobjekte regulatorisch beschränken. Sollten immer wieder Spekulationsblasen drohen, dann wird es sich nicht vermeiden lassen, den Umtausch der Bitcoins in staatlich gesicherte Währungen wie dem Euro oder dem US-Dollar zu untersagen. Der Mythos von der überlegenen Digital-Klasse, vom staatlich-hoheitlichen Zwang der Notenbank-Autorität befreit, wird durch die Gefahr des Absturzes dieser Pseudowährungen widerlegt. Die wichtigste Ressource einer Währung ist das Vertrauen. Dazu dient die Beibehaltung des Bargelds als persönlich verfügbarem Vermögenswert ebenso wie die Bändigung des hochgradig spekulativen Digitalgeldes.

Rudolf Hickel

Literaturtipps

Norbert Häring, *Schönes neues Geld: PayPal, WeChat, Amazon Go – Uns droht eine totalitäre Weltwährung*, Frankfurt/New York 2018.

Rudolf Hickel, *Spekulationsbitcoins ohne gesamtwirtschaftliche Realität*, in: Blätter für deutsche und internationale Politik, 12/2007.

Kenneth S. Rogoff, *Der Fluch des Geldes: Warum unser Bargeld verschwinden wird*, München 2016.

Wenn der Staat sich selber ausbremst

Die Schuldenbremse garantiert solide Staatsfinanzen und nützt den kommenden Generationen

Die «schwarze Null» ist in Deutschland seit 2009 das gegenüber haushaltspolitischen und gesamtwirtschaftlichen Notwendigkeiten verselbständigte Ziel der Budgetpolitik. Seit 2012 haben sich auch 25 Mitgliedsländer der EU mit dem «Europäischen Fiskal-Pakt» den Prinzipien der «schwarzen Null» verpflichtet. Beispiele zur Beschwörung der «schwarzen Null» aus Deutschland und der EU:

— Angela Merkel mit einem diskriminierenden Vergleich: «Man hätte einfach die schwäbische Hausfrau fragen sollen ... Sie hätte uns eine Lebensweisheit gesagt: Man kann nicht auf Dauer über seine Verhältnisse leben.» (1.12. 2008)
— Wolfgang Schäubles Vermächtnis: «Wir wollen auf neue Schulden verzichten, um den Staat langfristig handlungsfähig und widerstandsfähig zu machen.» (17. 5. 2016)
— Europäischer Fiskal-Pakt mit dem Mythos im Titel: «Vertrag über Stabilität, Koordinierung und Steuerung der Wirtschafts- und Währungsunion» (unterzeichnet am 2. 3. 2012 ohne Großbritannien und Tschechien, nach späterem Beitritt auch ohne Kroatien)

Eine finanzpolitische Revolution und ihre Folgen

Das Jahr 2009 steht für einen fundamentalen und folgenreichen Paradigmenwechsel der Finanzpolitik in Deutschland. Zugespitzt lässt sich von einer «finanzpolitischen Revolution» sprechen. Ab 2009 schreibt das Grundgesetz vor: «Die Haushalte von Bund und Ländern sind grundsätzlich ohne Einnahmen aus Krediten auszugleichen.»

Nach einer Anpassungsphase, unterstützt durch spezielle Konsolidierungshilfen für Bremen und das Saarland, gilt das Staatsschuldenverbot und damit die «Nullverschuldung» für die Bundesländer ab 2020. Damit ist im Prinzip den Ländern die Kreditaufnahme zur Finanzierung staatlicher Ausgaben verboten. Dem Bund dagegen wurde ab 2016 eine strukturelle Neuverschuldung zur Finanzierung von Ausgaben – übrigens ohne Unterscheidung zwischen investiv und konsumtiv – bis maximal 0,35 % des Bruttoinlandsprodukts zugestanden. Allerdings verzichtete der Bundesfinanzminister im Nullschulden-Wahn seit 2014 bis zur Corona-Krise ab 2020 selbst auf diesen Spielraum. Damit nutzte der Bund beispielsweise 2019 die verfassungsrechtlich zulässige Verschuldung des Bundes zur Finanzierung zusätzlicher Infrastrukturausgaben im Umfang von mehr als 12 Mrd. € nicht. Innerhalb dieser grundsätzlichen Deckelung der Neuverschuldung sind zwei Ausnahmen vorgesehen:

Im konjunkturellen Abschwung wird dem Bund und den Ländern ein Defizit infolge sinkender Einnahmen gegenüber der «Normallage» (Art. 109 Absatz 3 GG) gestattet. Der Staat soll damit Ausgabenkürzungen vermeiden, die den Konjunkturabschwung verstärken würden. Darüber hinaus sieht das Grundgesetz eine «Ausnahmeregelung für Naturkatastrophen oder außergewöhnliche Notsituationen, die sich der Kontrolle des Staates entziehen» vor (Art. 109 Absatz 3 GG). Bei der politischen Durchsetzung der Schuldenbremse fehlte die Vorstellung einer «außergewöhnlichen Notsituation», wie sie jetzt durch die Folgen der Corona-Pandemie entstanden ist. Der Blick war auf die schrecklichen, aber überschaubaren Flutkatastrophen (etwa 2002) konzentriert. Erst durch die Corona-Krise verlor die Schuldenbremse allerdings nur vorübergehend an Schärfe. Eine Zeitlang war von der schwarzen Null keine Rede mehr. Die Gesamtverschuldung von Bund, Ländern und Gemeinden stieg bis September 2020 um 11,1 % auf 2,1 Billionen Euro. Allein der Bund nahm für das Jahr 2020 Neuschulden im Umfang von knapp 218 Mrd. € auf und plante für das Folgejahr knapp 180 Mrd. €.

Aber das bedeutete und bedeutet mitnichten eine grundlegende Abkehr vom Prinzip der Schuldenbremse, obgleich die Staatsschulden durch sinkende Steuereinnahmen und die Ausweitung der Staatsausgaben weit über die für möglich gehaltene Dimension zunahmen, ohne dass eine Destabilisierung der Staatsfinanzen erkennbar gewesen wäre. (Redaktioneller Hinweis: Dieser Beitrag konzentriert sich auf die grundlegenden Aspekte der Schuldenbremse. Die geänderte Schuldenpolitik unter dem Regime der Corona-Krise ist hier im Beitrag «Nach Corona kein Zurück. Lehren aus der Krise» beschrieben.) Bund und Länder rechtfertigten zwar den Schuldenanstieg durch Nachtragshaushalte und Haushaltsplanungen mit der Ausnahmeregel «außergewöhnliche Notsituationen, die sich der Kontrolle des Staates entziehen». Reklamiert wird allerdings auch die verfassungsrechtlich gewollte Vorlage eines Tilgungsplans «binnen eines angemessenen Zeitraums» (für den Bund nach Art. 115 GG). Allein schon die zu erwartende jährliche Tilgungssumme beim Bund beläuft sich mit der Gesamtsumme von knapp 400 Mrd. für die beiden

Jahre 2020/21 bei einer Tilgungszeit von 20 Jahren auf jährlich 20 Mrd. €. Diese Tilgungsbelastungen lassen sich jedoch nicht durch Ausgabenkürzungen und/oder Steuererhöhungen finanzieren. Wie die Finanzierung erfolgen soll, ist noch offen. Auf jeden Fall wird regierungsoffiziell die schnelle Rückkehr zur Normalregelung der Vor-Corona-Zeit propagiert.

Der Staat in Zeiten des Sparwahns

Im Vergleich zu dem EU-Fiskalpakt, dem 25 Mitgliedsländer angehören, ist die deutsche Version der Schuldenbremse deutlich schärfer gefasst. Die EU sieht eine Begrenzung der gesamten Staatsverschuldung gegenüber dem Bruttoinlandsprodukt von 60 % vor. Wird die Grenze nicht unterschritten, darf die Aufnahme von Krediten zur Ausgabenfinanzierung nicht über 0,1 % des Bruttoinlandsprodukts hinausgehen (in Deutschland beim Bund 0,35 % und bei den Ländern komplettes Verbot).

Nullverschuldung, rote oder schwarze Null ohne Rücksicht auf die Zukunft des öffentlichen Kapitalstocks sind heute die vom gesamtwirtschaftlichen Zusammenhang abgetrennten Markenzeichen einer als solide propagierten Finanzpolitik. Nicht mehr die Frage, welche Ausgaben durch den Staat mit welchen Instrumenten optimal zu finanzieren wären, steht im Mittelpunkt. Haushaltspolitik wird von exogen vorgegebenen Schuldengrenzen dominiert. Wenn Steuereinnahmen fehlen, müssen auch investive Ausgaben gekürzt und/oder die Steuern erhöht werden.

Wie wird dieses Diktat zur Beschränkung parlamentarisch-demokratischer Haushaltspolitik begründet? Ist diese finanzpolitische Revolution Ergebnis von vorausgegangenen Fehlentwicklungen oder am Ende nur Folge der neoliberalen Ideologie vom Schrumpfstaat? Auffällig ist der Rigorismus, mit dem dieser durch die Schuldenbremse erzeugte Reduktionismus bei der Staatsfinanzierung verteidigt wird. Dazu passt die oft geäußerte Unterstellung, das Grundgesetz hätte vor der Neuverschuldungsbremse keine Regeln zur Begrenzung öffentlicher Fremdfinanzierung aufgestellt. Das ist falsch. Der «alte» Art. 115 GG begrenzte die öffentliche Kreditaufnahme ausschließlich auf die Finanzierung von Investitionen. Dazu kam die Vorgabe, Staatsschulden zur «Abwehr einer Störung des gesamtwirtschaftlichen Gleichgewichts» einzusetzen. Damit war die Finanzierung der konsumtiven Ausgaben durch Kreditmittel verfassungsrechtlich immer schon unzulässig. Anstatt nun bei der Änderung die Finanzierung von öffentlichen Investitionen bei Nachweis ihrer gesamtwirtschaftlich nachhaltigen Rentabilität in der Zukunft weiter zuzulassen, ist diese «goldene Regel» komplett abgeschafft worden.

Die Folge war die Vernachlässigung öffentlicher Ersatz- und Erweiterungsinvestitionen.

Nach einem Jahrzehnte dauernden Streit über die Staatsverschuldung nicht nur in Deutschland sind mit der Änderung des Grundgesetzes 2009 vor allem die gesamtwirtschaftlichen Argumente für die produktive Nutzung der öffentlichen Kreditaufnahme geradezu hinweggespült worden. Ein populistischer Anlass für diesen Paradigmenwechsel war die beschleunigt voranschreitende Ausweitung der Staatsschulden vor allem nach der Finanzierung der deutschen Einigung und der Finanzmarktkrise 2009. Die Zinsbelastungen, die den Gestaltungsspielraum öffentlicher Haushalte bei auch noch hohen Zinsen massiv eingeschränkt hatten, verstärkten die Forderung nach Staatsschuldenabstinenz. Mit einer geradezu pathologischen Blickverengung setzte sich in den Köpfen fest: Mit der «Schuldenmacherei», von der die heutige Generation profitiert, werden die Zins- und Tilgungslasten den künftigen Generationen aufgebürdet.

Der Kern dieses Wechsels zum Paradigma eines Staates ohne kreditfinanzierte öffentliche Ausgaben ist die neoklassische Unterstellung, nach der sich die Marktkräfte von selbst optimal regulieren. Diesem Neoliberalismus ist der intervenierende Staat, mit dem Instrument der Verschuldung ausgestattet, ein Gräuel. Der Staat als strategischer Akteur in der Gesamtwirtschaft wird ausgeblendet. Es wird also auf den Sack mit der Staatsverschuldung eingeprügelt, während der Esel, der hier gemeint ist, der Staat ist, dem marktzerstörende Verschwendungssucht unterstellt wird. Gesamtwirtschaftliche Erfordernisse an den intervenierenden Schuldenstaat zu delegieren gilt als ordnungspolitischer Irrtum. Die Sünde der Schuldenmacherei verlangt demzufolge nach der Art des Alten Testaments Sühne. Und diese besteht in Einsparungen bis tief in die sozialen Aufgabenbereiche hinein. Paul Krugman sieht die «gerechte Bestrafung» in einer brutalen Austeritätspolitik – wie besonders deutlich das Beispiel Griechenland zeigt.

Die neoliberale Denkweise, die die «goldene Regel» zu Fall brachte, hat Folgen für das demokratisch-parlamentarische System. Den Parlamenten wird mit dieser Unterstellung mangelnder Befähigung das haushaltsrechtliche Instrument der Staatsverschuldung entzogen. Während den Landesparlamenten der verantwortungsvolle Umgang mit der Staatsverschuldung nicht zugetraut wird, bleibt es aber beispielsweise bei deren Entscheidungskompetenz in Sachen Bildung. Diese Kompetenzspaltung untersagt jedoch gleichzeitig dem parlamentarischen System, wohlüberlegte Bildungsinvestitionen durch Kreditaufnahme zu finanzieren.

Kein Wohlstand ohne Kredite

Die gängigen Behauptungen über die negativen Folgen der Staatsverschuldung erweisen sich in der Praxis schlicht als Vorurteile:

- Von der immer wieder unterstellten inflationstreibenden Wirkung der sich ausbreitenden Staatsverschuldung kann keine Rede sein. Im derzeitigen Klima der Stagnation liegen die Inflationsraten bei hohem Schuldenstand sogar deutlich unterhalb der Zielinflationsrate der Geldpolitik von bis knapp zwei Prozent.

- Die neoklassische Propaganda vom Staat, der mit seiner Nachfragemacht auf den Kapitalmärkten die Zinssätze nach oben treibt und damit die Fremdfinanzierung privater Investitionen verteuert und am Ende verdrängt, geht ebenfalls fehl. Im Gegenteil, hohe Staatsschulden gehen mit extrem niedrigen Renditen für Staatsanleihen einher (derzeit mit Minusrenditen). Die Ursache der Niedrigzinsen, die es neoliberaler Schelte zufolge beim derzeitigen Schuldenstand gar nicht geben dürfte, liegt in einem Überangebot an Geldkapital, das nach rentablen Anlagen auf den Finanzmärkten sucht. Deshalb muss heute der Staat nicht nur wegen der niedrigen Zinsen unterlassene Privatinvestitionen durch Ausgabenprogramme kompensieren.

- Die zur Rechtfertigung der Schuldenbremse beschworene Sorge, die Finanzmärkte könnten das wilde Schuldenmachen abstrafen, ist ohne Grundlage. Selbst in der jüngsten Phase der durch die Corona-Pandemie explodierten öffentlichen Schulden präferieren die institutionellen Anleger weltweit deutsche Staatsanleihen. Das Vertrauen zeigt sich zuletzt am Beispiel von Zinsen, die bis hin zu langen Laufzeiten negativ sind, den Anlegern also Minusrenditen bescheren. Staatliche Anleihen werden dem Staat als «safe haven» gerne abgenommen – auch wegen der wachsenden Risiken alternativer Anlagen.

– Die immer wieder geforderten Obergrenzen für die Gesamtverschuldung, gemessen am Bruttoinlandsprodukt, weil danach der gesamtwirtschaftliche Wohlstand sinke (ein krasses Beispiel in Höhe von 90% geben Kenneth Rogoff und Carmen Reinhart), sind empirisch und analytisch widerlegt worden. Trotz des nachgewiesenen Irrtums wird dieses ideologisch motivierte Warnschild vor den Staatsschulden unverdrossen hochgehalten.

– Die produktive Rolle der Staatsverschuldung im gesamtwirtschaftlichen Zusammenwirken wird durch die neoliberale Reduktion auf das einzelwirtschaftliche Kalkül nicht erfasst. Wenn der Staat das überschüssige Geldkapital nicht abschöpft, das von extensivem Sparen der privaten Haushalte und viel zu geringer Kreditfinanzierung in der Unternehmenswirtschaft herrührt, trocknet der volkswirtschaftliche Kreislauf aus, und es ist mit dem Rückgang der gesamtwirtschaftlichen Produktion zu rechnen. Anstatt jedoch mittels kreditfinanzierter öffentlicher Investitionsausgaben gegenzusteuern, erzeugt der Staat unter dem Regime der Schuldenbremse selbst Finanzierungsüberschüsse. Es wird also im Verhältnis zu den ordentlichen Einnahmen weniger ausgegeben, und damit werden zusätzlich zu den privaten Haushalten und der Unternehmenswirtschaft Finanzierungsüberschüsse erzeugt. Der Staat tritt auf die Investitionsbremse und verzichtet auf steigende Wertschöpfung durch sinnvolle öffentliche Investitionen.

– Dabei gilt nach wie vor: Kreditfinanzierte öffentliche Investitionen erhöhen gegenüber dem ersten Ausgabenimpuls die gesamtwirtschaftliche Produktion um ein Vielfaches. International vergleichende Studien zeigen: Der Multiplikator für kreditfinanzierte Investitionsprogramme liegt pessimistisch geschätzt bei 1,3. Nehmen die staatlichen Investitionsausgaben um 10 Mio. € zu, dann kann mit einem gesamtwirtschaftlichen Produktionszuwachs über die von Periode zu Periode steigenden Einkommen und Konsumausgaben am Ende von über 13 Mio. € gerechnet werden. Daraus lassen sich vorab aufgenommene Kredite für ein Investitionsprogramm Jahr für Jahr refinanzieren. Umgekehrt gilt: Wenn der Staat Investitionsausgaben reduziert, wird ein negativer Multiplikator ausgelöst, d. h., der Rückgang der Produktion ist größer als die Kürzung der Ausgaben. Diese Erfahrung zeigt das Beispiel Griechenland, in dem Austeritätspolitik als Gegenleistung für Finanzhilfen verlangt wurde. Dabei ist der Negativmultiplikator durch die Troika (EU, EZB, IWF), wie der ehemalige Chefökonom des IWF eingestehen musste, unterschätzt worden. Deshalb ist der ökonomische Absturz höher als erwartet ausgefallen.

Die «schwäbische Hausfrau»: ein dümmlicher und diskrimierender Vergleich

Die Frage stellt sich: Wie lässt sich die Hartnäckigkeit erklären, mit der öffentliche Kreditaufnahmen diskriminiert werden – trotz niedriger Zinsen, einer viel zu schwachen Inflation und hoher Schuldenberge? Vorurteile gegen Staatsverschuldung sitzen wohl auch wegen der Ängste durch die Megainflation, die sich 1923 zuspitzte, und die 1948 erforderliche Währungsreform zur D-Mark in Deutschland tief. Hier hilft nur Aufklärung über die Wirkungsweise der Schuldenfinanzierung innerhalb der Gesamtwirtschaft. Wenn der Staat gesamtwirtschaftlich handelt (oder auch nicht), dann sind die Voraussetzungen und Folgen nicht mit einem einzelwirtschaftlichen Kalkül zu erfassen. So würde ein Unternehmen, das im Klima pessimistischer Nachfrageerwartungen investiert, nicht rational handeln, denn der erzeugten Kapazitätserweiterung fehlte es an zusätzlicher Nachfrage. Würden jedoch alle Unternehmen im Rahmen einer kooperativen Absprache gleichzeitig investieren, dann würde die ökonomische Wertschöpfung steigen.

In einer Wettbewerbswirtschaft muss der Staat die Rolle übernehmen, gesamtwirtschaftliche Rationalität zu stiften. Das Marktversagen zwingt den Staat in die nicht – immer erfolgreiche – Rolle des Lückenbüßers. Deshalb ist der Vergleich von «solider» Finanzpolitik ohne Kreditfinanzierung mit dem Haushalten einer «schwäbischen Hausfrau» gesamtwirtschaftlich dumm. Für sie – aber auch für den Hausmann – mag es höchst rational sein, die Ausgaben unterhalb der regulären Einnahmen zu halten. Da sie nicht investiert, lässt sich die Aufnahme von Krediten nicht rechtfertigen. Der Staat hingegen handelt rational, wenn er die Gesamtwirtschaft stabilisiert und in die Zukunft auch für künftige Generationen investiert.

Ein Staat ohne kreditfinanzierte Investitionen versündigt sich an den künftigen Generationen

Das Vorurteil von der «schwäbischen Hausfrau» wird in Debatten noch getoppt durch das propagandistische Argument der Vererbung von Schulden zu Lasten künftiger Generationen. Nicht nur an den Stammtischen, auch in Politik und Wirtschaftswissenschaft wird lauthals verkündet: Die heutigen Schulden des Staates vererben den künftigen Generationen schwere Belastungen durch Zinszahlungen und Tilgungsleistungen. Ein eigentümlicher Generationenkonflikt wird geschürt: Der verschwenderischen heutigen Generation stünden die künftigen Generationen mit den zu tragenden Lasten gegenüber, die sich deshalb nichts mehr leisten könnten. Dieser Unfug blendet einfach aus, welche positiven Wirkungen Investitionen in die öffentliche Infrastruktur von heute morgen für die künftigen Generationen haben. Wenn heute nicht investiert wird, dann verschlechtern sich nämlich die Lebens- und Produktionsverhältnisse künftiger Generationen. Nur zwei Beispiele: Heute getätigte Bildungsinvestitionen dienen der nächsten Generation. Auch profitiert sie von öffentlichen Investitionen in die Umwelt.

Öffentliche Investitionen, die über Kredite finanziert werden, erzeugen schon *per definitionem* keine Last. Sie sind vielmehr die Brücke zwischen der Gegenwart und der Zukunft. Und öffentliche Investitionen stärken im Sinne des «werbenden Zwecks» die künftige Wirtschaftskraft. Immerhin hat der «Sachverständigenrat zur Begutachtung der gesamtwirtschaftlichen Entwicklung» noch in seinem Jahresgutachten 2007 bestätigt: «Deutschland zählt dabei zu den Ländern, in denen die Ertragsrate der öffentlichen Investitionen noch vergleichsweise hoch ist und damit die Kreditfinanzierung dieser investiven Ausgaben, wie es die goldene Regel der Finanzpolitik ermöglicht, durchaus zu rechtfertigen ist.»

Offensichtlich ist diese Erkenntnis bei der Grundgesetzänderung 2009 nicht berücksichtigt worden. Bei Öko-Investitionen liegt beispielsweise der positive Effekt in künftig besseren Umweltbedingungen. Dem Nutzenzuwachs der künftigen Generation stehen die dann anfallenden Kosten der Zinsbelastungen gegenüber. Diese lassen sich jedoch aus dem dadurch ausgelösten ökonomischen Wertschöpfungszuwachs finanzieren. Gleichzeitig sind auch spätere Generationen die Nutznießer einer heute mit öffentlichen Investitionen auf den Weg gebrachten nachhaltigen Entwicklung.

Schließlich bietet die «Vorfinanzierung» über Kredite das einzige Finanzierungsinstrument, mit dem künftige Generationen an der Realisierung öffentlicher Investitionen von heute beteiligt werden können (Pay-as-you-use-Prinzip). Sie finanzieren die Zinsausgaben, die dann den Eigentümern von Staatstiteln zufließen. Dieser Verteilungskonflikt zwischen Zahlern und Beziehern von Zinsausgaben in der nachfolgenden Generation ist lösbar. Dagegen lädt die Steuerfinanzierung dieser Investitionen trotz der positiven Zukunftswirkungen die Last einzig und allein auf der heutigen Generation ab.

Die Reaktion ist erkennbar: Diese hohe Steuerbelastung der derzeitig finanzierenden Generation führt zum Investitionsattentismus des Staates. Investitionsdefizite spalten die Generationen. Wenn dann noch die Schuldenbremse zur Finanzierung öffentlicher Investitionen über Steuern zwingt, kommt es zu einer für künftige Generationen schädlichen Investitionsbremse.

Schlussfolgerung: Zurück zur «goldenen Regel»

Im zehnten Jahr der Abschaffung der «goldenen Regel» ist die neoliberale Wende der Finanzpolitik zur «schwarzen Null» heftiger Kritik ausgesetzt. Schließlich lassen sich die negativen Folgen beispielsweise durch den damit erzeugten öffentlichen Investitionsstau nicht mehr übersehen. Aus der Schuldenbremse wurde eine Bremse für öffentliche und private Investitionen und damit für Wohlstand und Zukunftsvorsorge zu Lasten künftiger Generationen:

- Der schon seit 2003 erkennbare Trend rückläufiger öffentlicher Infrastrukturinvestitionen ist beschleunigt worden. Ersatz- und Reparaturinvestitionen sind nicht einmal im Ausmaß des Kapitalverzehrs durch Abschreibungen realisiert worden. Beispiele für die Schrumpfung des öffentlichen Kapitalstocks sind kaputte Straßen und Brücken sowie sanierungsbedürftige Schulen und Universitätsgebäude. Massive Mobilitätseng- pässe und steigende Kosten der Verkehrslogistik rufen gera- dezu nach Infrastrukturmaßnahmen.

- Die Schuldenbremse vor allem auf der Ebene der Länder mit dem Ziel, Neuverschuldung zu verhindern, hat dazu geführt, dass die Sparzwänge mit verheerenden Folgen an die ohnehin schon finanzkraftschwachen Kommunen weitergegeben wor- den sind. Der kommunale Investitionsrückstand liegt nach Schätzungen zwischen 2015 und 2017 kumuliert bei 159 Mrd. €. Allein innerhalb der Verkehrsinfrastruktur sind es knapp 39 Mrd. € und bei Schulen über 47 Mrd. €.

- Die Schwäche der öffentlichen Investitionen hat die Unterneh- menswirtschaft doppelt belastet: Die jahrzehntelang hoch- gelobte Infrastruktur in Deutschland hat gelitten, und das führt mittlerweile zu schweren Standortnachteilen. In einer Umfrage von 2018 verweist ein Drittel der Unternehmen auf die Behinderung der Geschäfte durch Mängel in der öffent- lichen Infrastruktur. Unternehmen werden darüber hinaus in ihrer Gesamtheit durch die Schwächung der binnenwirt- schaftlichen Nachfrage infolge reduzierter öffentlicher Inves- titionen belastet. Ökologisch gestaltbare Wachstumschancen sind verschenkt worden.

— Nicht die künftig beherrschbaren Zinslasten, sondern unzureichende öffentliche Infrastrukturinvestitionen in die Mobilität,
den Bildungs- und Hochschulbereich sowie den ökologischen
Umbau belasten künftige Generationen. Die Schuldenbremse
entpuppt sich als Nachhaltigkeitsbremse.

Der Mythos von der «schwarzen Null» mit dem propagandisti-
schen Versprechen «solider Staatsfinanzen» wird durch die reale
Entwicklung erschüttert. Die von Anfang an geäußerte Kritik
daran, die lange auf großen Widerstand stieß, wird jetzt auch von
früheren Protagonisten dieses «Systemwechsels» anerkannt. Der
damalige Erfinder der Schuldenbremse aus dem Bundesfinanzministerium, Christian Kastrop, spricht heute von der unverzicht-
baren Notwendigkeit ihrer «Modernisierung». Michael Hüther,
Direktor des Instituts der deutschen Wirtschaft, mahnte, allerdings erst, nachdem die Schuldenbremse in den Brunnen gefallen war: «Ein Festhalten an der schwarzen Null wäre schädlich.»

BDI-Präsident Dieter Kempf legte im Dezember 2019 zusammen mit dem DGB-Vorsitzenden Reiner Hoffmann ein auch mit
Krediten zu finanzierendes Programm über 459 Mrd. € auf zehn
Jahre vor; der größte Brocken von 138 Mrd. € waren Investitionen
in die kommunale Infrastruktur. Der Titel der Initiative: «Öffentliche Investitionen für ein zukunftsfähiges Deutschland». Hinzu
kommen Investitionen mit umweltpolitischen Zielen. Zwar wird
das verfassungsrechtliche Verbot der «goldenen Regel» nicht
angegriffen. Indessen soll ein Sondervermögensfonds, der den
Zugang zur Kreditaufnahme nutzt, die «goldene Regel» wenigstens durch die Hintertür wieder in Kraft setzen.

Bedauerlich, aber wahr: Politisch fehlt der Mut, die finanzpolitische Wende von 2009 zu begraben und kreditfinanzierte
öffentliche Investitionen wieder zuzulassen. Stattdessen werden
vor allem auf der Länderebene Finanzierungsmodelle unter-

halb des Verbots der Kreditaufnahme ausprobiert. Öffentliche Unternehmen, die mit Marktstatus Zugang zu den Kreditmärkten haben, übernehmen die Finanzierung und Umsetzung öffentlicher Investitionen mit Krediten, um die Objekte dann an den Staat langfristig zu vermieten.

Die Corona-Krise, die die Staatsschulden durch sinkende Steuereinnahmen und die Ausweitung der Staatsausgaben weit über die für möglich gehaltene Dimension der Schuldenbremse auch im Fall von «außerordentlichen Notsituationen» hinausgetrieben hat, wird als exogener Zwischenfall interpretiert. An der schnellen Rückkehr zur Schuldenbremse wird festgehalten. Das zeigt die hektische Ankündigung von Tilgungsplänen, die laut Verfassung «binnen eines angemessenen Zeitraums» (für den Bund nach Art. 115 GG) vorzulegen sind. Wie die Finanzierung der Schuldentilgung erfolgen soll, bleib bisher offen. Am Ende droht ein breit angelegter Sozialabbau. Auf jeden Fall wird regierungsoffiziell die schnelle Rückkehr zur Normalregelung der Vor-Corona-Zeit propagiert.

Zusammengefasst gilt: Der Mythos von der «schwarzen Null» hat sich nicht nur theoretisch, sondern durch die negativen Erfahrungen seit 2009 auch faktisch vollständig entzaubert. Trotz der validen Argumente für die «goldene Regel» überwuchert aber das Vorurteil über den Staat, der das Instrument öffentlicher Kredite wieder verschwenderisch nutzen könnte, immer noch alle rationalen Argumente. Es ist höchste Zeit, diese kontrafaktische Beschwörung des neoliberalen Staates ohne Neuverschuldung zu begraben – und zwar gerade im Interesse besserer Lebens- und Produktionsverhältnisse für die kommenden Generationen.

Rudolf Hickel

Literaturtipps

Arbeitsgruppe Alternative Wirtschaftspolitik, *Memorandum 2020 (Kapitel 3 «Schuldenbremse: Investitionsbedarfe erfordern Alternative, Köln 2020.*

J. Blum/K. Gründler/R. de Britto Schiller/N. Potrafke, *Die Schuldenbremse in der Diskussion – Teilnehmer des Ökonomenpanels mehrheitlich für Beibehaltung; in: ifo Schnelldienst,* 2019, 72, Nr. 22, 27 – 33.

Rudolf Hickel, *Zur Analyse der Staatsverschuldung in der Gesamtwirtschaft: Rudolf Hickel, Die schwarze Null – Die Unfähigkeit, makroökonomisch zu denken und zu handeln; in: Ralf-M. Marquardt/Peter Pulte (Hg.), Mythos Soziale Marktwirtschaft – Arbeit, Soziales und Kapital; Festschrift für Heinz Bontrup, Köln 2019.*

Die EZB enteignet nicht, sie versucht, die Profitwirtschaft zu bändigen

Die Niedrigzinspolitik dient der schleichenden Enteignung der kleinen Sparer

Seit der Niedrigzinspolitik der Europäischen Zentralbank hat sich der Mythos verbreitet, sie diene einer, geldpolitisch gewollten, schleichenden Enteignung der Sparvermögen. Als schuldig an diesem Wertverlust des Sparvermögens wird die Geldpolitik der Europäischen Zentralbank ausgemacht. Es ist nachgerade eine Verschwörungstheorie, die Wutsparer hervorbringt. Und verbreitet wird sie über Medien ausgerechnet von Fondsmanagern, Vorständen von Banken und Versicherungen sowie Wirtschaftswissenschaftlern. Beispiele: Allianz-Chef Oliver Bäte in einem Interview mit der *Neuen Zürcher Zeitung* vom 25. 07. 2019: «Die Preise für jene, die viele Schulden haben, werden künstlich niedrig gehalten. Und das Geld wird den Sparern weggenommen – eigentlich eine Enteignung.»

Georg Fahrenschon, ehemaliger Präsident des Deutschen Sparkassen- und Giroverbands (DSGV) im Juni 2014 im *Deutschlandfunk* auf die Frage, ob die Niedrigzinspolitik von

EZB-Präsident Mario Draghi eine schrittweise Enteignung sei: «Ja, ganz klar!»

Hans-Werner Sinn am 2.11.2016 in der *BILD-Zeitung*, die in der Überschrift titelt: «Mit ihren Niedrigzinsen enteignet die EZB deutsche Sparer», behauptet dort: «Wer früher über 30 Jahre hinweg bei normalen Zinsen eine Rente angespart hat, der hatte zum Schluss zwei Drittel seiner Rente aus Zinsen und Zinseszinsen, und ein Drittel war die eigentliche Ersparnis. Das eine Drittel bleibt dem deutschen Sparer hoffentlich noch, aber selbst das ist nicht sicher, weil die EZB Deutschland inflationieren will.»

Die Frage nach den rationalen Gründen der EZB-Niedrigzinspolitik hat in diesem Klima der Verschwörung offenbar keine Chance. Stattdessen hat sich ein gefährlich agitatorisch einsetzbarer Mythos der «Enteigneten» herausgebildet; Aufklärung tut not.

Die klassische Personifizierung des kleinen Sparers, der haushält und gegen verschwenderischen Konsum steht, ist die «schwäbische Hausfrau». Sie gibt nur das aus, was sie auch an Einkommen hat, Schulden machen ist ihrem Privathaushalt ein Gräuel, ein Modell, das gern auch auf öffentliche Haushalte übertragen wird (siehe «Immer Ärger mit der schwarzen Null»). Sparen galt hierzulande als eine eherne Tugend. Danach zu handeln, wurde viel genutzt und bis vor wenigen Jahren immer wieder durch Zinserträge belohnt. Es bot die Möglichkeit, das Sparvermögen durch Zins und Zinseszins gleichsam automatisch wachsen zu lassen. Dieses Sparer-Geschäftsmodell hat sich derart im kollektiven Bewusstsein etabliert, dass der Zinssatz als Lohn für die Geldgabe an das Bankensystem geradezu verfassungsrechtlich garantiert schien.

Dieses Grundgeschäft des Sparens funktioniert nicht mehr: spätestens seit der Niedrigzinspolitik, die die Europäische Notenbank seit 2016 mit einem nominalen Leitzins von null Prozent für Banken, die sich Geld besorgen müssen, intensiv verfolgt. Die nominalen Zinssätze bewegen sich schon mehrere Jahre auf breiter Front nur noch knapp über der Nullzone. Zwar ist die Inflationsrate im historischen Vergleich auch recht niedrig, aber sie ist noch hoch genug, um den realen Zinssatz nach Abzug der Inflationsrate ins Minus zu treiben. Diese negativen Realzinssätze lassen den Wert der Sparvermögen schrumpfen. Die Dynamik der Wiederanlage von Zinsen und damit die Vermehrung der Sparsumme als Basis des sogenannten Volksvermögens funktioniert nicht mehr.

Die erste Schockreaktion auf diese Verluste ist bei vielen Sparerinnen und Sparern in Frust umgeschlagen. Heute dominiert der Wut-Sparbürger. Dieser fühlt sich durch die «schleichende Enteignung» betrogen. Die realen Vermögensverluste zusammen mit der allgemeinen Vermutung, dass die Finanzmärke nichts Gutes wollen, sowie dem mangelnden Verständnis für die gesamtwirtschaftlichen Ursachen schafft einen fruchtbaren Boden für Mythenbildung. Die Mär vom «Raub des Sparvermögens» basiert auf der Idee eines auf sich gestellten, isolierten Sparers, dessen andere Rollen als Konsument und Beschäftigter ausgeblendet werden. Seine Vorteile aus einer gesamtwirtschaftlich erfolgreichen Niedrigzinspolitik, immerhin die Vermeidung einer tiefergehenden Wirtschaftskrise, werden unterschlagen. Stattdessen wird ein Anspruch auf einen gesetzlich garantierten Zinssatz postuliert – als Entlohnung für aufgeschobenen Konsum. Diejenigen, die ansonsten für eine uneingeschränkte Preisbildung über die Märkte plädieren, suggerieren hier eine Art Recht auf einen politisch garantierten Mindestzinssatz.

Mit «schleichender Enteignung» ist der folgende Zusammenhang gemeint: Je höher die Inflationsrate, umso größer sind die Realzinsverluste. Wird von einer Inflationsrate von 1,4 % ausgegangen, dann bringt der nominale Zinssatz von durchschnittlich 0,14 % auf ein Sparbuch einen Realzinsverlust von 1,26 %. Da jedoch die Inflationsrate seit April 2020 deutlich unter ein Prozent gesunken ist, reduziert sich übrigens der Realzinsverlust. Grundsätzlich wird dieser schleichende Verlust des Sparvermögens auch als fiskalische Repression («financial repression») bezeichnet. Dieser aggressive Begriff ist ebenfalls irreführend. Als wende die Notenbank politische Repression gegen die freiheitsliebenden Sparer an.

Worum geht es wirklich, welches sind die Gründe für die derzeitige Niedrigzinspolitik der EZB? Dazu ist eine Begriffsklärung erforderlich. Umgangssprachlich ist immer wieder von der Niedrigzinspolitik die Rede. Hinter diesem Etikett verbergen sich jedoch unterschiedliche Zinssätze der Europäischen Zentralbank. Deshalb ist oftmals auch von der Null- bzw. Minuszinspolitik der EZB die Rede. Im Mittelpunkt steht der Leitzins, zu dem sich die Banken gegen die Zurverfügungstellung von notenbankfähigen Wertpapieren (Offenmarktgeschäfte) für eine beschränkte Zeit Geld bei der EZB besorgen können. Dieser Hauptrefinanzierungssatz liegt bereits seit März 2016 bei 0 %. Ziel der Steuerung über den Null-Leitzins ist, den Banken für die Vergabe von Krediten an die Wirtschaft Liquiditätsspielraum zu sichern. Ob allerdings die Banken diese geldpolitisch gewollte, billige Liquidität nutzen und ob die Wirtschaft die verbilligten Kredite annimmt, sind Fragen, die mit dem Mythos nichts zu tun haben.

Zum Nullzins hinzu kommt seit Juni 2014 bei der EZB ein Minuszins, der derzeit bei 0,5 % liegt. Dieser Zins wird auf Einlagen der Banken bei der EZB erhoben. Dabei handelt es sich um eine Art «Strafzins» gegenüber den Banken, die dadurch einen Anreiz bekommen, ihre Liquidität nicht bei der EZB anzulegen, sondern für die Kreditvergabe an die Wirtschaft zu nutzen. Aus dem Zusammenspiel der geldpolitisch gesetzten Zinssätze, die allerdings durch den Trend sinkender Renditen auf den Finanzmärkten getrieben werden, resultieren die Niedrigzinsen. Für die Sparbücher bewegt sich dieser Niedrigzinssatz nur knapp über der Nullzone.

Was die Niedrigzinspolitik verursacht

Gemessen an gesamtwirtschaftlichen Zielen lassen sich fundierte Gründe für die expansive Geldpolitik der EZB auch mit Null- und Minuszinsen aufzählen. Im Mittelpunkt steht die gesamtwirtschaftlich wachstumsschwache und eher deflationäre Konstellation: Das Anlage suchende, überschüssige Geld findet wegen unzureichender Nachfrage nach Produkten nicht ausreichend den Weg in die realwirtschaftliche Produktion. Erzeuger dieser Überschüsse sind neben den Vermögenden auch die Unternehmen der Realwirtschaft. Die dort erwirtschafteten Gewinne fließen in immer geringerem Ausmaß in die Finanzierung von Realinvestitionen. Dabei bieten die relativ entkoppelten Finanzmärkte genügend Spielraum für alternative Finanzanlagen gegenüber den Realinvestitionen. Neuerdings trägt auch noch der Bund mit seinen Haushaltsüberschüssen («schwarze Null») zum Überfluss an Liquidität bei. Die Folge davon ist, dass mittlerweile alle inländischen Sektoren mehr einnehmen als ausgeben, eben das gegenüber den Realinvestitionen überschüssige Sparen. Dieses Überangebot gegenüber der Kreditnachfrage führt zum «tendenziellen Fall» der Renditen für festverzinsliche Wertpapiere, zum Beispiel Staatsanleihen. Nicht nur in Deutschland bewegen sich diese Renditen im Sinkflug. Für 10-jährige Staatsanleihen ist der Nominalzinssatz von 8,7 % im Jahr 1990 zehn Jahre später auf 5,52 % und dann bis 2010 auf 2,74 % gesunken. Heute bringen zehnjährige Staatsanleihen nur noch eine Minusrendite. Im Mai 2020 waren es –0,5 % und im Juni –0,4 %. Für die Anfang November 2020 durch die EU erstmals aufgelegen 10-jährigen Anleihen gibt es eine Minusrendite von 0,24 %.

Wird die Inflationsrate abgezogen, dann trifft dies die Anleihekäufer hart. Sie bezahlen für den Nominalwert einen höheren Kaufpreis und sind damit stärker als die Sparer Verlierer der Niedrigzinspolitik. Allerdings steht dem «Wutsparer» ein gelassener Käufer von Staatsanleihen mit Minusrenditen gegenüber. In der Abwägung zwischen Sicherheit und Rendite wird der sichere Hafen Staatsanleihe den negativen Renditen für die Käufer von Staatspapieren vorgezogen.

Ziel der Geldpolitik ist es, gegen die daraus resultierende Entwicklungsblockade zu steuern. Hinter der Politik der Niedrigzinsen steht also ein Zielwechsel bei der Geldwertstabilisierung: Es geht nicht mehr um die traditionelle Inflationsbekämpfung. Nach der immer noch vorherrschenden Lehre des Monetarismus müsste das viele Geld schon längst eine massive Inflation ausgelöst haben. Das Gegenteil ist jedoch der Fall. Billiges Geld findet über die Kreditvergabe nur unzureichend den Weg in die Finanzierung privatwirtschaftlicher und öffentlicher Investitionen. Eine Inflation wäre nur zu erwarten, wenn die gesamte Liquidität beispielsweise durch massive Lohnerhöhungen binnenwirtschaftlich nachfragewirksam würde. Davon kann jedoch angesichts der zurückhaltenden Lohnpolitik nicht die Rede sein. Die Notenbank versucht vielmehr, die zu geringe Inflationsrate wenigstens auf das gesamtwirtschaftliche Normalziel von «nahezu, aber unter zwei Prozent» anzuheben. In der Wissenschaft wird mittlerweile intensiv diskutiert, endlich diese Zielinflationsrate in diesem stagnativen Klima auf deutlich über zwei Prozent zu erhöhen.

Der Zentralbank im Kontext der Niedrigzinspolitik Machtmissbrauch vorzuwerfen widerspricht den beschriebenen gesamtwirtschaftlichen Zwängen. Eher herrscht Ohnmacht vor. Die EZB wird unter dem Druck den tendenziellen Falls der Renditen für Geldvermögen in die Rolle des Erfüllungsgehilfen gezwungen. Daher verdient die Notenbank zumindest das Lob, trotz der Schwierigkeiten vom Ziel der Stärkung des realen Wirtschaftswachstums sowie der Stabilisierung des Euro-Systems auch gegen Spekulanten nicht abzulassen.

Bereits der ehemalige Präsident Mario Draghi hat allerdings frühzeitig gemahnt und es gefordert, seine Nachfolgerin Christine Lagarde folgt ihm: Die Geldpolitik allein ist überfordert und muss deshalb durch eine aktive Finanzpolitik mit dem Schwerpunkt auf öffentliche Investitionsprogramme flankiert werden. Mit ziemlicher Gewissheit ist davon auszugehen, dass sich die säkulare Schwäche des Wirtschaftswachstums bei sehr niedrigen Inflationsraten nicht ändern wird. Das überschüssige Sparen, vor allem durch die privaten Haushalte und die Unternehmenswirtschaft, aber auch die Finanzierungsüberschüsse des Staates, die nur durch die Corona-Krise unterbrochen wurden, wird sich fortsetzen. Und daher ist auf absehbare Zeit mit einer Wende zu steigenden Zinsen auch auf die Ersparnisse nicht zu rechnen.

Eine Zinswende wäre Gift für die stagnative Entwicklung der Gesamtwirtschaft. Also bleibt es so lange bei der Überflutung mit billigem Geld durch die EZB, solange die Wirtschaft, wie es im Originalton von Christine Lagarde heißt, auch «günstige Liquiditätsbedingungen zur Stärkung der unternehmerischen Nachfrageschwäche braucht». Daraus folgen immer wieder «neue Wellen monetärer Lockerung». Die EZB dient weiterhin dem Ziel, «eine fortgesetzte nachhaltige Annäherung der Inflation an ein Niveau von unter, aber nahezu 2 Prozent auf mittlere Sicht sicherzustellen». Diese gesamtwirtschaftlichen Rahmenbedingungen werden auch Christine Lagarde dazu zwingen, dem Draghi-Kurs treu zu bleiben, ob sie will oder nicht. Denn die Präsidentin der EZB ahnt schon, dass die Notenbank nicht handelnder Täter, sondern eher Erfüllungsgehilfe der Finanzmärkte ist. Es wird, bezogen auf die Wirtschafts- und Inflationserwartungen, bei der Kombination von Nullzinsen, Minuszinsen und extremen Niedrigzinsen bleiben. Die Sparerinnen und Sparen müssen weiterhin mit negativen Realzinsen auf ihre Einlagen rechnen.

Verlierer sind auch Gewinner der Minuszinspolitik

Der Mythos von der «schleichenden Enteignung» der Sparerinnen und Sparer erweckt den Eindruck, diese Geldpolitik zu Lasten der Sparvermögen hätte es nie zuvor gegeben. Verschiedene Stimmen legen die Vermutung nahe, erst das Euro-Währungssystem hätte diesen Angriff auf das deutsche Sparvermögen eingeleitet. Die EZB belaste beispielsweise die «reichen» Länder mit hohem Geldvermögen zugunsten der Rettung der krisengeschüttelten Südländer. Diese Verdächtigungen klingen wie aus dem Reich der Verschwörungstheorien. Faktenfundiert stellt die Deutsche Bundesbank beim Rückblick auf die Entwicklung Deutschlands seit den 1970er Jahren fest: «Diese sogenannte negative reale Einlageverzinsung ist allerdings kein neues Phänomen des Niedrigzinsumfelds. In den vergangenen Jahrzehnten waren negative Realzinsen sogar eher die Regel als die

Ausnahme. Bereits vor der Finanzkrise, nämlich in den 1970er Jahren, Anfang der 1990erJahre sowie in den 2000er Jahren, erhielten Bankkunden insbesondere auf ihre Spareinlagen keine inflationsausgleichende Verzinsung. Diese Phasen realer negativer Verzinsung überwogen historisch sogar: So lag die mittlere reale Verzinsung über den gesamten Zeitraum (auch ohne Finanzkrise) sowohl bei Spareinlagen als auch bei jederzeit verfügbaren Einlagen (sogenannten Sichteinlagen) im negativen Bereich.» (Deutsche Bundesbank am 27.06.2014: https://www.bundesbank.de/de/aufgaben/themen/negative-reale-verzinsung-von-einlagen-kein-neues-phaenomen-664008)

Auch lässt sich der Vorwurf, die Realzinsverluste seien seit der Einführung des Eurosystems besonders intensiv, nicht bestätigen: Zwischen 1975 und 1998 wurden die Erträge auf Spareinlagen in Deutschland im Durchschnitt real mit minus 0,08 % und zwischen 1999 bis 2019 mit minus 0,15 % € belastet. Allerdings wird dieser Realzinsverlust anders als früher intensiver wahrgenommen. Die viel stärkere Spürbarkeit der negativen Realzinsen hat einen Grund: Während etwa beispielsweise in den 1980er Jahren die Nominalzinsen hoch waren, aber die Inflation noch darüber lag, resultiert der Realzins heute aus einem Nominalzins von knapp über 0 % und einer allerdings auf niedrigem Niveau leicht höheren Inflationsrate. Die frühere Spareuphorie, bei der die hohen Nominalzinsen blind für die Realzinsverluste machten, ist durch den Frust über die mickrigen monetären Erträge abgelöst worden.

Hinzu kommt noch ein weiterer Grund für die heute viel stärkere Spürbarkeit. Eine Flucht aus dem Sparen in alternative Anlagen mit höheren Renditen ist viel schwieriger als damals. Selbst staatliche Wertpapiere wie Bundesanleihen werden heute mit negativen Renditen verkauft. Sie sind allerdings wegen ihrer hohen Bonität für institutionelle Anleger attraktiv. Aktien bleiben für den Kleinanleger wegen der ausgeweiteten Volatilität und der meistens spekulativ übertriebenen Kurswerte riskant. Auch bei den unterschiedlichen Fondspapieren ist die Mischung aus Risiko und Sicherheit meistens nicht attraktiv. Vermögensbildung über den Erwerb von Immobilien ist im Bereich des Normalsparens kaum möglich. Aus alldem folgt am Ende, anders als für die Wohlhabenden und Millionäre, eine spürbar starke Abhängigkeit selbst von Spareinlagen mit Minus-Realzinssätzen.

Angesichts des allgemeinen Wehklagens könnte man auf den Gedanken kommen, dass das Volksvermögen zum einen lange schon entscheidend durch Sparanlagen dominiert werde und zum anderen praktisch die gesamte Bevölkerung von der Niedrigzinspolitik betroffen sei. Aber das ist nicht der Fall. Diese Verallgemeinerung ist eine wohl absichtsvoll verbreitete Illusion. Wenn wir einmal hinschauen, wem die Summe der Spareinlagen und Sparbriefe mit 578,2 Mrd. € sowie der Termineinlagen mit 253,2 Mrd. € gehört (Stand 1. Quartal 2020), dann sehen wir, dass die Verteilung dieses Geldvermögens die allgemeine, hochkonzentrierte Vermögensverteilung widerspiegelt. Nach einer neuen Studie des Deutschen Instituts für Wirtschaftsforschung konzentrieren sich auf die oberen 10 % der Vermögenden 67,3 % des individuellen Nettovermögens der privaten Haushalte, davon auf das obere 1 % gar 35,3 %. Für die unteren 90 % bleibt nur noch ein Drittel an Vermögen übrig (DIW, «MillionärInnen unter dem Mikroskop: Datenlücke bei sehr hohen Vermögen geschlossen – Konzentration höher als bisher ausgewiesen», im DIW-Wochenbericht 29/2020). Nach einer älteren Rechnung verfügen die unteren 40 % in der Vermögensverteilung über gar kein Sparvermögen, während die 20 % der Vermögenden in der Spitze der Pyramide exzellente Möglichkeiten haben, ihr Vermögen ertragreich zu optimieren.

Die Wahrheit ist: Wer aufgrund seiner finanzschwachen Lage keine Ersparnisse sein Eigen nennen kann, leidet dann nicht einmal unter der «schleichenden Enteignung» durch die Niedrigzinspolitik der EZB. Andererseits sind auch die Wohlhabenden kaum Opfer der Niedrigzinspolitik. Da sich ihnen ein großes Spektrum der Vermögensbildung anbietet, ist ihre Abhängigkeit vom Sparvermögen nicht relevant.

Die Gruppe derer, die Opfer durch Realzinsverluste sind, hält sich zwar gemessen an der Gesamtbevölkerung in Grenzen. Aber deren existenzielle Abhängigkeit vom Sparen und damit deren Betroffenheit sind stark. Daraus folgen die lautstarke Aggressivität und auch die in der Öffentlichkeit gepushte Wahrnehmung der Spar-Opfer. Der Grund: Sie sind in dem Bemühen, gegen Lebensrisiken vorzusorgen, auf die Instrumente des Sparens besonders stark angewiesen. Sie können also kaum ausweichen. So schlagen die seit Mitte der 1980er Jahre sinkenden Umlaufrenditen für festverzinsliche Wertpapiere auf die private Altersvorsorge per Lebensversicherung durch, auch bei der Riesterrente. Erwerbseinkommen und die gesetzliche Rentenversicherung reichen nicht aus, ein angemessenes Auskommen im Alter zu sichern. Insoweit erzeugt die zurückhaltende Lohnbildung und Rentenpolitik den Druck, private Kapitalvorsorge betreiben zu müssen. Durch die aggressive Zuspitzung auf den Vorwurf der Enteignung durch die EZB wird von diesen existenziellen Abhängigkeiten abgelenkt. Der Sack Niedrigzinspolitik wird geschlagen, eigentlich ist aber der Esel gemeint, der für ungenügende Erwerbseinkommen und die unzureichende Rentenversicherung steht. Der Mythos von der «schleichenden Enteignung» lebt von Zukunftsängsten, die allerdings nicht nur durch die Geldpolitik erzeugt werden.

Die realen Vermögensverluste für die von ihren Ersparnissen Abhängigen schaffen viele bittere Einzelschickale. Aber die Ursachen liegen nicht in einer auf Enteignung zielenden Geldpolitik. Sie sind das Resultat der Funktionsweise des profitwirtschaftlichen Kapitalismus mit vermachteten Finanzmärkten. Da gibt es auch keine Sonderstellung für Sparerinnen und Sparer durch einen staatlichen Anspruch auf Mindestverzinsung. Der bestehende Geldüberhang infolge unzureichender Verausgabung für Ausgaben lässt letztlich die Zinssätze auf Vermögensanlagen sinken, also liegt die Schuld nicht bei der EZB. Als Folge der Vermögenskonzentration wird gesamtwirtschaftlich mehr an Sparvermögen gegenüber den realen Investitionen – also Übersparen – gebildet. Die Folge sind sinkende Zinssätze auf Geldvermögensanlagen. Die Notenbank reagiert in diesem Umfeld eher als Getriebene auf die Überflutung der Geldmärkte mit Ersparnissen. Von der vielzitierten Macht der Notenbank bleibt bei diesen Abhängigkeiten nicht viel übrig.

Deshalb geht es darum, den Absturz der Gesamtwirtschaft und die Arbeitsplatzvernichtung neben der Finanzpolitik auch geldpolitisch zu bekämpfen. Aus der gesamtwirtschaftlichen Sicht rücken die Sparerin und der Sparer als Konsumenten und Beschäftigte ins Zentrum. Aus dem Verlierer durch die realen Zinsverluste wird infolge einer erfolgreichen Geldpolitik ein Gewinner durch die Sicherung seines Arbeitsplatzes und seines Erwerbseinkommens. Wäre die Geldpolitik zusammen mit der aktiven Finanzpolitik nicht erfolgreich, dann würde die gesamte Gesellschaft zur Verliererin.

Ob es gelingt, den Mythos von der Enteignung der Sparerinnen und Sparer durch die realen Sparvermögensverluste aufzulösen, hängt vom Erfolg der EZB bei der Stabilisierung der Gesamtwirtschaft ab. Sparerinnen und Sparer profitieren dann gegenüber ihren real schrumpfenden Ersparnissen von der erfolgreichen Einkommens- und Jobsicherung. Jedenfalls ist gesamtwirtschaftlich angesichts der wirtschaftlichen Wachstumsschwäche die derzeitige Niedrigzinspolitik unvermeidbar.

Nicht der Ausstieg aus der Niedrigzinspolitik ist die Alternative. Sie muss als Teil einer erfolgreichen Geldpolitik verortet werden. In der jüngsten Phase der Niedrigzinspolitik ist aber auch klargeworden: Die Geldpolitik allein ist nicht in der Lage, nachhaltig die wirtschaftliche Entwicklung zu stärken. Sie muss durch eine aktive Finanzpolitik ergänzt werden, die auf per Kredite finanzierte öffentliche Investitionen zur Nutzung des Geldkapitals setzt. Eine erfolgreiche Geld- und Finanzpolitik zum Vorteil des Gesamtsystems und nicht nur für die Sparerinnen und Sparer ist die beste Medizin gegen den Zins-Enteignungs-Mythos.

Rudolf Hickel

Literaturtipps

Gunther Schnabl et al., *Ursachen und Folgen der Niedrigzinsen: Enteignung der Sparer?; in ifo-Schnelldienst, 2016, 69, Nr. 13.*

Isabel Schnabel, *Narrative über die Geldpolitik der EZB – Wirklichkeit oder Fiktion? Rede bei der Juristischen Studiengesellschaft, Karlsruhe, 11. Februar 2020: https://www.ecb. europa.eu/press/key/date/2020/html/ecb.sp200211_1~ b439a2f4a0.de.html.*

Rudolf Hickel, *Gestern Draghi, heute Lagarde: Niedrigzinsen ohne Alternative; Kommentar in Blätter für deutsche und internationale Politik, 9/2019.*

Die Krise als Dauerzustand

Wirtschaftskrisen sind immer beherrschbar

Die Behauptung von Anhängern der kapitalistischen Wirtschaftsordnung, dass Krisen am Ende immer beherrschbar sind, wird immer dann gebetsmühlenhaft wiederholt, wenn sich eine ereignet. Zum Beispiel anlässlich der vorletzten globalen Finanz- und Wirtschaftskrise, in der zwischen 2007 und 2010 Banken sowie ganze Industriezweige zusammenbrachen und Millionen Arbeitsplätze verlorengingen. «Natürlich ist die Krise beherrschbar», ließ uns angesichts der gigantischen Bankenrettungs- und Konjunkturanschubmaßnahmen im Frühjahr 2009 der damalige Bundespräsident Horst Köhler wissen. Und zu Beginn der jüngsten heftigen Krise, die durch die Corona-Pandemie ausgelöst wurde, verkündete Wirtschaftsminister Peter Altmaier: «Mit dem größten Konjunkturprogramm in der Geschichte Deutschlands schaffen wir die Voraussetzungen für einen raschen und nachhaltigen Aufschwung. [...] Deutschland wird am Ende stärker dastehen als zuvor.» (t-online.de, 23. 6. 2020)

Aber stimmt das auch? Und was bedeutet das genau, und wie hoch ist der Preis, den Mensch und Umwelt dafür zahlen müssen?

Der demokratische Kapitalismus ruht hierzulande auf den Pfeilern Privateigentum, Rechtssicherheit, Vertragsfreiheit und Lohnarbeitsverhältnis, die der Staat laufend aufrechterhält und überwacht. Als *Kapitalismus* bezeichnen wir eine Wirtschafts- und Gesellschaftsordnung, in der eine private Verfügungsgewalt über die Produktionsmittel (Anlagen, Maschinen etc.), das Ziel der Gewinnmaximierung und die Steuerung der Wirtschaft mittels des möglichst freien Marktes herrschen. Die gängigen Begriffe *Marktwirtschaft* bzw. *soziale Marktwirtschaft* in allen Ehren – die Produktionsweise ist zweifellos eine kapitalistische, und die staatlichen Rahmenbedingungen, Gestaltungsmaßnahmen und Interventionen sind darauf ausgerichtet. Typisch für den Kapitalismus ist der permanente Kapitalakkumulations- und Kapitalverwertungszwang sowie ein prinzipieller Wachstums- und Expansionsdrang – einschließlich der *Kommodifizierung*, sprich: des Zur-Ware-Machens von Sachen und Personen. Mensch und Umwelt sind in diesem Zusammenhang Mittel zum Zweck.

Nie krisenfrei

Den Analysen von Marx, Engels und vielen später wirkenden Theoretikern zufolge sind periodisch wiederkehrende Krisen in einer kapitalistischen Gesellschaft nicht nur möglich, sondern unvermeidbar, weil sie dieser in einer zyklischen Verlaufsform sich entwickelnden Wirtschaftsweise systemisch eingeprägt sind. Nur ein Beispiel: Weil Investitionsentscheidungen der Unternehmen unabhängig und in Konkurrenz voneinander erfolgen (etwa der – trotz Marktsättigung – weltweite Bau zusätzlicher Autofabriken), also nicht aufeinander abgestimmt werden, sind Ungleichgewichte, die sich schließlich in Krisen entladen, nicht zu vermeiden. Im *Kommunistischen Manifest* von Karl Marx und Friedrich Engels aus dem Jahr 1848 wird dieser Sachverhalt so analysiert:

«In den Krisen bricht eine gesellschaftliche Epidemie aus, welche allen früheren Epochen als ein Widersinn erschienen wäre – die Epidemie der Ueberproduktion. Die Gesellschaft findet sich plötzlich in einen Zustand momentaner Barbarei zurückversetzt; eine Hungersnoth, ein allgemeiner Verwüstungskrieg scheinen ihr alle Lebensmittel abgeschnitten zu haben; die Industrie, der Handel scheinen vernichtet, und warum? Weil sie zu viel Civilisation, zu viel Lebensmittel, zu viel Industrie, zu viel Handel besitzt. Die Produktivkräfte, die ihr zur Verfügung stehen, dienen nicht mehr zur Beförderung der bürgerlichen Civilisation und der bürgerlichen Eigenthums-Verhältnisse; im Gegentheil, sie sind zu gewaltig für diese Verhältnisse geworden, sie werden von ihnen gehemmt, und so bald sie dies Hemmniß überwinden, bringen sie die ganze bürgerliche Gesellschaft in Unordnung, gefährden sie die Existenz des bürgerlichen Eigenthums. Die bürgerlichen Verhältnisse sind zu eng geworden um den von ihnen erzeugten Reichthum zu fassen. – Wodurch überwindet die Bourgeoisie die Krisen? Einerseits durch die erzwungene Vernichtung einer Masse von Produktivkräften; anderseits durch die Eroberung neuer Märkte, und die gründlichere Ausbeutung der alten Märkte. Wodurch also? Dadurch, daß sie allseitigere und gewaltigere Krisen vorbereitet und die Mittel, den Krisen vorzubeugen, vermindert.»

Zur Krisenanfälligkeit unserer Tage gehört die durch Lohnzurückhaltung und gestiegene Produktivität entstandene Überanhäufung von Kapital. Betrugen die Unternehmensgewinne kurz vor dem Millennium an die 12 Prozent der Wirtschaftsleistung, so schnellten sie bis zur Corona-Krise auf gut 16 Prozent hoch. Inzwischen erzielen zahlreiche Unternehmen offenbar höhere

Profite, als sie brauchen, denn die überschüssigen Millionen und Milliarden dienen weder einem Schuldenabbau noch – mangels verlockender Geschäftsaussichten – neuen Investitionen. Stattdessen fließen sie in den Rückkauf eigener Aktien, in Dividenden für die Aktionäre und zum Erheischen von Rendite auf die Finanzmärkte, wo sie die Aufblähung der Spekulationsblasen bei Aktien, Anleihen und Immobilien vorantreiben. Und zugleich die Ungleichheit. Laut dem *Allianz Global Wealth Report 2020* gehörten 2019 einem Zehntel der Weltbevölkerung mehr als vier Fünftel (84 %) des weltweiten Finanzvermögens, wobei das reichste Prozent über fast 44 Prozent verfügte.

Zwar saugen die Regierungen vieler Staaten durch ihre Kreditaufnahmen das überschüssige und Rendite suchende Kapital zum Teil auf. Vor allem aber ist das Zinsniveau wegen des Überangebots an Finanzkapital inzwischen so tief gesunken, dass die politisch lange gepriesene und den Arbeitenden als fortschrittliche Zukunftsinvestition aufgenötigte private Altersvorsorge endgültig in die Krise geraten ist. Und die traditionelle Warnung, die Finanzmärkte würden die steigende Verschuldung von Staaten unerbittlich mit steigenden Zinsen bestrafen, erweist sich ebenfalls als Mythos.

Die periodisch wiederkehrenden Krisen der kapitalistischen Ökonomie wirken sich politisch, sozial, kulturell und nicht zuletzt ökologisch aus. Vor allem aber vervielfältigen und vermehren sie sich seit einigen Jahrzehnten und gehen allmählich in den Modus einer permanenten Krise über. So verging im ersten Fünftel des 21. Jahrhunderts kein Jahr, ohne dass in den Medien, der Politik und der Wissenschaft auf eine Krise hingewiesen wurde – auf die Bankenkrise, Finanzkrise, Konjunkturkrise, Wirtschaftskrise, Autokrise, Eurokrise, Staatsschuldenkrise, Armutskrise, Bildungskrise, Klimakrise, Corona-Krise.

Apropos Corona-Krise: Die von zahlreichen Politikern und Wirtschaftsauguren beschworene Vorstellung, die im Zuge der Sars-CoV-2-Pandemie «unverschuldet» eingetretene schwere Weltwirtschaftskrise sei lediglich eine kleine Verschnaufpause von Wirtschafts- und Wohlstandswachstum, hat zweifellos etwas Beruhigendes. In der Tat überstand die kapitalistische Produktionsweise im Laufe der vergangenen 200 Jahre sämtliche Krisen – allerdings nicht ohne teils erhebliche politische Eingriffe und zudem auf Kosten der arbeitenden und hilfsbedürftigen Menschen. Dass sie auch das vom Weltbiodiversitätsrat vorhergesagte «Zeitalter der Pandemien» überstehen wird, ist hingegen alles andere als sicher.

Große Krisen

Die erste kapitalistische Weltwirtschaftskrise nahm im Sommer 1857 Fahrt auf, als in den Vereinigten Staaten innerhalb weniger Tage mehr als 1400 Banken schließen und in Europa zahlreiche große Handelshäuser Konkurs anmelden mussten. Diese Kredit- und Handelskrise, die sich aus einer Börsenkrise heraus entwickelte, wurde relativ schnell überwunden – zu Beginn der 1860er Jahre Ende wuchsen die Wachstumsraten wieder.

Im Herbst 1873 begann die zweite große Weltwirtschaftskrise. Als Auslöser gilt der Wiener Börsenkrach vom Mai jenes Jahres. Sie ging als Gründerkrach bzw. Gründerkrise in die Geschichte ein, weil allein in den wirtschaftlich boomenden zwei Jahren nach der Reichsgründung und dem 1871 gewonnenen Deutsch-Französischen Krieg mehr als 900 Aktiengesellschaften sowie Großbanken gegründet worden waren. Als erste deutsche Bank der Gründerzeit musste im Oktober 1873 die Vereinsbank Quistorp & Co.

Konkurs anmelden. Die in den industrialisierten Ländern bis 1895 andauernde Krise war die erste, die eine zwei Jahrzehnte währende Phase überwiegend ausbleibenden Wachstums beinhaltete. Und das zeitigte heftige wirtschaftliche, soziale und gesellschaftliche sowie fatale politische Folgen – wachsenden Nationalismus, Militarismus und Antisemitismus.

In der deutschen Bevölkerung nahm die Armut, nahmen Unruhen und Streiks zu, setzte eine zweite große Emigrationswelle ein. Zugleich wurden die gesellschaftlichen Partizipations- und Demokratisierungswünsche immer lauter, wurde die von den Arbeiterparteien und Gewerkschaften aufgeworfene «soziale Frage», wurde das Verlangen nach anständigen Arbeits- und Lebensbedingungen unüberhörbar. Schließlich sah sich der bis dahin gegenüber dem Kapital hyperliberale Staat zum aktiveren Handeln gezwungen. Mit dem von Bismarck eingeführten staatlichen Sozialversicherungssystem – ab 1883 die Krankenversicherung, ab 1884 die Unfallversicherung und ab 1891 die Rentenversicherung – übernahm er die Funktion eines zwar wohlfahrtsorientierten, aber weiterhin liberalen Interventionsstaats.

Als am 25. Oktober 1929 die Kurse an der New Yorker Börse um 13 Prozent absackten, setzte die dritte große Weltwirtschaftskrise ein. Die vier Jahre währende Große Depression hatte ihre systemische Ursache in der Überproduktion (weil die Konsumgüterproduktion in den USA die Nachfrage überstieg) und in der Überakkumulation von Kapital, welche die Börsenspekulation an der Wall Street befeuerte. Im Übrigen hatte die Ungleichheit der Einkommen in den USA, aber auch in den europäischen Industriestaaten in den 1920er Jahren kolossal zugenommen. Während der Großen Depression schrumpfte das Volumen des Welthandels dramatisch: um fast zwei Drittel des Warenwertes von 1929.

Am härtesten traf es die USA und Deutschland, das durch

die Reparationsforderungen aus dem Versailler Vertrag ohnehin schwer belastet war. So sank bis 1933 in den USA und in Deutschland das Bruttoinlandsprodukt (BIP) um jeweils mehr als 25 Prozent, und die industrielle Produktion brach um mehr als 40 Prozent ein. 1931 wurde die Krise in Deutschland durch eine folgenschwere Bankenkrise zusätzlich vertieft (ein Zusammenbruch des Bankensystems konnte durch Zwangsfeiertage abgewendet werden). Die sich stetig verschärfende Wirtschaftskrise gipfelte in einer extremen Massenarmut und Massenverelendung der Bevölkerungen in den USA und insbesondere in der jungen Weimarer Republik. 1932 war fast die Hälfte der Deutschen direkt oder indirekt von Arbeitslosigkeit, sozialer Deklassierung und teils sogar von Hungersnot betroffen.

Durch die Große Depression geriet der moderne Kapitalismus, bis dahin von weitgehender Nichteinmischung der Regierungen der Industrienationen begünstigt, schwer in die Bredouille. Und das blieb nicht folgenlos, entschieden sich doch die führenden Staaten zu gezielten – wenn auch stark voneinander abweichenden – Eingriffs- und Lenkungsmaßnahmen für das wirtschaftliche und gesellschaftliche Geschehen. Während in Deutschland das nationalsozialistische Regime ein so kapitalfreundliches wie menschenfeindliches rigides Interventionsmodell praktizierte, das der Kriegsvorbereitung und dem Holocaust diente und zur totalen Zerstörung der Kulturnation führte, setzte in den USA die Roosevelt-Regierung den New Deal durch. Das umfangreiche Programm unterstellte die Börse einer staatlichen Aufsicht und regulierte den Bankensektor, unterstützte mit Beschäftigungs- und anderen Maßnahmen wirksam ein Drittel der Bevölkerung sowie mehr als sechs Millionen Arbeitslose, verbesserte mit großen Projekten entschieden die Infrastruktur, sorgte im Laufe der 1930er Jahre für Aufforstung, Landschaftspflege, den Bau von

Spielplätzen, Kindergärten oder Schulen. Eine Arbeitslosen- und Rentenversicherung wurde eingeführt und die Regelarbeitszeit auf wöchentlich 40 Stunden festgesetzt. Zugleich erfolgte die Einführung eines Mindestlohns. Zur Finanzierung des New Deal wurden die Steuern auf Unternehmensgewinne, Erbschaften und hohe Einkommen stark erhöht. Das energische Handeln der Regierung verminderte die Not der Menschen deutlich, senkte die Arbeitslosigkeit und verringerte die Einkommensungleichheit.

Nach dem Zweiten Weltkrieg wurde das vom New Deal begründete, ausgeprägt sozialliberale und keynesianische staatliche Interventionsmodell nach und nach auch in den westeuropäischen kapitalistischen Staaten installiert, wurde in Westdeutschland der Grundwiderspruch zwischen Demokratie und Kapitalismus gleichsam durch die nun sozial genannte Marktwirtschaft gemildert. Durch umfangreiche wohlfahrtsstaatliche Leistungen begrenzte die junge Bundesrepublik die sozialen Risiken der Bürgerinnen und Bürger. Da die Wirtschaft mit historisch einmalig hohen Wachstumsraten glänzte, die Löhne und Gehälter stiegen und Vollbeschäftigung herrschte, fabulierte alle Welt vom «Wirtschaftswunder». In den Nachkriegsjahrzehnten wuchsen der materielle Wohlstand und die soziale Mobilität, öffnete sich das Bildungssystem und wurden die Gewerkschaften so stark, dass Kompromisse zwischen Kapital und Arbeit selbstverständlich schienen. Der herrschenden Politik und den Wirtschaftsauguren gefiel die Entwicklung. Sie gingen davon aus, dass die wirtschaftliche Krisenhaftigkeit des Kapitalismus ein für alle Mal überwunden war.

Pustekuchen. 1973 erlosch das Wirtschaftswunder und mit ihm das vielbeschworene sozialliberale «Goldene Zeitalter», als eine Währungs- und die erste Ölpreiskrise die vierte Weltwirtschaftskrise auslösten. Über die *Grenzen des Wachstums* bestand auch in anderer Hinsicht kein Zweifel mehr, hatte doch ein Jahr zuvor der Club of Rome insbesondere an die Industriegesellschaften appelliert, ihre Wirtschaftsweise umzustellen: «Wenn die gegenwärtige Zunahme der Weltbevölkerung, der Industrialisierung, der Umweltverschmutzung, der Nahrungsmittelproduktion und der Ausbeutung von natürlichen Rohstoffen unvermindert anhält, werden die absoluten Wachstumsgrenzen auf der Erde im Laufe der nächsten hundert Jahre erreicht.» Nach dem Erscheinen der vieldiskutierten Studie nahm die Ökologiebewegung Fahrt auf, entstanden NGOs, die Grünen, das Umweltbundesamt und internationale Klimakonferenzen. Dennoch verschlechterten sich nach 1972 die ökologischen Bedingungen, wurde der menschengemachte Klimawandel spürbar, und das Bevölkerungswachstum explodierte nachgerade.

Die vierte Weltwirtschaftskrise begann, nachdem 1973 die Wechselkurse und der internationale Kapitalverkehr freigegeben worden waren (bis dahin bannte das 1944 begründete Bretton-Woods-System die notorische Instabilität der Märkte durch feste Wechselkurse und Kapitalverkehrskontrollen). Ausgelöst wurde sie von einem – durch das OPEC-Ölembargo bewirkten – enormen Anstieg des Ölpreises. 1974 brach die Konjunktur in den kapitalistischen Zentren massiv ein; in der BRD wurde erstmals in der Nachkriegszeit ein negatives Wirtschaftswachstum verzeichnet. Und weil in der Rezession zugleich die Preise stiegen, lautete der Befund der Experten: Stagflation. Die aus einer mit Inflation verbundenen Stagnation bestehende Wirtschaftskrise trieb die Arbeitslosigkeit in die Höhe. Ab 1975 hatte die Vollbeschäftigung in Westdeutschland ein Ende, kehrte das längst überwunden geglaubte Phänomen der Massenarbeitslosigkeit zurück.

In dieser vierten Weltwirtschaftskrise, die sich in den Industrieländern über mehrere Jahre hinzog, bereiteten politische und wissenschaftliche Zirkel die neoliberale Transformation der bis dahin sozial- und weitreichend interventionsstaatlich eingehegten Marktwirtschaft vor. Der Neoliberalismus verlangt zwar nicht den völligen Rückzug des Staates, aber er setzt auf einen Wettbewerbsstaat, der keine politischen Eingriffe zur Steuerung der Realwirtschaft und Finanzmärkte vornimmt sowie soziale Regulierungen unterlässt. Nicht zuletzt geht es darum, die sozialen Aufgaben des Staates und damit die kollektive Sicherheit der Bürgerinnen und Bürger zu reduzieren und sukzessive auf das Individuum und den Markt zu übertragen.

Die Stichworte Liberalisierung, Privatisierung und Deregulierung umreißen das neoliberale Staats-Verschlankungsprogramm, das nach der Stagnationskrise zunächst in den USA und in Großbritannien und – mit einiger Verzögerung – schließlich auch im vereinigten Deutschland umgesetzt wurde. Hierzulande entfaltete es seine volle Wirkung mit der zwischen 2003 und 2005 umgesetzten «Agenda 2010». Seitdem heißt es – sehr im Sinne und zum Nutzen der Produktionsmittelbesitzer – landauf, landab: Arbeitskosten senken und den Arbeitsmarkt flexibilisieren.

Neoliberales Krisenschlittern

Seit nunmehr fast einem halben Jahrhundert ist die Welt des Kapitalismus und der inzwischen «marktkonformen» Demokratie eine andere. Nicht zuletzt in Deutschland. Mit dem Siegeszug des Neoliberalismus stieg die Ungleichheit, wurden die Reichen reicher und die Armen ärmer, wandelten sich die früheren Lohnzuwächse tendenziell in Reallohnverluste, stieg die Kapitalkonzentration, entstand mit dem Prekariat eine deklassierte Bevölkerungsschicht, und die kollektive Sicherheit schwand nicht zuletzt durch die Einführung einer teilprivatisierten Rentenversicherung. Der Neoliberalismus beschleunigte die Globalisierung und mit ihr die De-Industrialisierung in Europa. Zugleich entwickelte sich aufgrund der fehlenden langfristigen Anlagemöglichkeiten eine strukturelle Überakkumulation von Kapital, die wiederum Finanzkrisen produziert.

Nachdem 1989 die osteuropäischen Planwirtschaften implodiert waren, setzte hierzulande ein Konjunkturaufschwung ein, der zudem vom ökonomischen Aufstieg Chinas gestützt wurde. Zugleich sorgten die innovativen Informations- und Telekommunikationstechnologien für neuen Fortschrittsglauben. Der Hype um eine «New Economy» tat ab 1995 ein Übriges. Nie für möglich gehaltene Produktivitätsgewinne wurden versprochen, die Ausmerzung von Konjunkturzyklen und ein unendliches Wachstum – ganz so, als könne es einfach keine kapitalistischen Krisen mehr geben.

Als Anfang März 2000 der Börsenwert der knapp 300 im Nemax gelisteten Firmen 235 Milliarden Euro und die Kurse einen Rekordstand erreicht hatten, sanken – auch aufgrund von diversen kriminell fingierten Unternehmenserfolgen – plötzlich die Kurse und stürzten dann ab. Das Platzen der Dotcom-Blase auf dem «Neuen Markt», das viele Kleinanleger ihre Ersparnisse kostete, war sozusagen der Auftakt zu einer weiteren Krise: der 2007 einsetzenden fünften kapitalistischen globalen Finanz- und Wirtschaftskrise.

Als 2007 die US-Immobilienkrise auf die historische Tagesordnung kam, erwiesen sich die Vereinigten Staaten als eine Hochburg von Finanzhasardeuren. Futures und Options, Swaps und Zertifikate hießen deren Chips im internationalen Roulette. Die lukrativsten Geschäfte aber versprachen *collateralized debt obligations* (CDOs), Zertifikate, in denen Banken die extremen Risiken bestimmter Hypotheken verschleierten und diese als sichere Kapitalanlage ausgaben.

Als im Herbst 2008 die Investmentbank Lehman Brothers in der Pleite versank, wurde von der Politik entschieden zum Wohle der Geldhäuser gehandelt, die gleichsam über Nacht bilanziell Schulden auswiesen, die das Bruttoinlandsprodukt aller Staaten überstiegen. Die US-Regierung stützte «ihre» in Schieflage geratenen Banken und Versicherungen; andere Regierungen, zumal der Schweiz und der Mitgliedsländer der Europäischen Union, stützten die «ihren» nicht minder. Rettungsschirme wurden aufgespannt, verspekuliertes Haftungskapital aus blitzschnell geschaffenen Sonderfonds der öffentlichen Hand ersetzt, Bad Banks für toxische Wert- bzw. Schrottpapiere etabliert und dergleichen mehr. Die ab 2008 weltweit gewährten Bankbürgschaften – allein in der EU mussten die Staaten bis 2010 sagenhafte 1,6 Billionen Euro für Rettungszwecke bereithalten – wurden kurzerhand in die Bücher der vom Kapital damals durchaus nicht mit Steuerzahlungen überschütteten öffentlichen Hände übernommen. Und das, obwohl zuvor für auskömmliche Renten, Bildung und Beschäftigungsprogramme angeblich kein Geld aufzutreiben gewesen war.

Nach der Lehman-Pleite entwickelte sich die schwerste und folgenreichste kapitalistische Krise seit der Großen Depression. Während der Kreditmarkt wie gelähmt blieb, weil sich die Banken untereinander kein Geld mehr liehen, und einige Staaten vor dem Finanzkollaps standen, brach der Welthandel massiv ein, wuchs die Zahl der Arbeitslosen rasant. In höchster Not entschlossen sich die Industriestaaten zu einem koordinierten Vorgehen, um eine Deflation sowie eine langanhaltende Depression zu verhindern. Insgesamt pumpten sie mehr als 5 Billionen Dollar in Konjunkturprogramme und Finanzhilfen für die Entwicklungsländer.

Ab 2009 erfolgten in vielen EU-Ländern rigide Austeritätsmaß-nahmen – Stellenstreichungen en masse, Lohnsenkungen, Kür-zungen von Sozialleistungen, Einschränkungen im Bildungs- und im Gesundheitssektor, Förderung der Privatisierungen. Regie-rungskrisen und Regierungswechsel in den heftig krisengebeu-telten südeuropäischen Ländern inbegriffen. In Deutschland war 2009 zwar der Wirtschaftseinbruch mit fast fünf Prozent sehr heftig, jedoch bewahrte die Neuregelung und Ausweitung der Kurzarbeit (aber wohl kaum die Abwrackprämie) daraufhin viele Beschäftigte vor dem Arbeitsplatzverlust. Obwohl die Krise in der Bundesrepublik gelinder als in anderen Ländern verlief, litten unter der weiterhin praktizierten Sparpolitik nicht zuletzt das Bil-dungs- und das Gesundheitswesen und die Verkehrsinfrastruktur, konnten viele Kommunen ihren Aufgaben nicht mehr ausreichend gerecht werden.

Diese fünfte tiefe globale Finanz- und Wirtschaftskrise wurde nach zehn Jahren – so frohlockte 2017 jedenfalls die Kommission in Brüssel – durch einen «Wiederaufschwung dank konsequenter Maßnahmen der EU» beendet. Die EU-Mitgliedsländer stünden nach der «schlimmsten Rezession in der 60-jährigen Geschichte der Europäischen Union» sogar besser da als vor der Krise, die Wirtschafts- und Währungsunion sei «stärker denn je». Was den Kommissarinnen und Kommissaren auch immer als «stärker denn je» erschien, die Industrieproduktion der Mitgliedsstaaten Griechenland, Spanien, Italien, Portugal und Frankreich war (und ist) es nicht – sie war noch 2019 schwächer als vor der Krise.

Vor allem aber standen und stehen viele EU-Bürgerinnen und Bürger, für die die Wirtschaft ja eigentlich da sein soll, nicht bes-ser, sondern schlechter da. Zum Beispiel lag (laut Eurostat) die Arbeitslosenquote im Euroraum 2007 bei 7,5 % und im Jahr 2017 nicht niedriger, sondern bei 9,1 %. In den von der Austeritätspolitik besonders hart getroffenen Mitgliedsstaaten wie etwa Griechenland waren noch 2017 mehr als 20 % der Erwerbsfähigen arbeitslos; in Spanien lag die Jugendarbeitslosigkeit bei 39 % und in Italien bei fast 35 %.

Krisen sind immer weniger beherrschbar

Der Begriff Krise geht auf das griechische *krísis* zurück und bedeutet «Scheidung» oder «Notlage», die zu einer Entscheidung drängt. Eine Krise zwingt die von ihr Ergriffenen, Stellung zu beziehen und zu handeln – ob das zur Lösung der Krise oder zum Untergang führt, ist dabei offen. In diesem Sinne wurde der griechische Begriff von Medizinern aufgegriffen und als Fachterminus für die entscheidende Zuspitzung im Krankheitsverlauf eingeführt – den die Gesundung einleitenden steilen Abfall des Fiebers oder den nicht mehr abwendbaren Übergang in Siechtum oder Tod.

Der Kapitalismus hat zerstörerische Folgen sowohl für den Menschen wie für die Natur. Das verdeutlichte als Erster Karl Marx 1867 in seinem bahnbrechenden Werk *Das Kapital* mit dem Hinweis, die kapitalistische Produktionsweise untergrabe «zugleich die Springquellen alles Reichtums»: «die Erde und den Arbeiter». Seit den Tagen, als der deutsche Gelehrte am *Kapital* arbeitete, hat sich die Erde bereits um ein Grad erwärmt, ist der Klimawandel im vollen Gange. Das 2015 in Paris beschlossene Ziel der Weltgemeinschaft, die Erderwärmung im Vergleich zum vorindustriellen bzw. vorkapitalistischen Niveau auf 1,5 Grad zu begrenzen, scheint aufgrund der weltpolitischen Turbulenzen und Wirtschaftskrisen und allemal der kapitalistischen Verwertungszwänge ziemlich illusorisch. «Was unser Klima braucht, um nicht zu kollabieren, ist ein Rückgang des Ressourcenverbrauchs durch den Menschen», stipuliert Naomi Klein in ihrem Werk *Kapitalismus vs. Klima* und fährt illusionslos fort: «Was unser Wirtschaftsmodell fordert, um nicht zu kollabieren, ist ungehinderte Expansion.»

Immer offensichtlicher treibt uns der Kapitalismus sowohl in traumatische Finanz- und Wirtschaftskrisen als auch in die das Überleben unserer Spezies extrem gefährdende Krise unserer natürlichen Lebensgrundlagen. Wenn der Kollaps der Artenvielfalt nicht abgewehrt und die Natur weiterhin so ausgebeutet wird wie bisher, warnt der Weltbiodiversitätsrat IPBES, werden wir bald wesentlich öfter Pandemien erleben, die sich zudem noch schneller ausbreiten als Covid-19, noch tödlicher verlaufen und die Wirtschaft in immer tiefere Krisen stürzen. Zu den treibenden Faktoren rechnet der Rat die Übernutzung arten- und virenreicher Regionen durch Abholzung von Regenwäldern und Siedlungsbau sowie den unkontrollierten Handel mit Wildtieren. Die ausbeuterischen Produktions- und Handelssysteme erhöhen fatalerweise den Kontakt zwischen Wildtieren, Vieh, Krankheitserregern und Menschen und steigern immens das Potenzial für Zoonosen und Pandemien.

Krisen, so versichern die Anhängerinnen und Anhänger des kapitalistischen Wirtschafts- und Gesellschaftssystems, seien eine notwendige Gesundheits- und Entschlackungskur nach einem Boom. So gesehen stabilisieren Finanz- und Wirtschaftskrisen das dynamische Geschehen, signalisieren Wandel und Erneuerung, stoßen einen neuen Entwicklungsschub an und den Wunsch, noch nie Dagewesenes zu schaffen. Eine Krise, so befürchten in aller Regel nicht wenige Mitglieder der Gesellschaft nach dem Ausbruch einer solchen, bedroht die Existenz, ist womöglich nicht beherrschbar, führt also in die Katastrophe. Kapitalistische Krisen sind, wie die Erfahrung lehrt, wissenschaftlich weder seriös vorhersehbar noch bei ihrem Eintreten daraufhin einzuschätzen, wann und wie sie ausgehen. Das gilt nicht zuletzt für die gegenwärtige Mehrfachkrise – Arten-, Klima-, Corona- und Wirtschaftskrise.

Kapitalismus ist eine Gesellschaftsordnung, für die es – wie für alle anderen zuvor – keine historische Ewigkeitsgarantie gibt und geben kann. Womöglich kann die Kaskade der bisherigen vielen kleinen und großen Finanz- und Wirtschaftskrisen sich noch länger fortsetzen. Da auf unserem Planeten mit seinen endlichen Ressourcen ein zwingend auf ewigem Wachstum basierendes Wirtschafts- und Finanzsystem aber schon rein logisch irgendwann zusammenbrechen muss, wird sich allerdings und in wohl nicht allzu ferner Zeit die Beherrschbarkeit kapitalistischer Krisen ganz zweifellos als Mythos erweisen.

Johann-Günther König

Literaturtipps

Dmitry Orlov, *Die Lehre vom Kollaps. Die fünf Stufen des Zusammenbruchs und wie wir sie überleben. Aus dem Englischen von Mathias Bröckers*, Frankfurt/M. 2020.

Thomas Piketty, *Kapital und Ideologie. Aus dem Französischen von André Hansen, Enrico Heinemann, Stefan Lorenzer, Ursel Schäfer und Nastasja Dresler*, München 2020.

Joris Alexander Steg, *Krisen des Kapitalismus: Eine historisch-soziologische Analyse*, Frankfurt/M. 2019.

Die Autoren

Rudolf Hickel, geboren 1942, war zuletzt Professor für Finanzwissenschaft an der Universität Bremen und ist Gründer des Instituts Arbeit und Wirtschaft (1999), heute Forschungsleiter für Finanzpolitik. Er ist Mitbegründer und Autor des jährlichen Memorandums zur «Alternativen Wirtschaftspolitik» sowie Mitglied des wissenschaftlichen Beirats von ATTAC. Als Sachverständiger beim Finanzausschuss des Deutschen Bundestags im Einsatz. Er war und ist Mitglied mehrerer Aufsichtsräte (u. a. ALLIANZ SE, Salzgitter AG Stahl und Technologie, Atlas-Elektronik GmbH, über 25 Jahre bei der GEWOBA AG). Veröffentlichungen zur makroökonomischen Theorie, Geld- und Finanzpolitik sowie zu Instrumenten des ökologischen Umbaus. Das Buch «Zerschlagt die Banken. Zivilisiert die Finanzmärkte» von 2012 stand einige Wochen auf der Sachbuch-Bestsellerliste des «Spiegel». Homepage: *rhickel.iaw.uni-bremen.de/ccm/navigation/index.de*

Johann-Günther König arbeitet seit 1975 als freiberuflicher Schriftsteller. Der promovierte Sozialwissenschaftler hat mehr als 45 Bücher veröffentlicht sowie zahlreiche Features und Buch-, Zeitschriften- und Rundfunkbeiträge. Bei Rowohlt erschienen von ihm die Bücher *Global Player Telekom, Alle Macht den Konzernen* und *Die spinnen, die Briten*. Von 1987 bis 2000 war König als Vertriebsdirektor und Geschäftsführer für führende Unternehmen der Telekommunikation und Unterhaltungselektronik tätig und gewann tiefere Einblicke in das marktwirtschaftliche Getriebe. Von 1978 bis 2011 arbeitete er ehrenamtlich in Vorstandsfunktionen des Verbandes deutscher Schriftstellerinnen und Schriftsteller sowie von ver.di mit, von 2005 bis 2010 als VS-Landesvorsitzender Niedersachsen/Bremen. Siehe auch: *www.johann-guenther-koenig.de*

Hermannus Pfeiffer erledigt Geldsachen gerne mit links, seit er in den achtziger Jahren die Großbanken ins publizistische Visier nahm. Dem *Imperium der Deutschen Bank* folgten weitere Bücher und Forschungsprojekte, unter anderem am Hamburger Institut für Sozialforschung und für die Enquête-Kommission des Deutschen Bundestages «Globalisierung der Weltwirtschaft». Was auf den Finanzmärkten geschieht und wer dabei gewinnt, interessiert Pfeiffer lediglich als Grundlage seiner Arbeit. Den Wirtschaftspublizisten interessieren vor allem realwirtschaftliche Folgen, die Entscheidungen von Banken, G20-Steuergipfeln oder die «Dicke Bertha» haben, mit der die Europäische Zentralbank feuert. Ab und zu schweift der Blick des promovierten Wirtschafts- und Sozialwissenschaftlers dann auch mal nach Backbord: auf die maritime Wirtschaft an der Waterkant, auf globale Logistikketten oder die Ökonomie des Fußballs. Pfeiffer schreibt vorrangig für Tages- und Wochenzeitungen. Im Rowohlt Verlag erschien u. a. sein Buch *Die Zähmung des Geldes*.

Rutger Bregman
Utopien für Realisten

Die Zeit ist reif für die 15-Stunden-Woche, offene Grenzen und das bedingungslose Grundeinkommen

Historischer Fortschritt basierte fast immer auf utopischen Ideen: Noch vor 100 Jahren hätte niemand für möglich gehalten, dass die Sklaverei abgeschafft oder die Demokratie wirklich existieren würde. Doch wie begegnen wir den Herausforderungen unserer Zeit? Der niederländische Vordenker Rutger Bregman sagt: «Das wahre Problem unserer Zeit ist nicht, dass es uns nicht gut ginge oder dass es uns in Zukunft schlechter gehen könnte. Das wahre

304 Seiten

Problem ist, dass wir uns nichts Besseres vorstellen können.» Wir müssen es wagen, das Unmögliche zu denken, denn nur so finden wir Lösungen für die Probleme unserer Zeit. Bregman macht deutlich, warum das bedingungslose Grundeinkommen eine echte Option ist und inwiefern die 15-Stunden-Woche eine Antwort auf die Digitalisierung der Arbeit sein kann. «Alternativlos» ist für Bregman keine Option, sogar die Armut kann abgeschafft werden, wie er am Beispiel einer kanadischen Stadt zeigt. Bregmans Visionen sind inspirierend, seine Energie ist mitreißend; er zeigt: Utopien können schneller Realität werden, als wir denken.

Weitere Informationen finden Sie unter **rowohlt.de**

Werner Plumpe
Das kalte Herz

Kapitalismus: die Geschichte einer andauernden Revolution

Macht der Kapitalismus wenige reich und viele arm – oder immer mehr immer weniger arm?
Nicht erst seit der Finanzkrise ist es wieder üblich geworden, den Kapitalismus für fast alle Übel der Welt verantwortlich zu machen. Dem setzt der renommierte Wirtschaftshistoriker Werner Plumpe die Geschichte des Kapitalismus entgegen, die zeigt, wie viele Probleme die kapitalistische Marktwirtschaft gelöst hat – und nur

800 Seiten

diese. Denn «der» Kapitalismus ist kein System, sondern eine Art der Wirtschaft, bei der der Konsum im Mittelpunkt steht – und zwar der Konsum gerade der wenig vermögenden Menschen, die jahrhundertelang ihrem Schicksal überlassen waren. Nur so ist die ökonomisch erfolgreiche Massenproduktion möglich. Plumpe zeigt den Kapitalismus als immerwährende Revolution – als eine Bewegung ständiger Innovation und Neuerung, die so gut oder schlecht ist, wie wir sie gestalten. Der Kapitalismus ist und war schon immer das, was wir aus ihm machen.

Weitere Informationen finden Sie unter **rowohlt.de**

Raj Patel, Jason W. Moore
Entwertung
Eine Geschichte der Welt in sieben billigen Dingen

Wir sind in einem Zeitalter
angekommen, in dem der Mensch
verschwinden könnte – und mit ihm die
Welt, die er so gnadenlos ausbeutet.
Denn was ist heute für uns nicht billig
und schnell zu haben – auf Kosten der
vielen Menschen, die weniger privilegiert
sind als wir? Wir ruinieren unsere Erde,
wenn wir nicht schleunigst kooperative
Wege des Zusammenlebens und
Wirtschaftens finden und den

RAJ PATEL   JASON W. MOORE

ENT-
WERTUNG

EINE GESCHICHTE
DER WELT IN SIEBEN
BILLIGEN DINGEN

rowohlt
BERLIN

352 Seiten

westlichen Raubtierkapitalismus bändigen.
Das ist die Botschaft des Ökonomen Raj Patel und des Historikers
Jason W. Moore. In sieben Kapiteln widmen sie sich jeweils einem
Aspekt dieser Entwertung der Welt: Natur wird ebenso entwertet wie
Geld, Arbeit, Pflege, Nahrung, Energie und Leben.
Patel und Moore führen vor Augen, dass es an der Zeit ist, diese
Entwicklung zu durchbrechen und unser Wirtschafts- und
Sozialsystem anders zu denken, wenn wir unsere Welt verstehen und
damit bewahren wollen.

Weitere Informationen finden Sie unter **rowohlt.de**